Der Islam
Ein politisch inkorrekter Leitfaden

Robert Spencer

The Politically Incorrect Guide™ to Islam (and the Crusades)
Copyright © 2005 by Robert Spencer.
All Rights Reserved.
Published by Regnery Publishing, Inc.

Bibliographische Information der Deutschen Nationalbibliothek
Die Deutsche Nationalbibliothek verzeichnet diese Publikation in der
Deutschen Nationalbibliographie; detaillierte bibliographische Daten sind
im Internet über http://dnb.d-nb.de abrufbar.

© 2016

Herstellung und Verlag:
BoD – Books on Demand, Norderstedt
ISBN 978-3-7431-2459-2

Inhalt

Einleitung: Der Islam und die Kreuzzüge 5

Teil I – Der Islam 9
Kapitel 1 – Mohammed: Prophet des Krieges 11
Kapitel 2 – Der Koran – Ein Buch des Krieges 24
Kapitel 3 – Islam – Eine Religion des Krieges 35
Kapitel 4 – Islam – Religion der Intoleranz 47
Kapitel 5 – Der Islam unterdrückt die Frauen 62
Kapitel 6 – Islamisches Recht – lüge, stiehl und töte 74
Kapitel 7 – Wie Allah die Wissenschaft umbrachte 81
Kapitel 8 – Die Verlockungen des islamischen Paradieses 91
Kapitel 9 – Islam: verbreitet durch Feuer und Schwert? Auf jeden Fall 98

Teil II – Die Kreuzzüge 107
Kapitel 10 – Wie kam es zu den Kreuzzügen? 109
Kapitel 11 – Die Kreuzzüge: Mythos und Realität 120
Kapitel 12 – Was mit den Kreuzzügen erreicht wurde, und was nicht 131
Kapitel 13 – Was wäre, wenn es die Kreuzzüge nie gegeben hätte? 141
Kapitel 14 – Der Islam und das Christentum: gleichwertige Traditionen? ...150

Teil III – Der heutige Dschihad 159
Kapitel 15 – Der Dschihad geht weiter 161
Kapitel 16 – „Islamophobie" und der heutige ideologische Dschihad 171
Kapitel 17 – Den Islam zu kritisieren könnte Ihrer Gesundheit schaden 183
Kapitel 18 – Der Kreuzzug, den wir heute führen müssen 193

Danksagung 202

Index 203

Einleitung
Der Islam und die Kreuzzüge

Möglicherweise verursachen die Kreuzzüge heute mehr Schaden als während der drei Jahrhunderte, in denen die meisten von ihnen durchgeführt wurden. Nicht, dass sie immer noch Tod und Zerstörung bringen würden. Heute geht es um eine subtilere Form von Schaden. Die Kreuzzüge sind zu einer Kardinalsünde geworden. Nicht nur für die katholische Kirche, sondern für die gesamte westliche Welt. Sie sind der schlagende Beweis dafür, dass der aktuelle Streit zwischen dem Islam und der westlichen Welt bzw. der nachchristlichen Zivilisation letztendlich die Schuld des Westens ist, der die Muslime provoziert, ausgebeutet und brutalisiert hat, seit der erste Krieger aus dem Frankenland Jerusalem betrat und – nun, lassen wir uns am Besten mal von Bill Clinton aufklären:

> ❏ Während des ersten Kreuzzuges, als die christlichen Soldaten Jerusalem einnahmen, legten sie zuerst die Synagoge in Schutt und Asche, in der sich noch 300 Juden befanden, und töteten dann jede muslimische Frau und jedes muslimische Kind auf dem Tempelberg. Die zeitgenössischen Berichte über das Ereignis beschreiben Soldaten, die auf dem Tempelberg, einem für die Christen heiligen Ort, bis zu den Knien in Blut wateten. *Ich kann Ihnen versichern, dass diese Geschichte im Mittleren Osten noch heute erzählt wird, und dass wir noch heute dafür bezahlen.*[1] (Meine Hervorhebung).

Bei dieser Analyse wiederholte Clinton Ansichten von Osama bin Laden, der in einigen seiner eigenen Verlautbarungen seine Organisation nicht „al-Qaida" nannte, sondern „Islamische Weltfront für den Dschihad gegen Juden und Kreuzfahrer", und in einer Fatwa zum „Dschihad gegen die Juden und Kreuzfahrer" aufrief.[2]

Diese Darstellung ist weit verbreitet. Kurz vor Beginn des Irakkrieges, bei dem Sadam Hussein am 8. November 2002 gestürzt wurde, predigte Scheich Bakr Abed Al-Razzaq Al-Samaraai in der „Mutter-aller-Schlachten"-Moschee in Bagdad über „diese schwere Stunde, die die islamische Nation durchmacht, eine Stunde, in der sie sich der Herausforderung der Kräfte des Unglaubens der Juden, Kreuzfahrer, Amerikaner und Briten stellen muss."[3]

---

[1] Bill Clinton, „Rede von Präsident William Jefferson Clinton vor der Georgetown University am 7. November 2001", Georgetown University Office of Protocol and Events, www.georgetown.edu.
[2] „World Islamic Front Statement", Dschihad gegen Juden und Kreuzfahrer, 23. Februar 1998, http://www.fas.org/irp/world/para/docs/980223-fatwa.htm.
[3] Middle East Media Research Institute (MEMRI), „Ramadan Sermon From Iraq", MEMRI Special Dispatch No. 438, 8. November 2002, www.memri.org.

Als islamische Dschihadisten im Dezember 2004 das amerikanische Konsulat in Dschidda in Saudi-Arabien in die Luft jagten, rechtfertigten sie diesen Anschlag als Teil eines großen Kampfes gegen die „Kreuzfahrer": „Diese Operation ist eine von mehreren Operationen, die von al-Qaida als Teil des Kampfes gegen die Kreuzfahrer und Juden organisiert und geplant wurden, und um die Ungläubigen dazu zu zwingen, die Arabische Halbinsel zu verlassen." Sie behaupteten, dass es Gotteskriegern gelungen wäre, „in eine der großen Festungen der Kreuzfahrer auf der Arabischen Halbinsel und ins amerikanische Konsulat in Dschidda einzudringen, von dem aus sie das Land kontrollieren."[4]

„Eine der großen Festungen der Kreuzfahrer auf der Arabischen Halbinsel"? Warum sind islamische Dschihadisten so auf tausend Jahre alte Festungen fixiert? Könnte es sein, dass Clinton Recht hat, und sie die Kreuzzüge als die Zeit, in denen ihre Schwierigkeiten mit dem Westen anfingen, und die heutigen Konflikte im Irak und in Afghanistan als eine Wiederbelebung der Kreuzzüge ansehen?

In gewissem Sinne ist das richtig. Je mehr man über die Kreuzzüge weiß – warum sie geführt wurden, und durch welche Kräfte innerhalb des Christentums und des Islams sie entstanden sind – desto besser versteht man den gegenwärtigen Konflikt. Die Kreuzzüge bergen in vielerlei Hinsicht den Schlüssel zum Verständnis der gegenwärtigen globalen Situation, wie sie Clinton und jene, die das Konsulat in Dschidda bombardierten, nur sehr vage verstehen.

In diesem Buch erkläre ich diese Zusammenhänge. Im ersten Teil konzentriere ich mich dabei auf den Islam, im zweiten Teil auf die Kreuzzüge. Ich werde dabei einige Unklarheiten und Desinformationen in Bezug auf den Islam und die Kreuzzüge beseitigen. Und diese Unklarheiten sind heute zahlreicher als je zuvor. Eine der Personen, die am meisten dafür verantwortlich sind, die westliche Apologetin des Islam, Karen Armstrong, führt sogar die falsche Wahrnehmung des Islams durch den Westen auf die Kreuzzüge zurück:

> ❏ Seit der Zeit der Kreuzzüge hat der christliche Westen eine stereotype und verzerrte Sicht in Bezug auf den Islam entwickelt, den er als Feind der Zivilisation ansah ... Während der Kreuzzüge, als es die Christen waren, die eine Reihe brutaler heiliger Kriege gegen die muslimische Welt führten, wurde der Islam von den gelehrten Mönchen Europas als grundsätzlich gewalttätiger und intoleranter Glaube dargestellt, der sich nur durch Feuer und Schwert verbreiten konnte. Der Mythos von der angeblichen fanatischen Intoleranz des Islams ist zu einem fest verankerten Vorurteil des Westens geworden.[5]

In gewisser Weise hat Armstrong Recht (Anscheinend kann kein Mensch die ganze Zeit Unrecht haben.): Wenn es um den Islam geht, dann sollte man

---

[4] „Al Qaeda-linked group takes credit for Saudi attack", CNN, 7. Dezember 2004.
[5] Karen Armstrong, Islam: A Short History, (New York: Modern Library, 2000) S. 179-180.

Einleitung 7

wirklich nicht alles glauben, was man so hört, besonders nach dem Anschlag vom 11. September 2001. Falschinformationen und Halbwahrheiten darüber, was der Islam lehrt und was die Muslime in den Vereinigten Staaten glauben, haben die Radiowellen erfüllt und sogar die öffentliche Politik beeinflusst.

Einen großen Teil dieses falschen Verständnisses haben wir Analysen über die „eigentlichen Ursachen" des dschihadistischen Terrorismus zu verdanken, der am 11. September 2001 so viele Opfer forderte und weiterhin den Frieden und die Sicherheit von Nichtmuslimen in der ganzen Welt bedroht. Für bestimmte Medien und Akademiker ist es zur Mode geworden, einen Teil, wenn nicht die gesamte Schuld für das, was an jenem Tag geschah, den Vereinigten Staaten und anderen westlichen Ländern zur Last zu legen. Die ständige Missachtung und Misshandlung der islamischen Welt durch den Westen, so ist aus diesen Kreisen gelehrter Professoren und wichtigtuerischer Kommentatoren zu hören, gehen bis heute weiter. Sie begannen bereits vor Jahrhunderten, behaupten sie – zur Zeit der Kreuzzüge.

Aber tatsächlich gehen die Ursachen für die heutigen Konflikte viel weiter zurück als nur bis zum Ersten Kreuzzug. Um die Kreuzzüge und die Rolle, die sie beim globalen Konflikt mit islamischen Terroristen noch heute spielen, richtig zu verstehen, müssen wir uns zuerst einmal gründlich mit dem Propheten Mohammed beschäftigen, und mit der Religion, die er gegründet hat. Denn wie wir noch sehen werden, waren die Kreuzzüge eigentlich nur eine Reaktion auf Ereignisse, die über 450 Jahre zuvor in Gang gesetzt wurden.

Dieses Buch ist weder als allgemeine Einführung in den Islam noch als umfassende historische Untersuchung der Kreuzzüge gedacht. Es beschäftigt sich vielmehr mit gewissen höchst einseitigen Behauptungen in Bezug auf den Islam und die Kreuzzüge, die in den öffentlichen Diskurs getreten sind und allgemein als Wahrheit akzeptiert werden. Dieses Buch stellt einen Versuch dar, den öffentlichen Diskurs über beide Themen etwas näher an die Wahrheit heranzuführen.

Teil I
Der Islam

Kapitel 1
Mohammed: Prophet des Krieges

Wussten Sie schon?

◆ *Mohammed lehrte alles andere als „Frieden und Toleranz".*

◆ *Mohammed führte Armeen an und befahl die Ermordung seiner Feinde.*

◆ *Die islamische Tradition zieht eine diplomatische Einigung nur in Betracht, wenn sie dem letztendlichen Ziel, nämlich der Eroberung durch den Islam, dient.*

Was geht uns heute das Leben Mohammeds, des Propheten des Islam, an? Vierzehn Jahrhunderte sind vergangen, seit er geboren wurde. Millionen von Muslimen haben seitdem gelebt und sind gestorben, und viele Führer, auch Nachkommen des Propheten selbst, sind aufgestiegen, um die Gläubigen zu führen. Sicher hat sich der Islam doch im Laufe von 1400 Jahren geändert, wie andere Religionen auch.

Ich werde Ihnen sagen, warum uns das Leben von Mohammed noch heute etwas angeht. Im Gegensatz zu dem, was uns viele Säkularisten weismachen wollen, werden die Religionen nicht alle allein von den Gläubigen im Laufe der Zeit bestimmt oder gar verzerrt. Das Leben und die Lehren ihrer Gründer bleiben von zentraler Bedeutung, ganz gleich wie lange sie schon tot sind. Die Theorie, dass die Anhänger einer Religion diese auch formen und bestimmen, ist von der modischen Philosophie der sechziger Jahre, dem Dekonstruktionismus, abgeleitet, welcher lehrt, dass das geschriebene Wort nur die Bedeutung hat, die ihm der Leser zuschreibt. Daraus folgt, dass, falls ausschließlich der Leser dort eine Bedeutung sieht, es keine Wahrheit geben kann (und mit Sicherheit keine religiöse Wahrheit). Denn die Einsicht oder Meinung einer Person ist ebenso richtig wie die irgendeiner anderen Person. Nach Meinung der Dekonstruktionisten erschaffen wir alle letztlich unsere eigene Wahrheit. Und keine dieser Wahrheiten ist besser oder schlechter als irgendeine andere.

Doch für den religiösen Menschen in Chicago, Rom, Jerusalem, Damaskus, Kalkutta und Bangkok haben die Worte von Jesus, Moses, Mohammed, Krishna und Buddha eine größere Bedeutung als alles, was eine individuelle Person dort hineindeuten könnte. Und selbst für die nicht so frommen Leser haben die Worte der einzelnen religiösen Führer doch sehr unterschiedliche Bedeutungen.

Deshalb gibt es in jedem Kapitel ein „Mohammed gegen Jesus" Fenster, um aufzuzeigen, wie falsch die Auffassung jener ist, die glauben, dass der Islam und das Christentum – und auch alle anderen Religionen – grundsätzlich Gutes oder Böses bewirken können. Ich wollte ebenfalls klarstellen, dass die westliche Zivilisation, die auf dem Christentum aufgebaut ist, es durchaus wert ist, verteidigt zu werden, auch wenn wir in einer sogenannten nachchristlichen Ära leben. Außerdem können wir durch die Aussagen von Jesus und Mohammed einen Unterschied zwischen den Grundprinzipien des Islam und des Christentums erkennen, von denen sich die gläubigen Anhänger der beiden Religionen anleiten lassen. Diese Prinzipien sind sehr wichtig. Die Anhänger Mohammeds lesen seine Worte und leben nach seinem Vorbild. Das führt zu einem Ausdruck des Glaubens, der sich wesentlich von dem eines Christen unterscheidet. Man kann ohne weiteres erkennen, dass das Leben in den islamischen Ländern ziemlich anders ist als in den Vereinigten Staaten oder Europa. Der Unterschied beginnt bereits bei Mohammed. Heute, da sich so viele Muslime auf die Worte und Taten Mohammeds berufen, um Gewalt und Blutvergießen zu rechtfertigen, ist es wichtig, sich mit dieser bedeutenden Figur der Weltgeschichte vertraut zu machen.

Für viele von uns im Westen ist Mohammed immer noch geheimnisvoller als andere große Religionsfiguren. Die meisten Menschen wissen zum Beispiel, dass Moses die Zehn Gebote auf dem Berg Sinai empfing, oder dass Jesus auf Golgatha am Kreuz starb. Viele wissen sogar, dass Buddha unter einem Baum erleuchtet wurde. Aber von Mohammed wissen die meisten nur wenig, und selbst das Wenige ist noch umstritten. Deswegen wird das, was jetzt kommt ausschließlich aus islamischen Texten entnommen sein.

Zuerst einmal eine grundsätzlich Tatsache: Mohammed ibn Abdallah ibn Abd al-Muttalib (570-632), der Prophet des Islam, war ein Mann des Krieges. Er lehrte seinen Anhängern, für den neuen Glauben zu kämpfen. Er sagte ihnen, dass ihr Gott, Allah, ihnen befohlen habe, zu den Waffen zu greifen. Und Mohammed nahm selbst an unzähligen Schlachten teil. Diese Tatsachen sind wichtig für alle, die wirklich begreifen wollen, welche Ursachen vor Jahrhunderten die Kreuzzüge hatten und was in unserer Zeit den weltweiten Dschihad hervorgebracht hat.

Im Verlauf dieser Schlachten formulierte Mohammed zahlreiche Prinzipien, an die sich die Muslime bis zum heutigen Tag halten. Deshalb ist es wichtig, dass wir uns mit einigen Aspekten des Kampfes von Mohammed beschäftigen. Dadurch erhalten wir ein Verständnis von dem, was in der Welt gegenwärtig geschieht, ein Verständnis, dass sich vielen Fachleuten und Experten heutzutage leider entzieht.

Mohammed der Straßenräuber

Schon bevor Mohammed seine Rolle als Prophet übernahm, hatte er einige Erfahrungen als Krieger gesammelt. Er hatte an zwei lokalen Kriegen zwischen seinem Stamm der Quraisch und ihren benachbarten Rivalen, den Banu Hawazin, teilgenommen. Aber seine einzigartige Tätigkeit als Prophet und

Teil I – Der Islam

Krieger kam später. Nachdem er im Jahre 610 durch den Engel Gabriel die Offenbarungen Allahs empfangen hatte, fing er an, seinem Stamm die Anbetung des Einen Gottes zu predigen und seine eigene Position als Prophet aufzubauen. Jedoch wurde er von den Quraisch in Mekka nicht besonders herzlich aufgenommen. Sie reagierten mit Spott auf seine prophetische Berufung und weigerten sich, ihre eigenen Götter aufzugeben. Mohammeds Wut und Enttäuschung waren offensichtlich. Selbst sein Onkel, Abu Laheb, wies seine Botschaft zurück. Mohammed verfluchte ihn und seine Frau mit wüsten Worten, die durch den Koran, dem heiligen Buch des Islam, überliefert sind: „Vergehen sollen die Hände des Abu Laheb und er selbst. Sein Vermögen und alles, was er sich erworben hat, sollen ihm nichts helfen. Zum Verbrennen wird er in das flammende Feuer kommen, mit ihm sein Weib (die Verleumderin), die Holz herbeitragen muss, und an ihrem Halse soll ein Seil hängen, geflochten aus den Fasern eines Palmbaumes." (Sure 111:2-6).

Schließlich ging Mohammed von gewalttätigen Worten zu gewalttätigen Taten über. Im Jahre 622 floh er aus seiner Heimatstadt Mekka in die nahegelegene Stadt Medina, wo eine Bande von Stammeskriegern ihn als Propheten akzeptierte und ihm Treue schwor. In Medina fingen diese neuen Muslime an, die Karawanen der Quraisch zu überfallen. Mohammed führte viele dieser Überfälle persönlich an. Durch diese Überfälle blieb die neue Moslembewegung immer zahlungsfähig, und sie trugen auch dazu bei, die islamische Theologie zu formen – wie zum Beispiel bei einem berüchtigten Zwischenfall, bei dem eine Bande von Muslimen bei Nakhla, einer Siedlung nicht weit von Mekka, eine Karawane der Quraisch überfiel. Die Räuber griffen die Karawane während des heiligen Monats Rajab an. Während dieses Monats war jeder Kampf verboten. Als sie mit Beute beladen ins Lager der Muslime zurückkehrten, weigerte sich Mohammed, an der Beute teilzuhaben. Er wollte auch nichts mit ihnen zu tun haben. Er sagte nur: „Ich habe euch nicht befohlen, während des heiligen Monats zu kämpfen."[6]

Aber dann kam eine neue Offenbarung von Allah. Dieser erklärte Mohammed, dass die Opposition der Quraisch gegen Mohammed ein schlimmeres Vergehen sei als die Verletzung des heiligen Monats. In anderen Worten: Der Überfall war berechtigt. „Befragen sie dich aber über Krieg (Kampf) im heiligen Monat Moharam, so antworte: ,Schlimm ist es, Kämpfe in diesem Monat zu führen; doch abzuweichen von Allahs Weg, ihn und seine heilige Moschee zu verleugnen und sein Volk aus derselben zu vertreiben, ist noch weit schlimmer. Die Verführung (zum Götzendienst) ist schlimmer noch als Krieg (im heiligen Monat).'" (Sure 2:218). Welche Sünden die Räuber bei Nakhla auch begangen haben mochten – die Zurückweisung Mohammeds durch die Quraisch war ungleich schlimmer.

---

[6] A. Guillaume, The Life of Mohammad: A Translation of Ibn Ishaq's Sirat Rasul Allah, Oxford University Press, 1955, S. 287-288.

Genau wie heute:
Die Ermordung von Zivilisten

Als Osama bin Laden am 11. September 2001 unschuldige Zivilisten im World Trade Center ermordete, und seine Mitstreiter später Zivilisten im Irak entführten und ihnen die Köpfe abschlugen, behaupteten offizielle Sprecher der Muslime in den USA, dass die Tötung unschuldiger Menschen durch den Islam verboten sei. Darüber konnte man sich streiten, denn einige islamische Autoritäten gestatten das Töten von Zivilisten, wenn diese die Feinde des Islam in Kriegszeiten anscheinend unterstützen.[7] Aber selbst wenn diese Behauptung richtig wäre, wäre sie zweitrangig gegenüber einem anderen Prinzip, das sich aus dem Überfall bei Nakhla ergab: „Verfolgung ist schlimmer als Töten." Und deshalb ist es die höchste Pflicht, gegen die Verfolgung der Muslime zu kämpfen, und zwar mit allen nötigen Mitteln.

Das war eine sehr wichtige Offenbarung, denn sie führte zu einem islamischen Prinzip, das Nachwirkungen über Jahrhunderte haben sollte. Das Gute war immer nur das, was sich für die Muslime als nützlich erwies, gleichgültig ob dabei die Moral oder andere Gesetze verletzt wurden. Die absolute Moral der Zehn Gebote und anderer Lehren der großen Religionen, die dem Islam vorangingen, wurden zugunsten eines Prinzips der Nützlichkeit einfach beiseite geschoben.

Die Schlacht von Badr

Kurz nach Nakhla kämpften die Muslime ihre erste große Schlacht. Mohammed hatte erfahren, dass eine große Karawane der Quraisch, schwer beladen mit Geld und Waren, aus Syrien kommen sollte. „Diese Karawane der Quraisch enthält ihr Eigentum", erzählte er seinen Anhängern. „Greift sie an, vielleicht wird Allah sie uns zur Beute geben."[8] So machte er sich nach Mekka auf, um den Überfall anzuführen. Aber diesmal waren die Quraisch auf ihn vorbereitet. Sie ritten Mohammeds dreihundert Mann mit einer Streitkraft von fast eintausend Leuten entgegen. Mohammed hatte damit nicht gerechnet. So rief er aus Angst zu Allah: „Oh Gott, wenn wir heute vernichtet werden, dann wird dich niemand mehr anbeten."[9]

Trotz ihrer überwältigenden Übermacht wurden die Quraisch in die Flucht geschlagen. Einige muslimische Überlieferungen berichten, dass Mohammed persönlich an den Kämpfen teilnahm, andere, dass er seine Kämpfer nur anfeuerte. Auf jeden Fall wurden an jenem Tag Jahre der Frustration, des Ärgers und des Hasses auf sein eigenes Volk, das ihn verstoßen hatte, gerächt. Einer

---

[7] Vergl. „Umdat al-Salik", o9.10, al-Mawardi, al-Akham as-Sultaniyah, 4.2.

[8] Ibn Ishaq, S. 289.

[9] Ebd., S. 300.

seiner Anhänger erinnerte sich später, dass Mohammed die Führer der Quraisch mit einem Fluch belegt hatte: „Der Prophet hatte gerufen: ‚Oh Allah! Vernichte die Führer der Quraisch. Oh Allah! Vernichte Abu Jal bin Hisham, Utba bin Rabi'a, Shaiba bin Rabi'a, Uqba bin Abi Mu'ait, Umaiya bin Khalaf (oder Ubai bin Kalaf).'"[10]

All diese Männer wurden während der Schlacht von Badr gefangen genommen oder getötet. Einer der Männer, die Mohammed verflucht hatte, Uqba, flehte um Gnade: „Wer wird sich nun um meine Kinder kümmern, Oh Mohammed?"

„Die Hölle." antwortete der Prophet des Islam und befahl: „Tötet Uqba."[11]

Ein anderer Führer der Quraisch war Abu Jahl („Vater der Unwissenheit"). Dieser Name war ihm von muslimischen Chronisten gegeben worden. Sein richtiger Name war Amr ibn Hisham). Er wurde enthauptet. Der Muslim, der ihm den Kopf abgeschlagen hatte, trug diesen stolz zu Mohammed und sagte: „Hier ist der Kopf des Feindes Gottes, Abu Jahl."

Mohammed war hoch erfreut. „Bei Gott, neben dem kein anderer besteht! Tatsächlich?" rief er aus und dankte dann Allah für den Tod seines Feindes.[12]

Die Leichen jener Männer, deren Namen er bei seinem Fluch aufgezählt hatte, wurden in eine Grube geworfen. Ein Augenzeuge erinnerte sich: „Später sah ich alle, die in der Schlacht getötet worden waren. Ihre Leichen wurden in einen Brunnen geworfen, außer der von Umaiya or Ubai. Dieser war ein sehr fetter Mann, und als man ihn über den Boden zog, lösten sich seine Körperteile, bevor er in den Brunnen geworfen wurde."[13] Dann machte sich Mohammed über die Toten lustig. Er bezeichnete sie als „die Männer der Grube" und stellte eine theologische Frage: „Habt ihr festgestellt, dass das, was Gott euch versprochen hat, eingetroffen ist? Ich habe festgestellt, dass alles, was mein Herr mir versprach, wahr ist." Als man ihn fragte, warum er mit Leichen spräche, antwortete er: „Ihr könnt das, was ich sage, nicht besser hören als sie, aber sie können mir nicht antworten."[14]

Der Sieg von Badr war für die Muslime der legendäre Wendepunkt. Mohammed behauptete sogar, dass Armeen von Engeln auf der Seite der Muslime gegen die Quraisch gekämpft hätten, und dass die Muslime von dieser Seite auch zukünftig Hilfe zu erwarten hätten, wenn sie Allah treu blieben: „Auch bei Badr hat Allah euch beigestanden, da ihr an Zahl so klein schient; darum sei Allah eure Zuflucht und seid dankbar. Und als du zu den Gläubigen sagtest: ‚Ist es euch nicht genug, wenn euch euer Herr mit dreitausend vom Himmel gesandten Engeln verstärkt?'

---

[10] Muhammed Ibn Ismaiel Al-Bukhari, Sahid al-Bukhari: The Translation of the Meanings, übersetzt von Muhammad M. Khan, Darussalam, 1997, Band 4, Buch 58, Nr. 3185.

[11] Ibn Ishaq, S. 308.

[12] Ebd., S. 304.

[13] Bukhari, Band 4, Buch 58, Nr. 3185.

[14] Ibn Ishaq, S. 306.

Wenn ihr stark bleibt und Allah fürchtet, so wird, wenn der Feind euch plötzlich überfällt, euer Herr euch mit fünftausend gezeichneten Engeln verstärken." (Sure 3:124 -126). Eine weitere Offenbarung Allahs besagte, dass es der Glaube war, und nicht die militärische Stärke, die den Sieg bei Badr gebracht hatte: „An jenen zwei Heerscharen, die aufeinanderstießen, habt ihr ein Wunder gesehen; die eine Schar kämpfte für die Religion Allahs, die andere war ungläubig. Diese hielt jene für zweimal so stark wie sich selbst. Allah stärkt mit seiner Hilfe, wen er will. In der Tat, dies war ein denkwürdiges Ereignis für nachdenkende Menschen." (Sure 3:14). Eine weitere Stelle im Koran besagt, dass die Muslime bei Badr nur passive Instrumente waren: „Nicht ihr habt den Feind in der Schlacht zu Badr, sondern Allah hat ihn erschlagen." (Sure 8:18). Und Allah gewährt den gläubigen Muslimen auch den Sieg, wenn sie einer noch größeren Übermacht gegenüberstehen als bei Badr: „Rege, o Prophet, die Gläubigen zum Kampf an; denn zwanzig standhaft Ausharrende von euch werden zweihundert besiegen, und hundert von euch werden tausend Ungläubige besiegen; denn diese sind ein unverständiges Volk" (Sure 8:66)

Allah belohnte jene, denen er bei Badr den Sieg geschenkt hatte: Es gab reiche Beute – so viel, dass sie zum Zankapfel wurde. Man zerstritt sich darüber so sehr, dass Allah selbst in einer Sure des Korans, die ausschließlich der Schlacht von Badr gewidmet ist, darüber reflektierte. Das achte Kapitel trägt den Titel Al-Anfal, „Die Beute des Krieges" oder „Beute". Allah teilte den Muslimen unmissverständlich mit, dass die bei Badr gemachte Beute ausschließlich Mohammed zustand: „Sie werden dich über die Beute befragen. Antworte: „Die Verteilung der Beute ist Sache Allahs und seines Gesandten; darum fürchtet Allah und legt diese Angelegenheit friedlich bei und gehorcht Allah und seinem Gesandten, wenn ihr wahre Gläubige sein wollt." (Sure 8:1). Mohammed verteilte die Beute gleichmäßig unter seinen Leuten und behielt ein Fünftel für sich.: „Wisst, wenn ihr Beute macht, so gehört der fünfte Teil davon Allah und dem Gesandten und dessen Verwandten, den Waisen und den Armen und dem Wanderer; wenn ihr nur an Allah glaubt und an das, was wir am Erlösungstag unserem Diener herabgesandt haben, an jenem Tag, an welchem die beiden Heere zusammentrafen." (Sure 8:42). Allah betonte, dass es eine Belohnung für Gehorsam ihm gegenüber war: „Nun aber genießt das, was ihr erbeutet habt, auf erlaubte und gute Weise und fürchtet Allah; denn Allah ist verzeihend und barmherzig." (Sure 8:70).[15]

Aus einer winzigen und verachteten kleinen Gruppe waren die Muslime nun zu einer Macht geworden, mit denen die Heiden Arabiens zu rechnen hatten – und sie erfüllte ihre Feinde mit Schrecken. Mohammeds Anspruch, der letzte Prophet des Einen, Wahren Gottes zu sein, schien durch einen Sieg gegen eine enorme Übermacht gerechtfertigt worden zu sein. Mit diesem Sieg wurden bei den Muslimen bestimmte Einstellungen gefestigt, die sich bis zum heutigen Tag bei vielen von ihnen bemerkbar machen: zum Beispiel:

---

[15] Ebd., S. 308.

Teil I – Der Islam

- ❑ Allah wird seinen Gläubigen den Sieg gegen jeden Feind schenken, auch wenn dieser zahlen- und ausstattungsmäßig überlegen ist, wenn sie treu seine Gebote befolgen.
- ❑ Der Sieg berechtigt die Muslime dazu, sich das Eigentum der Besiegten als Beute zu nehmen.
- ❑ Blutige Rache gegen den Feind kommt nicht nur Allah zu, sondern auch jenen, die sich auf Erden seinem Willen unterwerfen. Das ist die Bedeutung des Wortes Islam: Unterwerfung.
- ❑ Kriegsgefangene können auf Anweisung der muslimischen Führer auf der Stelle getötet werden.
- ❑ Jene, die den Islam zurückweisen, sind „die schlechtesten Geschöpfe" (Sure 98:7) und sie verdienen keine Gnade.
- ❑ Jeder, der Mohammed oder seine Anhänger beleidigt oder auch nur zurückweist, verdient einen demütigenden Tod – wenn möglich durch Enthaupten. (Dies stimmt mit Allahs Gebot überein, „Wenn ihr im Kriege mit den Ungläubigen zusammentrefft, dann schlagt ihnen die Köpfe ab ..." (Sure 47:5).

Vor allem anderen war die Schlacht von Badr das erste praktische Beispiel dafür, was später als islamische Lehre des Dschihad bekannt werden sollte – eine Lehre, die den Schlüssel zum Verständnis sowohl für die Kreuzzüge als auch für die gegenwärtigen Konflikte birgt.

Mord und Betrug

Ermutigt durch seinen Sieg verstärkte Mohammed seine Überfälle. Er wurde auch unnachsichtiger gegenüber den jüdischen Stämmen der Region, die ihren Glauben behielten und Mohammed als Prophet Gottes zurückwiesen. Nach dieser Zurückweisung wurden Mohammeds prophetische Appelle an die Juden aggressiv. Er drohte ihnen mit irdischen Strafen. Eines Tages begab er sich in die Mitte eines Marktplatzes der Banu Qaynuaqa, einem jüdischen Stamm, mit dem er einen Waffenstillstand geschlossen hatte, und rief der Menge zu: „Oh Juden, hütet euch, dass Gott euch nicht mit der gleichen Strafe belegt wie die Quraisch. Werdet Muslime! Ihr wisst, dass ich ein Prophet bin, der gesandt wurde – ihr findet das in euren Schriften und in dem Bund, den Gott mit euch abgeschlossen hat."[16] Die Juden der Banu Qaynuqa ließen sich jedoch nicht überzeugen, und das machte den Propheten noch wütender. Er belagerte sie, bis sie ihm die bedingungslose Kapitulation anboten.

Aber noch war Mohammeds Wut nicht vorbei. Er konzentrierte sich jetzt auf den jüdischen Dichter K'ab bin Al-Ashraf, der, nach Aussagen des ersten Biographen Mohammeds, Ibn Ishaq, „amateurhafte Verse beleidigender Natur

---

[16] Ebd., S. 363.

über muslimische Frauen zusammendichtete."[17] Mohammed fragte seine Anhänger: „Wer ist bereit, Ka'b bin Al-Ashraf, der Allah und seinen Apostel beleidigte, zu töten?"[18]

> **Ibn Warraq über den Islam:**
> Die Theorie und Praxis des Dschihad hat man sich nicht im Pentagon ausgedacht ... Sie wurden dem Koran, den Ahadithen und der islamischen Tradition und Überlieferung entnommen. Für westliche Liberale, besonders Humanisten, ist das schwer zu glauben ... Es ist erstaunlich, wie viele Menschen über den 11. September geschrieben haben, ohne den Islam auch nur einmal zu erwähnen. Wir müssen das, was die Islamisten sagen, ernst nehmen, um ihre Motivation zu verstehen, [dass] es die von Gott auferlegte Pflicht aller Muslime ist, im wahrsten Sinne zu kämpfen, bis die von Menschen gemachten Gesetze durch das Gesetz Gottes, die Sharia, ersetzt worden sind, und das islamische Recht die ganze Welt erobert hat ... Für jede Stelle im Koran, die liberale Muslime anführen, werden die Mullahs Dutzende von Gegenzitaten liefern, [die] exegetisch, philosophisch und historisch legitimer sind.

Er fand einen Freiwilligen in dem jungen Muslim namens Muhammad bin Maslama: „Oh Allahs Apostel. Möchtest du, dass ich ihn töte?" Nachdem der Prophet zugestimmt hatte, bat Muhammad bin Maslama ihn um die Erlaubnis zu lügen, um K'ab bin Al-Ashraf in einen Hinterhalt zu locken.[19] Der Prophet gab ihm die Erlaubnis. Muhammad bin Maslama lockte K'ab also in einen Hinterhalt und brachte ihn um.[20]

> **Mohammed gegen Jesus**
>
> *„Ich aber sage euch: Liebt eure Feinde, und betet für die, die euch verfolgen."*
> *Jesus (Matthäus 5:44)*
>
> *„Rüstet euch mit Macht gegen sie, so gut, wie ihr nur könnt, und mit einer Reiterschar, um damit den Feinden Allahs und euren Feinden und noch anderen außer diesen, die ihr zwar nicht kennt, die aber Allah wohl kennt, Schrecken einzujagen."*
> *Sure 8:61*

---

[17] Ebd., S. 367.
[18] Sahih Muslim, übersetzt von Abdul Hamid Siddiqi, Kitab Bhavan, überarbeitete Ausgabe 2000, Band 3, Buch 17, Nr 4436.
[19] Bukhari, Band 4, Buch 56, Nr. 3032.
[20] Bukhari, Band 5, Buch 64, Nr. 4037.

Teil I – Der Islam

Nach dem Mord an K'ab erließ Mohammed eine allgemeine Anweisung: „Tötet jeden Juden, der euch in die Hände fällt." Das war kein militärischer Befehl: Das erste Opfer war ein jüdischer Händler namens Ibn Sunayna, der mit den Muslimen „soziale und geschäftliche Beziehungen" unterhielt. Der Mörder, Muhayissa, wurde von seinem Bruder Huwayissa, der noch kein Muslim war, getadelt. Aber Muhayissa bereute seine Tat nicht: „Hätte der, der befahl, ihn zu töten, mir befohlen, dich zu töten, dann hätte ich dir den Kopf abgeschlagen."

Huwayissa war beeindruckt: „Bei Gott, ein Glauben, der dich zu so etwas bringen kann, ist wirklich wunderbar." Er wurde Muslim.[21] Und die Welt kann solche Taten noch heute bewundern.

Rache und Vorwände

Nach ihrer Demütigung bei Badr sannen die Quraisch auf Rache. Sie stellten eine Truppe von dreitausend Soldaten gegen eintausend Muslime auf. Bei Uhud kam es zur Schlacht. Mohammed trug zwei Kettenpanzer. Er schwenkte sein Schwert und führte die Muslime in den Kampf. Aber dieses Mal wurden sie besiegt. Der Prophet selbst wurde im Gesicht verletzt und verlor einen Zahn. Auf dem Schlachtfeld ging sogar das Gerücht um, dass er getötet worden sei. Als er schließlich Wasser fand, um sich das Blut aus dem Gesicht zu waschen, schwor er Rache: „Der Zorn Allahs ist schrecklich für jene, die das Gesicht seines Propheten mit Blut befleckt haben."[22] Als Abu Sufyan, der Führer der Quraisch, die Muslime verspottete, war Mohammed unnachgiebig. Er ordnete die traditionelle radikale Trennung zwischen Gläubigen und Ungläubigen an. Er befahl seinem Leutnant, Umar zu antworten: „Gott ist das Höchste und Herrlichste. Wir sind nicht gleich. Unsere Toten sind im Paradies. Eure Toten sind in der Hölle."[23]

Ebenso wie heute: Vorwände

Ein weiteres Prinzip, das sich über die Jahrhunderte erhalten hat, wurde bei Uhud begründet: Die Muslime sehen jeden Angriff als Vorwand für Rache, gleichgültig, ob sie ihn provoziert haben oder nicht. Mit einer hohen Begabung, die öffentliche Meinung zu beeinflussen, nutzen die Dschihadisten und ihre politisch korrekten Verbündeten im linken politischen Spektrum heutzutage jedes aktuelle Ereignis, um das zu rechtfertigen, was sie tun. Immer wieder stellen sie es so dar, dass sie nur auf schlimme Provokationen der Feinde des Islam reagieren würden. Dadurch gewinnen sie neue Rekruten und beeinflussen die öffentliche Meinung.

---

[21] Ibn Ishaq, S. 369.
[22] Ebd., S. 382.
[23] Ebd., S. 386.

> Überraschend breite politische Kreise sind heute davon überzeugt, dass der globale Dschihad eine Folge von Provokationen ist, z.B. der Einmarsch in den Irak, die Gründung Israels, der Sturz des iranischen Mossadegh – oder aber allgemeinere Kränkungen wie „der amerikanische Neokolonialismus" oder „die Gier nach Öl". Andere, die in Bezug auf Geschichte ein besonders kurzes Gedächtnis haben, führen noch Dinge wie den Abu Ghraib Gefängnisskandal an, die einen Schatten auf die amerikanische Anwesenheit im Irak 2004 warfen. Aber die Dschihadisten kämpften lange vor Abu Ghraib, Irak, Israel oder der amerikanischen Unabhängigkeit. Tatsächlich imitieren sie ihren Kriegerpropheten Mohammed bereits seit dem siebten Jahrhundert. Und sie rechtfertigen ihre Verbrechen als Reaktion auf die Handlungen ihrer Feinde, seit Mohammed die verstümmelte Leiche seines Onkels gefunden hatte.

Mohammed schwor noch einmal Rache, als er die Leiche seines Onkels Hamza fand. Hamza war bei Uhud umgekommen, und seine Leiche war von einer Frau namens Hind bint 'Utba schrecklich verstümmelt worden. Sie hatte ihm die Nase und die Ohren abgeschnitten und einen Teil seiner Leber gegessen. Sie hatte dies aus Rache für den Tod ihres Vaters, Bruders, Onkels und ältesten Sohnes bei Badr getan. Der Prophet war nicht im Geringsten durch die Tatsache berührt, dass sie diese schreckliche Tat aus Rache vollbracht hatte: „Wenn Gott mir in der Zukunft den Sieg über die Quraisch schenkt," rief er aus, „werde ich dreißig ihrer Männer verstümmeln." Seine Anhänger, die durch seinen Schmerz und seinen Zorn gerührt waren, leisteten einen ähnlichen Schwur: „Bei Gott, wenn Gott uns den Sieg über sie schenkt, dann werden wir sie verstümmeln, wie kein Araber jemals einen anderen verstümmelt hat."[24]

In Sieg und Niederlage – mehr Islam

Die Niederlage bei Uhud hatte den Glauben und den Eifer der Muslime nicht im Geringsten beeinträchtigt. Allah hatte ihnen mitgeteilt, dass sie einen weiteren Sieg errungen hätten, wenn sie ihm gegenüber gehorsam gewesen wären: „Allah hatte seine Verheißung schon erfüllt, als ihr, mit seinem Willen, die Feinde geschlagen habt; ihr aber wurdet verzagt und strittet über die Befehle und wurdet aufrührerisch, obgleich er euch die Erfüllung eurer Wünsche gezeigt hatte." (Sure 3:153).

Hier wurde wieder ein Muster festgelegt: Wenn die Dinge für die Muslime schief laufen, dann handelt es sich um eine Strafe, weil sie im Glauben nicht

---

[24] Ebd., S. 387. Mohammed war sofort überzeugt, Verstümmelung zu verbieten; islamische Ausleger heutzutage verteidigen es jedoch (besonders nach dem Fallujah-Vorfall 2002 im Irak), indem sie Sure 16:127 zitieren: „Wenn ihr Rache an jemandem nehmt, so nehmt sie nur im Verhältnis des Bösen, welches er euch zugefügt hat.".

Teil I – Der Islam 21

aufrichtig genug waren. Im Jahre 1948 erklärte Sayyid Quth, der große Theoretiker der Muslimischen Bruderschaft, die man als erste moderne Terroristengruppe ansehen kann, der islamischen Welt: „Wir müssen uns nur umschauen, um zu erkennen, dass unsere soziale Lage so schlecht ist, wie sie nur sein kann. Dennoch vergessen wir ständig unser geistiges Erbe, all unser intellektuelles Eigentum und all die Lösungen, die sich uns offenbaren würden, wenn wir nur genauer hinschauten. Wir haben unsere eigenen fundamentalen Prinzipien und Lehren über Bord geworfen. Dafür übernehmen wir Dinge wie die Demokratie, den Sozialismus oder den Kommunismus."[25] In anderen Worten: Allein der Islam garantiert den Erfolg. Ihn aufzugeben, bedeutet Misserfolg.

Der theologische Zusammenhang zwischen Sieg und Gehorsam und Niederlage und Ungehorsam wurde nach dem Sieg der Muslime während der Grabenschlacht im Jahre 627 gefestigt. Mohammed erhielt wiederum eine Offenbarung, die den Sieg auf das göttliche Eingreifen Allahs zurückführte: „O Gläubige, erinnert euch der Gnade Allahs. Als die Heere der Ungläubigen gegen euch heranzogen, da schickten wir ihnen einen Wind entgegen und ein Heer von Engeln, das ihr nicht sehen konntet, und Allah beobachtete damals euer Tun." (Sure 33:10).

Ebenso wie heute:
Der Tsunami verlangt nach mehr Islam

Nachdem am 26. Dezember 2004 ein Tsunami den Südpazifik verwüstete, leisteten allein Australien und die USA Hilfe im Wert von mehr als einer Milliarde Dollar. Die arabischen Länder, die im Öl schwimmen – Saudi-Arabien, Qatar, die Vereinigten Arabischen Emirate, Kuwait, Algerien, Bahrain und Libyen – spendeten zusammen gerade mal ein Zehntel dieser Summe. Einer der Gründe dafür war, dass islamische Gelehrte den Tsunami auf die Sünden der Ungläubigen und Muslime in dem vorherrschend islamischen Indonesien zurückführten. Ein saudischer Kleriker behauptete: „Es geschah zu Weihnachten, als die Unzüchtigen und Verdorbenen aus aller Welt kamen, um dort Unzucht und sexuelle Perversion zu treiben."[26]

Politisch korrekter Mythos:
Wir können doch mit diesen Leuten verhandeln.

Ein weiteres wichtiges islamisches Prinzip wurde durch die Ereignisse während des Vertrags von Hudaybiyya begründet. Im Jahre 628 hatte Mohammed

---

[25] Sayyid Qutb, Social Justice in Islam, übersetzt von John B. Hardie und Hamid Algar, überarbeitete Version, Islamlic Publications International, 20, S. 19.
[26] Deroy Murdock, „,The Great Satan' on Devastated Muslim Streets", National Review Online, 6. Januar 2005.

eine Vision, in der er eine Pilgerreise nach Mekka unternahm – eine heidnische Sitte, die er zu einem Teil des Islam machen wollte, was bis dahin jedoch nicht möglich war, weil die Quraisch die Stadt kontrollierten. Er wies die Muslime an, sich auf die Pilgerfahrt nach Mekka vorzubereiten, und näherte sich der Stadt mit 1500 Mann. Die Quraisch trafen ihn außerhalb der Stadt, und beide Seiten schlossen einen zehnjährigen Waffenstillstand (Hudna), den Vertrag von Hudaybiyya.

Die Muslime waren einverstanden, wieder heimzukehren, ohne die Pilgerfahrt durchgeführt zu haben, im Gegenzug gestatteten ihnen die Quraisch, die Pilgerfahrt im folgenden Jahr durchzuführen. Mohammed schockierte seine Männer, indem er Bedingungen zustimmte, die für die Muslime scheinbara sehr ungünstig waren: Männer, die vor den Quraisch flohen und bei den Muslimen Zuflucht suchten, sollten an die Quraisch ausgeliefert werden, während die Männer, die von den Muslimen zu den Quraisch überliefen, nicht an die Muslime ausgeliefert werden sollten. Der Verhandlungsführer der Quraisch, Suhayl bin Amur, verpflichtete Mohammed sogar, sich nicht als „Mohammed, der Gesandte Gottes" zu bezeichnen. Suhayl sagte: „Wenn ich gesehen hätte, dass du der Gesandte Gottes bist, dann hätte ich nicht gegen dich gekämpft. Schreibe deinen eigenen Namen und den Namen deines Vaters." Und zur Bestürzung seiner Anhänger ging Mohammed darauf ein.

Dann, im Gegensatz zum äußeren Schein, bestand er darauf, dass die Muslime siegreich gewesen seien und präsentierte eine neue Offenbarung Allahs: „Wahrlich, wir haben dir einen offenbaren Sieg verliehen." (Sure 48:2). Er versprach seinen Anhängern, dass sie bald eine Menge Beute machen würden: „Allah hatte damals Wohlgefallen an den Gläubigen, als sie dir unter dem Baume Treue schwuren; denn er kannte die Gedanken ihrer Herzen, und darum ließ er sichere Ruhe auf sie herab und belohnte sie mit einem nahen Sieg und mit großer Beute, welche sie machten; denn Allah ist allmächtig und allweise. Allah hat euch versprochen, dass ihr noch reiche Beute machen werdet, und diese hat er euch nur so in Eile gegeben und hat die Hände der Menschen von euch zurückgehalten, dass dies ein Zeichen für die Gläubigen sei, dass er euch auf den richtigen Weg leitet." (Sure 48:19-21).

Wenn einer seiner Anhänger immer noch skeptisch war, so wurden seine Bedenken bald zerstreut. Eine Frau von den Quraisch, Umm Kulthum, schloss sich in Medina den Muslimen an. Ihre beiden Brüder wandten sich an Mohammed und baten, sie „in Übereinstimmung mit dem Vertrag, den er und die Quraisch bei Hudaybiya abgeschlossen hatten", wieder zurückzugeben.[27] Mohammed weigerte sich, weil Allah ihm dies verboten hätte. Er hatte Mohammed eine neue Offenbarung zukommen lassen: „O Gläubige, wenn gläubige Frauen zu euch übertreten, dann prüft sie. Allah kennt ihren Glauben. Lernt ihr

---

[27] Ibn Ishaq, S. 509.

sie nun als wahre Gläubige kennen, so schickt sie nicht wieder zu den Ungläubigen zurück." (Sure 60:11).

Indem er sich weigerte, Umm Kulthum zu den Quraisch zurückzuschicken, brach Mohammed den Vertrag. Obwohl muslimische Apologeten immer behauptet haben, dass die Quraisch den Vertrag zuerst gebrochen hätten, geschah dieser Vertragsbruch vor irgendeiner Verletzung durch die Quraisch. Außerdem bestätigte der Vertragsbruch das Prinzip, dass etwas nur dann Geltung haben kann, wenn es für den Islam von Vorteil ist, und nichts böse ist, es sei denn, dass es dem Islam schadet. Sobald der Vertrag formell gekündigt worden war, verkündeten islamische Rechtsgelehrte das Prinzip, dass Friedensverträge allgemein nur für einen Zeitraum von zehn Jahren abgeschlossen werden, und nur zu dem Zweck, geschwächten islamischen Streitkräften die Zeit zu geben, sich wieder zu erholen.

Die nachfolgenden Ereignisse demonstrierten die schlimmen Folgen dieses Prinzips anschaulich.

Kapitel 2
Der Koran: Ein Buch des Krieges

Wussten Sie schon?

- *Der Koran schreibt den Muslimen vor, Krieg gegen die Christen und Juden zu führen.*
- *Häufig zitierte tolerante und friedliche Verse des Korans wurden durch islamische Theologen für ungültig erklärt.*
- *Es gibt nichts in der Bibel, das der Gewalttätigkeit des Korans gleichkommt.*

Da der Lebenslauf Mohammeds so sehr von Blut und Krieg bestimmt ist, dürfte es kaum überraschen, dass das heilige Buch, das dieser Prophet des Islam der Welt hinterlassen hat, der Koran, ähnlich gewalttätig und unnachgiebig ist. Und es ist nicht zu bestreiten: Der Koran ist unter den heiligen Schriften der Welt darin einzigartig, dass er seinen Anhängern vorschreibt, Krieg gegen jeden zu führen, der einen anderen Glauben hat.

Der Koran rät zum Krieg

Es gibt über einhundert Verse im Koran, die die Gläubigen dazu auffordern, Krieg gegen die Ungläubigen zu führen. „Du, o Prophet, kämpfe gegen die Ungläubigen und die Heuchler und sei streng gegen sie. Ihre Wohnung wird die Hölle sein. Eine schlimme Reise ist es dorthin." (Sure 9:73). Der Ausdruck *jahidi* bedeutet im Arabischen „hart kämpfen" oder „sich hart anstrengen". Es ist die Verbalform des Substantivs *jihad*. Diese „harte Anstrengung" erfolgt auf dem Schlachtfeld: „Wenn ihr im Krieg mit den Ungläubigen zusammentrefft, dann schlagt ihnen die Köpfe ab, bis ihr eine große Niederlage unter ihnen angerichtet habt. Die übrigen legt in Ketten ...." (Sure 47:5). Dies wird mehrmals wiederholt: „O Gläubige, bekämpft die Ungläubigen, die in eurer Nachbarschaft wohnen; lasst sie eure ganze Strenge fühlen und wisst, dass Allah mit denen ist, welche ihn fürchten. (Sure 9:123).

Dieser Krieg war sowohl gegen jene gerichtet, die den Islam zurückwiesen, als auch gegen jene, die behaupteten, Muslime zu sein, sich jedoch nicht hundertprozentig streng an die Lehre hielten: „Du, o Prophet, kämpfe gegen die Ungläubigen und die Heuchler und sei streng gegen sie. Ihre Wohnung wird die Hölle sein. Eine schlimme Reise ist es dorthin" (Sure 9:73). Der Krieg gegen diese Ungläubigen war nur Teil eines größeren geistigen Konflikts zwischen Allah und Satan: „Die Gläubigen allein werden für die Religion Allahs kämpfen, die Ungläubigen aber für die Religion des Tagut (Irrglaubens). Bekämpft die Freunde des Satans, denn die listigen Pläne des Satans sind doch nur schwach. (Sure 4:77)

„Sind aber die heiligen Monate, in welchen jeder Kampf verboten ist, verflossen, dann tötet die Götzendiener, wo ihr sie auch finden mögt; oder nehmet sie gefangen oder belagert sie und lauert ihnen auf allen Wegen auf. Bereuen (bekehren) sie (sich) dann, verrichten das Gebet zur bestimmten Zeit und geben Almosen, dann lasst sie frei ausgehen; denn Allah ist verzeihend und barmherzig." (Sure 9:5). Der „Almosen" in dieser Sure heißt *zakat*, und ist eine der fünf Säulen des Islam. Er regelt den religiösen Zehnten. Somit besagt diese Sure also, dass, falls die „Götzendiener" zu Muslimen werden, man sie in Ruhe lassen soll.

Juden und Christen sollen zusammen mit den „Götzendienern" bekämpft werden: „Bekämpft diejenigen der Schriftbesitzer, welche nicht an Allah und den Jüngsten Tag glauben, und die das nicht verbieten, was Allah und sein Gesandter verboten haben, und sich nicht zur wahren Religion bekennen, so lange, bis sie ihren Tribut (Jizya) in Demut entrichten (und sich unterwerfen)." (Sure 9:29). Die Jizya war eine Steuer, die Nichtgläubigen auferlegt wurde.

Der Dschihad ist die höchste Pflicht eines jeden Muslim: „Glaubt ihr denn, dass es besser ist, den Wallfahrern zu trinken zu geben und den heiligen Tempel zu besuchen als an Allah und den Jüngsten Tag zu glauben und für die Religion Allahs zu kämpfen [jihad fi sabil Allah] ? Nein, bei Allah steht dies nicht gleich, und Allah leitet ein frevelhaftes Volk nicht. Die, welche geglaubt und für die Religion Allahs ihr Vaterland verlassen und mit ihrem Vermögen und Leben für sie gekämpft haben, diese erhalten eine hohe Stufe der Glückseligkeit bei Allah; und nur diese werden glücklich sein." (Sure 9:19-20). In der islamischen Theologie bedeutet jihad fi sabil Allah eindeutig, dass man mit Waffen für den Islam kämpfen soll.

Das Paradies steht jenen offen, die für Allah „erschlagen und erschlagen werden": „Wahrlich, Allah hat das Leben und das Vermögen der Gläubigen dafür erkauft, dass sie das Paradies erlangen, indem sie für die Religion Allahs kämpfen. Mögen sie nun töten oder getötet werden, so wird doch die Verheißung, welche in der Thora, im Evangelium und im Koran enthalten ist, ihnen in Erfüllung gehen." (Sure 9:111).

Man kann nun versuchen, diese Suren auf geistiger Ebene zu verstehen, aber aus der Geschichte geht eindeutig hervor, dass Mohammed sie wörtlich gemeint hat.

Politisch korrekter Mythos:
Der Koran lehrt Frieden und Toleranz

Aber überlegen wir mal einen Augenblick: Lehrt der Koran nicht eigentlich Frieden und Toleranz? Natürlich gibt es einige bedenkliche Verse hier und da, aber es gibt doch auch viele, die die Bruderschaft der Menschen und die Gleichheit und Würde aller Menschen betonen, oder nicht?

Nein. Das, was einer Lehre der Toleranz und der friedlichen Koexistenz im Koran einigermaßen nahe kommt, ist der Rat an die Gläubigen, die Ungläubigen in ihrem Irrtum zu belassen: „Sprich: O Ungläubige, ich verehre nicht das, was ihr verehrt, und ihr verehrt nicht, was ich verehre, und ich werde auch nie das verehren, was ihr verehrt, und ihr wollt nie das verehren, was ich verehre. Ihr habt eure Religion, und ich habe meine." (Sure 109: 2-7). Natürlich werden sie nur in Ruhe gelassen, damit Allah sich mit ihnen beschäftigen kann: „... und ertrage mit Geduld die Verleumdungen, welche sie von dir sprechen, und scheide dich von ihnen auf gute Art. Lass mich nur allein gewähren mit denen, welche unsere Zeichen des Betruges beschuldigen und sich der Segnungen des irdischen Lebens freuen. Sieh ihnen nur noch auf eine kurze Zeit nach; .... (Sure 73: 11-12).

Vor allem sollte kein Muslim einen Ungläubigen dazu zwingen, den Islam anzunehmen: „Zwingt keinen zum Glauben, da die wahre Lehre vom Irrglauben ja deutlich zu unterscheiden ist. Wer Tagut (Götze, Irrglaube) verwirft und an Allah glaubt, ergreift eine Stütze, die nie zerbricht." (Sure 2:257).

Aber ist das wirklich Toleranz, so wie der moderne westliche Mensch sie versteht? Das könnte man durchaus meinen, wenn das alles wäre, was der Koran über dieses Thema zu sagen hätte. Aber das ist ja nicht alles.

Politisch korrekter Mythos
Der Koran lehrt die Gläubigen, nur im Notfall zu den Waffen zu greifen

An dieser Stelle werden Apologeten des Islam vielleicht zugeben, dass der Koran sich keinesfalls mit einem Zustand des Leben-und-leben-lassens zwischen Gläubigen und Ungläubigen zufrieden gibt. Sie werden zugeben, dass er den Gläubigen rät, sich zu verteidigen und behaupten, dass dies Ähnlichkeit mit der Theorie des „gerechten Krieges" der katholischen Kirche hat.

Dafür gibt es Bestätigung im Koran: „Tötet (bekämpft) für Allahs Pfad – eure Religion – die euch töten wollen; doch beginnt nicht ihr die Feindseligkeiten; Allah liebt die nicht, welche über das Ziel schießen." (Sure 2:191) Die Muslime sollen also, zumindest in diesem Vers, keine Feindseligkeiten mit den Ungläubigen anfangen. Sobald die Feindseligkeiten jedoch begonnen haben, sollen die Muslime den Kampf gewaltsam führen: „Tötet sie, wo ihr sie trefft, verjagt sie, von wo sie euch vertrieben; vertreiben ist schlimmer als töten. Bekämpft sie, aber nicht in der Nähe heiliger Stätte; greifen sie euch aber dort an, erlegt sie auch da; dies sei das verdiente Schicksal der Ungläubigen. Lassen sie aber ab, dann ist Allah versöhnend und barmherzig." (Sure 2:192-193)

Und was ist das Ergebnis dieses Krieges? „Bekämpft sie, bis ihr Versuch aufgehört und Allahs Religion gesiegt hat." (Sure 2: 195). Das bedeutet also, dass der Krieg weitergehen muss, bis die Welt islamisch ist – „Allahs Religion gesiegt hat" – oder sich unter der Herrschaft des islamischen Rechts befindet.

Es gibt also ein Problem mit der Deutung, dass der Dschihad nur defensiv sei. Der südafrikanische Mufti Ebrahim Desai wiederholte eine häufige Lehre des Islam, als er in „Islam Q & A Online" eine Frage beantwortete. Jemand wollte wissen: „Was ist mit dem offensiven Dschihad? Sollen wir sogar Menschen angreifen, die nichts gegen den Islam unternehmen, nur weil wir den Islam verbreiten sollen?" Desai antwortete:

Sie müssen verstehen, dass wir Muslime fest daran glauben, dass jede Person, die nicht an Allah glaubt, ein Ungläubiger ist, der zur ewigen Hölle verdammt wird. Eine der wichtigsten Aufgaben des muslimischen Herrschers ist also, den Islam in der ganzen Welt zu verbreiten und somit die Menschen von der ewigen Verdammnis zu retten. Mit der Stelle bei Tafsir Uthmani (einem Kommentator des Koran) ist also gemeint, dass, falls ein Land die Verbreitung des Islam in angemessener Weise nicht zulässt oder ihm Hindernisse in den Weg legt, der muslimische Führer das Recht hat, den Dschihad gegen dieses Land zu erklären, damit die Botschaft des Islam dessen Bewohner erreichen und sie so vom Feuer des Jahannum (der Hölle) bewahren kann. Gestatten uns die Kuffaar (Ungläubigen), den Islam friedlich zu verbreiten, dann werden wir auch keinen Dschihad gegen sie durchführen.[28]

Ebenso wie heute:
Dschihadisten zitieren Mohammeds Schlachten, um zu beweisen, dass der Dschihad nicht nur zur Verteidigung dient

In einem Artikel mit dem Titel „Die wahre Bedeutung des Dschihad", die im Jahre 2003 auf der Webseite Khilafah.com erschien, die mit der Dschihadisten-Gruppe Hizb ut-Tahrir in Verbindung steht, zitiert ein gewisser Sidik Aucbur das Beispiel Mohammeds als Argument gegen jene, die meinen, dass der Dschihad rein defensiv aufzufassen ist:

Einige werden behaupten, dass der Dschihad nur zur Verteidigung dient. Das ist falsch. Eine schnelle Beschäftigung mit dem Leben des Propheten (SalAllahu Alaihi Wasallam) zeigt uns, dass es sich um etwas anderes handelt:

- Die Schlacht von Mut'ah wurde von den Muslimen gegen die Römer geführt. 3000 Muslime standen einer römischen Armee von 200.000 Mann gegenüber.
- Die Schlacht von Hunayn war unvermeidlich, nachdem die Muslime kurz zuvor Makkah erobert hatten.
- Die Schlacht von Tabuk wurde begonnen, um die Römer endgültig zu besiegen.

Wir ersehen aus dem Ijmaa (Konsens) von Sahaba (dem Begleiter Mohammeds), dass auch sie den Dschihad in As-Sham, im Irak, im Iran, Ägypten und Nordafrika führten. Außerdem ist der Status des Märtyrers der höchste im Islam. Wie kann es also sein, dass der Dschihad zu etwas niedrigerem als das reduziert werden könnte?[29]

---

[28] „I have a question about offensive Jihad", Islam Q & A Online with Mufti Ebrahim Desai, Question 12128 from Canada, http://www.islam.tc/ask-imam/view.php?q=12128.
[29] Sidik Auchur: „The true meaning of Jihad", www.khilafah.com, 11. Mai 2003.

In anderen Worten: Wenn man den Eindruck hat, dass ein Land die Verbreitung des Islam behindert, dann haben die Muslime die Verpflichtung, Krieg gegen dieses Land zu führen. Das wäre dann natürlich ein Verteidigungskrieg, denn die Behinderung war zuerst da. Damit haben wir ein weiteres Beispiel dafür, wie dehnbar und eigentlich bedeutungslos der Gedanke geworden ist, dass man nur zur Selbstverteidigung kämpfen sollte. Was stellt nun eine ausreichende Provokation dar? Muss die Seite, die sich nur verteidigt, darauf warten, dass der Feind den ersten Schlag führt? Auf diese Fragen gibt das islamische Gesetz keine eindeutigen Antworten. Somit kann praktisch jeder jeden Streit als Verteidigung oder Notwehr hinstellen, ohne die strengen Bestimmungen dieses Gesetzes zu verletzen. Dies macht die ständig wiederholten Behauptungen, dass der Dschihad nur eine Selbstverteidigungsmaßnahme sei, bedeutungslos.

Tolerante Verse im Koran – „gestrichen"

Außerdem sind die letzten Worte des Korans über den Dschihad nicht defensiv, sondern offensiv. Die Suren des Korans sind nicht chronologisch angeordnet, sondern entsprechend ihrer Länge. Jedoch unterteilt die islamische Theologie den Koran in „Mekka-Suren" und „Medina-Suren". Die Mekka-Suren stammen aus der ersten Zeit Mohammeds als Prophet, als er lediglich versuchte, die Mekkaner zum Islam zu bekehren. Später dann, nachdem er nach Medina geflohen war, verhärtete sich seine Haltung. Die Medina-Suren sind weniger poetisch und im Allgemeinen viel länger als die Mekka-Suren. Sie sind voll von Anweisungen in Bezug auf Recht und Ritual – und Ermahnungen zum Dschihad gegen Ungläubige. Die oben zitierten relativ toleranten Verse und andere ähnliche Verse stammen allgemein aus der Mekka-Periode. Bei den aggressiveren und intoleranteren Suren handelt es sich überwiegend um Medina-Suren.

Warum ist diese Unterscheidung so wichtig? Wegen der islamischen Doktrin der Außerkraftsetzung (naskh). Dabei handelt es sich um die Lehre, dass Allah das verändern oder für ungültig erklären kann, was er den Gläubigen gesagt hat: „Verwerfen wir gegebene Zeichen des Buches (im Koran) oder heißen wir sie vergessen, so gibt unsere Offenbarung gleich Gutes dafür oder Besseres. Weißt Du denn nicht, dass Allah allmächtig ist?" (Sure 2:107). Dieser Aussage zufolge ersetzen die aggressiven Verse der neunten Sure, einschließlich der Vers des Schwertes (9:5) die friedlichen Verse, weil sie später in Mohammeds Karriere offenbart wurden. Tatsächlich sind sich fast alle muslimischen Gelehrten darüber einig, dass die neunte Sure der allerletzte Abschnitt des Korans war, der offenbart wurde.

Alexis de Tocqueville über den Islam:

„Ich habe mich gründlich mit dem Koran auseinandergesetzt. Ich bin zu der Überzeugung gelangt, dass es nur wenige Religionen in der Welt gibt, die für den Menschen so tödlich sind wie die Lehre Mohammeds. So weit ich es er-

> kennen kann, ist sie die Hauptursache für den so sichtbaren Niedergang der muslimischen Welt, und, obwohl sie nicht so absurd ist wie die Vielgötterei der alten Zeiten, sind ihre sozialen und politischen Tendenzen meiner Meinung nach sehr beängstigend. Deshalb sehe ich diese Religion als eine Form von Niedergang an, und nicht so sehr als einen Fortschritt gegenüber dem Heidentum selbst."

Dementsprechend haben einige islamische Theologen behauptet, dass der Vers des Schwertes nicht weniger als 124 friedlichere und tolerantere Verse des Korans außer Kraft setzt.[30] *Tafsir al-Jalalayn*, ein Kommentar des Koran von den angesehenen Imamen Jalal al-Din Muhammad ibn Agmad al-Mahali (1389-1459) und Jalal al-Din 'Abd al-Rahman ibn Abi Bakr al-Suyuti (1445-1505) bestätigt, dass die neunte Sure „herabgesandt wurde, als die Sicherheit durch das Schwert beseitigt wurde."[31] Ein weiterer angesehener Korankommentator namens Isma'il bin 'Amr bin Kathir al Dimashqi (1301-1372), der allgemein als Ibn Kathir bekannt ist, erklärte, dass die Sure 9:5 „jede Friedensvereinbarung zwischen dem Propheten und irgendwelchen Götzendienern außer Kraft setze ... Kein Götzendiener hatte ein Sicherheitsversprechen oder eine Garantie, seit Surah Bara'ah (die neunte Sure) offenbart wurde."[32] Ibn Juzayy (gestorben 1340), ein weiterer Kommentator, dessen Werke in der islamischen Welt immer noch gelesen werden, stimmte zu: Der Zweck des Verses des Schwerts besteht darin „jeden Friedensvertrag im Koran für ungültig zu erklären."[33]

Ibn Kathir stellt dies in seinem Kommentar über einen anderen „Toleranzvers" eindeutig klar: „Er (Mohammed) spricht: ‚O mein Herr, es sind ungläubige Menschen.' Allah aber antwortet: ‚Trenne dich von ihnen und sprich: ‚Frieden', bald werden sie ...(schon ihre Torheit einsehen).'" (Sure 43: 89-90). Ibn Kathir erklärt: „Say Salam (Sprich: Friede) bedeutet: ‚antworte ihnen nicht auf dieselbe böse Art und Weise, wie sie dich ansprechen, sondern versuche, ihre Herzen zu erweichen und ihnen in Wort und Tat zu vergeben.'" Das ist jedoch noch nicht das Ende des Abschnitts. Ibn Kathir befasst sich dann mit dem letzten Teil: „‚Bald werden sie ...(schon ihre Torheit einsehen)'. Dies ist eine Warnung an sie, die von Allah kommt. Seine Strafe, die niemand vermeiden kann, traf sie, und Seine Lehre und Sein Wort waren das Höchste. Danach wurde der Dschihad vorgeschrieben, bis die Menschen die Religion Allahs in

---

[30] Ibn Arabi, in Suyuti, Itaqan iii, 69. Cf. John Wansbrough, Quranic Studies, Prometheus, 203, S. 184.
[31] „Surat at-Tawba: Repentance", Tafsir al-Jalalayn, anonyme Übersetzung, nachgedruckt unter http://ourworld.compuserve.com/homepages/ABewley/tawba1.html.
[32] Ibn Kathir, Band 4, S. 377.
[33] „Surat at-Tawba: Repentance", Tafsir Ibn Juzayy, anonyme Übersetzung, nachgedruckt unter http://ourworld.compuserve.com/homepages/ABewley/tawba1.html.

Massen annehmen und der Islam sich im gesamten Osten und Westen verbreitet."[34]

Dieses Werk ist noch nicht vollendet.

All dies bedeutet also, dass der Krieg gegen die Ungläubigen, bis sie entweder Muslime werden oder die Jizya, die Sondersteuer für Nichtmuslime, „in Demut entrichten" (Sure 9:29), das letzte Wort des Koran über den Dschihad ist. Die Muslime haben dies stets als Allahs ständigen Marschbefehl gegen die Ungläubigen verstanden: Die islamische Umma (Gemeinschaft) muss sich in einem ständigen Kriegszustand mit der nichtmuslimischen Welt befinden, der nur gelegentlich durch einen befristeten Waffenstillstand unterbrochen wird.

Einige islamische Theologen versuchen heute, alternative Versionen des Islam zu konstruieren, die auf einem anderen Verständnis der Außerkraftsetzung beruhen. Jedoch stoßen solche Bemühungen bei den Muslimen weltweit auf wenig Interesse und Unterstützung – nicht zuletzt weil sie den Interpretationen stark widersprechen, die seit Jahrhunderten allgemein anerkannt sind.

Politisch korrekter Mythos:
Der Koran und die Bibel sind gleichermaßen gewalttätig

Na schön. Der Koran lehrt also den Krieg. Aber das tut die Bibel doch auch, oder nicht? Die islamischen Apologeten und ihre nichtmuslimischen Verbündeten versuchen ständig, eine moralische Gleichwertigkeit zwischen dem Islam und dem Christentum herzustellen: „Die Muslime waren gewalttätig? Die Christen auch. Die Muslime haben Glaubenskriege geführt? Ja, aber was ist mit den Kreuzzügen? Der Koran lehrt den Krieg? Nun, ich könnte auch jede Menge entsprechender Stellen aus der Bibel anführen." Diese Dinge kann man in jeder Religion finden, versucht man uns weiszumachen. Jede von ihnen ist mehr oder weniger dazu geeignet, ihre Anhänger zur Gewalt aufzustacheln, versichert man uns.

Ebenso wie heute:
Die friedlichen Verse sind immer noch ungültig

Die Lehre der Abrogation (Aufhebung von Gesetzen) ist nicht längst verstorbenen Muftis vorbehalten, deren Werke in der islamischen Welt keine Bedeutung mehr haben. Der saudische Scheich Muhammad Saalih al-Munajid (geboren 1962), dessen Vorträge und islamische Vorschriften (fatawa) in der ganzen islamischen Welt verbreitet sind, demonstriert dies in einer Diskussion darüber, ob Muslime die Ungläubigen dazu zwingen sollten, den Islam anzunehmen. Bei der Behandlung der Koransure 2:256 („Zwingt keinen zum Glauben...") zitiert der Scheich die Suren 9:29, 8:39: „Bekämpft sie, bis alle Versu-

---

[34] Ibn Kathir, Band 4, S. 377.

> chung (Unglaube und Vielgötterei, z.B. die Anbetung anderer neben Allah) aufhört, und die Religion Allahs allgemein verbreitet ist (über die ganze Welt).", sowie den Vers des Schwertes. Über diesen letzten Vers sagt Scheich Muhammad einfach: „Dieser Vers ist bekannt als Ayat al-Sayf (der Vers des Schwertes). Diese und ähnliche Verse ersetzen jene, in denen steht, dass niemand gezwungen wird, Muslim zu werden."[35]

Aber stimmt das auch wirklich? Einige islamische Apologeten und nichtmuslimische Vertreter der moralischen Gleichwertigkeit behaupten, sogar im Neuen Testament Stellen zu finden, die die Gläubigen zur Gewalt aufrufen. Sie verweisen dabei häufig auf zwei Stellen:

- ❑ „Ich sage euch: Jedem, der da hat, wird gegeben werden; von dem aber, der nicht hat, von dem wird selbst, was er hat, weggenommen werden. Doch jene meine Feinde, die nicht wollten, daß ich über sie König würde, bringt her und erschlagt sie vor mir!" (Lukas 19,26-27). Natürlich sind das die Worte eines Königs in einer Parabel, und nicht Anweisungen von Jesus an seine Anhänger, aber solche Feinheiten können im modernen Kommunikationszeitalter natürlich leicht verloren gehen.

- ❑ „Meint nicht, daß ich gekommen sei, Frieden auf die Erde zu bringen; ich bin nicht gekommen, Frieden zu bringen, sondern das Schwert. Denn ich bin gekommen, den Menschen zu entzweien mit seinem Vater und die Tochter mit ihrer Mutter und die Schwiegertochter mit ihrer Schwiegermutter." (Matthäus 10,34-35). Wenn diese Stelle wirklich Gewalt rechtfertigen würde, dann wäre es wohl eine innerfamiliäre Gewalt. Aber es ist absurd, hier einen Vergleich mit den über einhundert Stellen im Koran anzustellen, in denen zum Dschihad aufgerufen wird. Selbst die Kreuzfahrer beriefen sich nicht auf solche Bibelstellen. Und angesichts der vollkommen friedlichen Botschaft von Jesus dürfte eindeutig klar sein, dass das Wort „Schwert" im übertragenen Sinne verwendet wurde. Diesen Text wörtlich zu nehmen bedeutet, Jesus falsch zu interpretieren, der, im Gegensatz zu Mohammed, niemals an einer Schlacht teilgenommen hat. Mit solchen Argumenten lässt man ganz einfach die Poesie außer Acht, mit der die Bibel erfüllt ist.

Vielleicht weil sie sich darüber klar sind, wie absurd ihre Argumente bezüglich des Neuen Testaments sind, zitieren islamische Apologeten häufig verschiedene Stellen aus dem Alten Testament.

- ❑ „Wenn der HERR, dein Gott, dich in das Land bringt, in das du *jetzt* hineinkommst, um es in Besitz zu nehmen, und wenn er dann viele

---

[35] „Frage #34770: There is no compulsion to accept Islam", Learn Hajj Jurisprudence, Islam Q & A, http://63.175.194.25/index.php?ln?eng.

Nationen vor dir hinaustreibt: die Hetiter und die Girgasiter und die Amoriter und die Kanaaniter und die Perisiter und die Hewiter und die Jebusiter, sieben Nationen, größer und stärker als du, und wenn der HERR, dein Gott, sie vor dir dahingibt, und du sie schlägst, dann sollst du unbedingt an ihnen den Bann vollstrecken. Du sollst keinen Bund mit ihnen schließen noch ihnen gnädig sein." (5 Mose 7,1-2).

❏ „Wenn du dich einer Stadt näherst, um gegen sie zu kämpfen, dann sollst du ihr zunächst Frieden anbieten. Und es soll geschehen, wenn sie dir friedlich antwortet und dir öffnet, dann soll alles Volk, das sich darin befindet, dir zur Zwangsarbeit unterworfen werden und dir dienen. Und wenn sie mit dir nicht Frieden schließt, sondern Krieg mit dir führt, dann sollst du sie belagern. Und gibt der HERR, dein Gott, sie in deine Hand, dann sollst du all ihre Männlichen mit der Schärfe des Schwertes erschlagen. Doch die Frauen und die Kinder und das Vieh und alles, was in der Stadt ist, all ihre Beute, sollst du für dich rauben. Und du sollst von der Beute deiner Feinde essen, die der HERR, dein Gott, dir gegeben hat. So sollst du mit allen Städten tun, die weit von dir entfernt sind, die nicht von den Städten dieser Nationen hier sind. Jedoch von den Städten dieser Völker, die der HERR, dein Gott, dir als Erbteil gibt, sollst du nichts leben lassen, was Odem hat." (5 Mose 20,10-16).

Mohammed gegen Jesus

„...sondern wenn jemand dich auf deine rechte Backe schlagen wird, dem biete auch die andere dar..."

Jesus (Matthäus 5,39)

„Wollt ihr nicht gegen ein Volk kämpfen, das seinen Eid der Treue bricht und damit umgeht, den Gesandten zu vertreiben, und das ohne Veranlassung euch zuerst angreift?"

Sure 9:13

❏ „So bringt nun alles Männliche unter den Kindern um, und bringt alle Frauen um, die einen Mann im Beischlaf erkannt haben! Aber alle Kinder, alle Mädchen, die den Beischlaf eines Mannes nicht gekannt haben, lasst für euch am Leben!" (4 Mose 31,17-18).

Ziemlich starker Tobak, nicht wahr? Ebenso schlimm wie „tötet die Götzendiener, wo ihr sie auch finden mögt" (Sure 9:5) und „Wenn ihr im Kriege mit den Ungläubigen zusammentrefft, dann schlagt ihnen die Köpfe ab, bis ihr eine große Niederlage unter ihnen angerichtet habt." (Sure 47:4) und das ganze übrige Zeug, richtig?

Falsch! Wenn Sie nicht gerade Hethither, Girgasiter, Amoriter, Kanaaniter, Perisiter, Hewiter oder Jebusiter sind, dann treffen diese biblischen Stellen einfach nicht auf Sie zu. Der Koran befiehlt den Gläubigen, gegen die Ungläubigen zu kämpfen, ohne irgendwo genau anzugeben, dass nur ganz bestimmte Ungläubige zu bekämpfen sind oder nur für einen bestimmten Zeitraum. Wenn man den Befehl, gegen die Ungläubigen Krieg zu führen, wörtlich auffasst, dann ist dieser Krieg universal und geht niemals zuende. Das Alte Testament berichtet hingegen über Gottes Befehl an die Israeliten, nur gegen bestimmte Völker Krieg zu führen. Für unser modernes Gefühl mag das schrecklich sein, aber es ist immer noch nicht dasselbe. Und das ist einer der Gründe, warum die Juden und die Christen keine Terrorgruppen gegründet haben und die Heilige Schrift zitieren, um damit den Mord an Unschuldigen zu rechtfertigen.

Ebenso wie heute:
Der Koran als Rechtfertigung für den Terrorismus

In einer Predigt, die im Jahre 2000 vom palästinensischen Staatsfernsehen ausgestrahlt wurde, erklärte Dr. Ahmad Abu Halabiya, ein Mitglied des Fatwa-Rates: „Allah der Allmächtige hat uns dazu aufgerufen, uns nicht mit den Christen und den Juden zu verbünden, noch sie zu mögen oder ihre Partner zu werden oder sie zu unterstützen oder Verträge mit ihnen abzuschließen. Derjenige, der dies tut, ist einer von ihnen, wie Allah sagt: „O Gläubige, nehmt weder Juden noch Christen zu Freunden; denn sie sind nur einer des anderen Freund. Wer von euch sie zu Freunden nimmt, der ist einer von ihnen. ... Habt keine Gnade mit den Juden, wo immer sie sein mögen, in jedem Land. Bekämpft sie wo immer ihr seid. Wo immer ihr sie trefft, tötet sie."

Dabei zitiert Halabiya die Sure 5:52 („O Gläubige, nehmt weder Juden noch Christen zu Freunden, denn sie sind nur einer des anderen Freund. Wer von euch sie zu Freunden nimmt, der ist einer von ihnen") und 9:5 („Tötet die Götzendiener, wo ihr sie auch finden mögt"). Er bezog diese Worte auf die aktuelle politische Situation: „Wo immer ihr seid – tötet die Juden und die Amerikaner, die wie sie sind – und jene, die ihnen beistehen – sie alle sitzen im Schützengraben gegen die Araber und die Muslime, denn sie haben Israel in Palästina, dem Herzen der arabischen Welt, errichtet. Sie haben das Land als Außenposten ihrer Zivilisation ausgebaut, als Vorhut ihrer Armee, als Schwert des Westens und der Kreuzfahrer, die eine ständige Gefahr für die Monotheisten, die Muslime in diesen Ländern, sind.[36]

---

[36] Middle East Media Research Institute (MEMRI), „PA TV Broadcasts call for Killing Jews and Americans", MEMRI Special Dispatch No. 138, 13.Oktober 2000, www.memri.org.

Im Gegensatz dazu zitiert Osama bin Laden, der nur der bekannteste Vertreter eines Terrornetzwerkes ist, das sich von Indonesien bis nach Nigeria und von Westeuropa bis zum amerikanischen Kontinent erstreckt, ständig den Koran. In seiner „Kriegserklärung an die Amerikaner, die das Land der beiden heiligen Orte besetzt halten" zitiert er die Suren 3:145, 47:4-6; 2:154, 9:14, 47;19, 8:72 und natürlich den berüchtigten „Vers des Schwertes", die Sure 9:5.[37] Im Jahre 2003, am ersten Tag des heiligen muslimischen Festes Eid al-Adha, dem Fest des Opfers, begann er eine Predigt: „Ehre sei Allah, der seinem Diener und Boten (dem Propheten Mohammed) den Vers des Schwertes offenbarte, um die Wahrheit zu begründen und die Lüge zu beseitigen."[38]

Natürlich kann sogar der Teufel die Heilige Schrift für seine Zwecke zitieren, aber die Verwendung dieser und anderer Stellen aus dem Koran bei seinen Reden stimmt, wie wir noch sehen werden, mit dem traditionellen islamischen Verständnis des Koran überein. Wenn die heutigen Juden und Christen die Bibel lesen, dann verstehen sie solche Stellen einfach nicht so, dass sie gewalttätige Aktionen gegen Ungläubige durchführen sollen. Das ist auf den Einfluss Jahrhunderte dauernder Interpretationen der Bibel zurückzuführen. Man legt solche Stellen einfach nicht mehr wörtlich aus. Im Islam hingegen gibt es keine vergleichbare Tradition der Auslegung. Die Koranstellen, die sich mit dem Dschihad beschäftigen, sind alles andere als tote Buchstaben. In Saudi-Arabien, Pakistan und anderswo sind die Koranschulen Rekrutierungsbüros für zukünftige Terroristen des Dschihad. Die Schüler lernen dort, dass man den heiligen Krieg gegen die Ungläubigen führen muss. Und diese Gruppen geben ihnen die Möglichkeit dazu.

---

[37] Osama bin Laden, „Declaration of War against the Americans Occupying the Land of the Two Holy Places", 1996, http://www.mideastweb.org/osamabinladen1.htm.
[38] Middle East Media Research Institute (MEMRI), „Bin Laden's Sermon for the Feast of the Sacrifice", MEMRI Special Dispatch No. 476, 5. März 2003.

Kapitel 3
Islam: Eine Religion des Krieges

Wussten Sie schon?

♦ *Mohammed lehrte seinen Anhängern, dass es nichts Besseres (oder Heiligeres) gibt als den Dschihad, den Krieg gegen die Ungläubigen.*

♦ *Mohammed befahl seinen Leuten, den Nichtmuslimen nur die Wahl zwischen drei Möglichkeiten zu lassen: Bekehrung, Unterwerfung oder Tod.*

♦ *Bei diesen Lehren handelt es sich nicht um Nebensächlichkeiten oder Relikte aus der Vergangenheit – sie sind immer noch ein Bestandteil des Islam.*

Der Koran ist ganz unzweideutig, was den Krieg der Muslime gegen die Ungläubigen betrifft. Aber ihm fehlt allgemein ein wenig die Klarheit. Der Koran ist in seiner Gesamtheit ein Monolog. Allah ist der einzige Sprecher (mit einigen bemerkenswerten Ausnahmen), und er nimmt keine Rücksicht auf eine erzählerische Struktur. Er spricht mit Mohammed über verschiedene Ereignisse im Leben des Propheten und über frühere muslimische Propheten (u. A. Abraham, Moses und Jesus). Wenn man den Koran liest, hat man deshalb immer das Gefühl, als würde man dem Gespräch zwischen zwei Unbekannten lauschen: Es ist verwirrend, orientierungslos und letztlich unverständlich.

Und hier kommen die Ahadithe, die Überlieferungen von Mohammed, ins Spiel. Bei ihnen handelt es sich um zahlreiche Geschichten von Mohammed, in denen er (und manchmal auch einige seiner Anhänger) erklärten, wie und unter welchen Umständen ihm verschiedene Verse des Korans übermittelt wurden, strittige Fragen entscheidet oder selbst als Vorbild fungiert. In einer sehr kleinen Zahl von Ahadithen zitiert Mohammed Worte Allahs, die nicht im Koran erscheinen. Diese sind als hadith qudsi, als „heilige Ahadithe" bekannt, und die Muslime respektieren diese ebenso wie die Worte des Korans selbst. Andere Ahadithe, die die Muslime als authentisch ansehen, stehen gleich hinter dem Koran – und viele Texte des Korans wären ohne sie unverständlich.

Der Gegenstand vieler Ahadithe ist, wenig überraschend, der Krieg.

Politisch korrekter Mythos:
Die Lehren des Islam in Bezug auf den Krieg sind nur ein kleiner Teil der gesamten Religion

Na schön, selbst wenn der Koran also einige Suren über den Krieg enthält, bedeutet das doch noch nicht, dass die Muslime damit einverstanden sind, oder? Denn schließlich gibt es auch Dinge in der christlichen Lehre, die von vielen Christen nicht ernst genommen werden.

Natürlich, aber es gibt überhaupt keinen Zweifel in Bezug auf die zentrale Bedeutung des Dschihad im Islam. Der Prophet hat wiederholt betont, dass seine Anhänger nichts Besseres tun könnten, als den Glauben durch den Krieg zu verbreiten. Als ein Muslim ihn fragte, was die „beste Tat" sei, außer eben Muslim zu werden, antwortete ihm der Prophet: „Am Dschihad, dem Heiligen Krieg für Allahs Sache, teilzunehmen."[39] Er erklärte: „Die Muslime auch nur einen Tag gegen die Ungläubigen zu schützen ist besser als die Welt und alles, was auf ihr vorhanden ist."[40] Denn „eine Reise, die am Abend oder am Morgen für den Dschihad unternommen wird, verdient eine höhere Belohnung als die Welt, und alles, was sich auf ihr befindet."[41]

Mohammed warnte ebenfalls, dass die Muslime, die sich nicht am Dschihad beteiligen, bestraft würden: „Mohammed war sehr eindeutig in Bezug auf die Notwendigkeit des Dschihad, nicht nur für sich persönlich, sondern für jeden einzelnen Muslim. Er warnte die Gläubigen, dass ‚derjenige, der nicht am Krieg (dem Dschihad) teilnimmt oder sich um die Familie eines Kriegers kümmert, wenn dieser fort ist, von Allah mit einem plötzlichen Unglück heimgesucht werden würde.'"[42]

Jene, die an einem Dschihad teilnehmen, würden eine höhere Stufe des Paradieses erreichen als andere:

> ❑ Zu Abu Sa'id Khudri sagte der Bote Allahs (Friede sei mit ihm) einst: „Abu Sa'id, jeder der Allah als seinen Herrn, den Islam als seinen Glauben und Mohammed als seinen Propheten annimmt, wird ins Paradies eingehen." Abu Sa'id wunderte sich und bat: „Du, der du der Bote Allahs bist, wiederhole dies noch einmal." Er (der Bote Allahs) tat dies und sagte: „Es gibt eine weitere Tat, die die Position eines Mannes im Paradies um den Grad von einhundert hebt, und der Unterschied zwischen dem einem Grad und dem anderen ist wie der Unterschied des Himmels zur Erde." Er (Abu Sa'id) sagte: „Welche ist diese Tat?" Und der Bote Allahs antworte-

---

[39] Bukhari, Band 1, Buch 2, Nr. 26, siehe Band 2, Buch 25, Nr. 1519 und viele andere.
[40] Bukhari, Band 4, Buch 56, Nr. 2892.
[41] Muslim, Buch 20, Nr. 4642.
[42] Abu-Dawud Sulaiman bin Al-Aash'ath Al-Azdi as-Sijistani, Sunan abu-Dawud, Ahmad Hasan, Übersetzer, Kitab Bhavan, 1990, Buch 14, Nr. 2497.

te: „Es ist der Dschihad zur Ehre Allahs. Der Dschihad zur Ehre Allahs."[43]

Bei einer anderen Gelegenheit „kam ein Mann zum Boten Gottes und sagte: „Nenne mir eine Tat, die dem Dschihad (an Belohnung) gleichkommt." Er antwortete: „Eine solche Tat gibt es nicht."[44]

Mohammed gegen Jesus

„Glückselig seid ihr, wenn sie euch schmähen und verfolgen und alles Böse lügnerisch gegen euch reden werden um meinetwillen. Freut euch und jubelt, denn euer Lohn ist groß in den Himmeln; ... "

Jesus (Matthäus 5,11-12a)

„Tötet sie, wo ihr sie trefft, verjagt sie, von wo sie euch vertrieben; vertreiben ist schlimmer als töten. "

Sure 2:192

Drei Wahlmöglichkeiten

In einer wichtigen Hadith nennt Mohammed drei Wahlmöglichkeiten, die die Muslime den Nichtmuslimen anbieten sollen:

❑ Es wurde von Sulaiman b. Buraid durch seinen Vater berichtet, dass, wenn der Bote Allahs (Friede sei mit ihm) einen Mann zum Führer einer Armee oder einer Abteilung machte, er ihn besonders ermahnte, Allah zu fürchten und gut zu den Muslimen zu sein, die mit ihm kämpften. Er sagte dann immer: „Kämpft im Namen Allahs und auf die Weise Allahs. Kämpft gegen jene, die nicht an Allah glauben. Kämpft einen heiligen Krieg ... Wenn ihr auf Feinde trefft, die die Vielgötterei betreiben, gebt ihnen drei Möglichkeiten: Wenn sie auf eine dieser Möglichkeiten eingehen, dann tut ihnen kein Leid an. Fordert sie auf, den Islam anzunehmen. Wenn sie darauf eingehen, dann nehmt es an und kämpft nicht länger gegen sie .... Wenn sie sich weigern, den Islam anzunehmen, dann fordert die Jizya (Kopfsteuer) von ihnen. Stimmen sie zu, diese Steuer zu zahlen, nehmt sie und lasst sie in Ruhe. Weigern sie sich zu zahlen, sucht Allahs Hilfe und kämpft gegen sie."[45]

---

[43] Muslim, Buch 20, Nr. 4645.
[44] Bukhari, Band 4, Buch 56, Nr. 2785.
[45] Muslim, Buch 19, Nr. 4294.

> **Ebenso wie heute:**
> **Osama fordert Amerika auf, den Islam anzunehmen**
>
> Nach dem Vorbild des Propheten forderte Osama bin Laden in seinem „Brief an das amerikanische Volk" im November 2002 die Amerikaner dazu auf, den Islam anzunehmen:
>
> *Wozu rufen wir euch auf, und was wollen wir von euch?*
>
> *(1) Das erste, wozu wir euch aufrufen, ist, euch zum Islam zu bekennen....*
>
> *Es ist die Religion des Dschihad im Sinne Allahs, damit Allahs Wort und seine Religion allein herrschen.*[46]
>
> „Allahs Wort und Religion" können seiner Ansicht nach nur „allein herrschen", wenn das islamische Recht in der Gesellschaft voll durchgesetzt wird. Die Theoretiker und Gruppen des Dschihad haben ihre Absicht bekundet, die islamischen Nationen der Welt unter einem einzigen Herrscher, dem Kalifen, zu vereinigen. Historisch gesehen war der Kalif der Nachfolger des Propheten als geistlicher und politischer Führer der Muslime, oder zumindest der Sunniten. Das Kalifat wurde 1924 abgeschafft. Viele der heutigen Dschihadisten führen die Probleme der islamischen Welt allein auf diese Tatsache zurück. Sie wollen das Kalifat wieder einführen, die islamische Welt darin vereinen und in den islamischen Ländern das islamische Recht (die Scharia) wieder einführen. Abgesehen von Saudi-Arabien und dem Iran hat die Scharia heutzutage nur teilweise, wenn überhaupt Geltung. Die modernen islamischen Krieger wollen den nichtislamischen Ländern die Scharia durch Gewalt, unter dem Banner des Dschihad, aufzwingen.

Die drei Möglichkeiten, die den Ungläubigen zur Verfügung stehen sind:

1. Akzeptiert den Islam.
2. Zahlt die Jizya, die Kopfsteuer für Nichtmuslime, die (wie wir noch sehen werden) der Grundstein des gesamten Systems der demütigenden Vorschriften ist, die den untergeordneten Status der Nichtgläubigen im islamischen Recht festlegen.
3. Krieg mit den Muslimen.

Bitte beachten Sie: Eine „friedliche Koexistenz Gleichberechtigter in einer pluralistischen Gesellschaft" gehört nicht zu den drei Möglichkeiten.

In einer weiteren Hadith, die in der Sammlung von Überlieferungen, die von den Muslimen als am zuverlässigsten angesehen werden, mehrmals wiederholt wird, sagt Mohammed, dass ihm „befohlen wurde, gegen Menschen zu kämp-

---

[46] „Full Text: bin Laden's ‚Letter to America'", Observer, 24. November 2002.

fen", bis sie Muslime werden, und dass jene, die sich widersetzen, es riskieren, ihr Leben und Eigentum zu verlieren: „Der Prophet sprach eindeutig über seine eigene Verantwortung, Krieg für die Religion zu führen, die er begründet hat: ‚Mir wurde (von Allah) befohlen, gegen die Menschen zu kämpfen, bis sie bezeugen, dass niemand das Recht hat, verehrt zu werden, als Allah, und dass Mohammed der Bote Allahs ist, und sie As-Salat (Gebete) durchführen und Zakat geben. Wenn sie all das durchführen, retten sie ihr Leben und ihr Eigentum vor mir, außer den islamischen Gesetzen, und die Abrechnung mit ihnen erfolgt durch Allah.'"[47]

Das ist nicht nur Mohammeds Meinung. Es ist das Gesetz.

Na schön. Mohammed wurde also befohlen, gegen Menschen zu kämpfen, bis diese Muslime geworden sind oder sich dem muslimischen Gesetz unterworfen haben. Und der Koran lehrt den Krieg. Aber das bedeutet doch nicht, dass den Muslimen all das gelehrt wurde, oder? Haben wir nicht bereits in Kapitel 2 gesehen, dass bestimmte Teile der Bibel von einem Großteil der Juden und Christen nicht wörtlich genommen werden? Ist es beim Islam nicht dasselbe? Suchen Sie nicht gezielt negative Verse aus dem Koran heraus, um den Islam schlecht zu machen?

Mit einem Wort: Nein. Die unangenehme Tatsache ist, dass es sich bei dem gewalttätigen Dschihad gegen die Ungläubigen nicht um eine ketzerische Lehre handelt, die von einer winzigen Minderheit von Extremisten vertreten wird, sondern um ein konstantes Element der islamischen Theologie. Der Islam ist ständig mit juristischen Fragen beschäftigt. Tatsächlich schreibt er jede winzige Kleinigkeit des individuellen Verhaltens vor, ebenso wie das staatliche System und die Beziehungen zwischen den Staaten. Er enthält ebenfalls unmissverständliche Aussagen über die zentrale Bedeutung des Dschihad gegen die Ungläubigen. Dies gilt für alle vier Hauptschulen der sunnitischen muslimischen Rechtsprechung, der Maliki, Hannafi, Hanbali und Shafi'i, zu denen die übergroße Mehrheit der Muslime weltweit gehört. Diese Schulen haben bereits vor Jahrhunderten Gesetze formuliert, in denen die Bedeutung des Dschihad betont und die Art und Weise festgelegt wurde, wie dieser durchzuführen ist. Das bedeutet jedoch nicht, dass es sich bei diesen Gesetzen um Altertumsgeschichte handelt, und dass sie von modernen Bestimmungen ersetzt worden sind. Es ist innerhalb der islamischen Welt ein allgemein akzeptiertes Prinzip, dass die „Tore des Ijtihad", die freie Auslegung des Korans und der islamischen Überlieferung um Allahs Gesetze zu verstehen, seit Jahrhunderten verschlossen sind. Anders ausgedrückt: Die islamische Lehre ist in

---

[47] Bukhari, Band 1, Buch 2, Nr. 25. Das transliterierte Arabisch des muslimischen Glaubensbekenntnisses wurde der Einfachheit halber bei der Übersetzung nicht berücksichtigt. Dieselbe Aussage wurde in Bukhari, Band 1, Buch 8, Nr. 392, Band 4, Buch 56, Nr. 2946, Band 9, Buch 88, Nr. 6924 und Band 9, Buch 96, Nr. 7284-7285 sowie in anderen Hadithen wiederholt.

Bezug auf grundsätzliche Angelegenheiten schon seit langer Zeit festgelegt und darf nicht mehr in Frage gestellt werden. (Natürlich gibt es auch heute reformgesinnte Muslime, die für eine Wiedereröffnung der „Tore des Ijtihad" eintreten, damit der Islam neu interpretiert werden kann, aber sie werden von den meisten wichtigen und einflussreichen Autoritäten in der islamischen Welt ignoriert.)

Wenn es also nicht zu einem Öffnen der „Tore des Ijtihad" kommen sollte – was äußerst unwahrscheinlich scheint – dann werden diese Vorschriften für den größten Teil der Muslime in Kraft bleiben. Alle vier sunnitischen Hauptschulen sind sich über die Bedeutung des Dschihad einig. Ibn Abi Zayd al-Qayrawani (gestorben 996), ein Rechtsgelehrter der Maliki-Schule, erklärte:

> ❑ „Der Dschihad ist ein Gebot der göttlichen Ordnung. Seine Durchführung durch bestimmte Einzelpersonen kann andere davon entbinden. Wir Malikis glauben, dass es besser ist, keine Feindseligkeiten gegen den Feind zu beginnen, bevor er nicht aufgefordert wurde, die Religion Allahs anzunehmen. Es sei denn, dass der Feind zuerst angreift. Er hat die Wahl, sich entweder zum Islam zu bekennen oder die Kopfsteuer (Jizya) zu bezahlen. Andernfalls wird ihm der Krieg erklärt."[48]

Ebenso verkündete Ibn Taymiyya (gestorben 1328), ein Rechtsgelehrter der Hanbali und einer der Lieblingsphilosophen von Osama bin Laden und anderer moderner Dschihadisten:

> ❑ Da der gesetzmäßige Krieg grundsätzlich der Dschihad ist, und da sein Ziel darin besteht, dass die Religion Gottes absolut und Gottes Wort das Höchste ist, müssen all jene, die diesem Ziel im Weg stehen, bekämpft werden. Was jene betrifft, die keinen Widerstand leisten oder kämpfen können, zum Beispiel Frauen, Kinder, Mönche, Alte, Blinde, Behinderte und dergleichen, werden diese nicht getötet, wenn sie nicht mit Worten (Propaganda) oder durch Handlungen (durch Spionage oder andere Unterstützung des Krieges) kämpfen.[49]

Die Hanafi-Schule bläst ins gleiche Horn:

> ❑ „Es ist nicht rechtmäßig, Krieg gegen Menschen zu führen, die niemals zuvor zum Glauben aufgerufen wurden, ohne sie zuvor

---

[48] Ibn Abi Zayd al-Qayrawani, La Risala (Epitre sur les elements du dogme et de la loi de l'Islam selon de rite malikite), übersetzt aus dem Arabischen von Leon Bercher, 5. Ausgabe, Algier, 1960, S. 165, zitiert in Andrew G. Bostom, „Khaled Abou El Fadl: Reformer or Revisionist?", http://www.secularislam.org/articles/bostom.htm.

[49] Ibn Taymiyya, „Jihad", in Rudolph Peters, Jihad in Classical and Modern Islam, Markus Wiener Publishers, 1996, S. 49, zitiert in Andrew G. Bostom, „Khaled Abou El Fadl: Reformer or Revisionist?", http://www.secularislam.org/articles/bostom.htm.

aufzufordern, den Glauben anzunehmen, denn so hat der Prophet seine Kommandeure angewiesen. Er hat ihnen befohlen, die Ungläubigen zum Glauben aufzurufen, sodass diese dann begreifen, dass sie wegen der Religion angegriffen werden und nicht, um ihr Eigentum zu rauben oder ihre Kinder zu Sklaven zu machen. Damit ist es ihnen möglich, dass sie dem Ruf Folge leisten, um den Schrecken des Krieges zu entgehen ... Falls die Ungläubigen nach dieser Aufforderung sich immer noch nicht zum Islam bekennen oder bereit sind, die Kopfsteuer zu entrichten, sollten die Muslime Allah um Beistand anrufen und gegen sie Krieg führen, denn Allah hilft jenen, die Ihm dienen, und er zerstört Seine Feinde, die Ungläubigen, und es ist notwendig, Ihn bei jeder Gelegenheit um Hilfe zu bitten. Außerdem befiehlt uns der Prophet, gerade dies zu tun."[50]

Der Shafi'i Gelehrte Abu 'l Hasan al-Mawardi (gestorben 1058), bestätigt Mohammeds Anweisungen, die Ungläubigen zur Bekehrung zum Islam aufzufordern oder sie zu bekämpfen:

❑ „Die Mushrikun (Ungläubigen) des Dar al-Harb (des Schlachtfeldes) sind von zweierlei Art: Zuerst einmal sind da jene, die der Aufruf zum Islam erreicht hat, die sich aber weigern, ihm Folge zu leisten und stattdessen zu den Waffen greifen. Der Führer der Armee hat nun die Option, sie zu bekämpfen ... in Übereinstimmung mit dem, was er für das Beste für die Muslime und für das Schlechteste für die Ungläubigen hält... Und dann gibt es jene, die die Aufforderung zur Bekehrung nicht erreicht hat, obwohl es heutzutage nur wenige solcher Menschen gibt, denn Allah hat seine Botschaft durch seinen Propheten überall verkünden lassen. ... Diese dürfen nicht angegriffen werden, ohne dass zuvor die Aufforderung zur Bekehrung an sie ergangen ist. Sie müssen von den Wundern des Propheten erfahren, und es müssen ihnen Beweise geliefert werden, um sie zu ermutigen, den Glauben anzunehmen. Sollten sie sich dann immer noch weigern, wird Krieg gegen sie geführt, und sie werden behandelt wie jene, die der Ruf erreicht hatte."[51]

Ein Beweis dafür, dass es sich hier nicht nur um historische Relikte aus ferner Vergangenheit handelt, ist ein weiteres Shafi'i Handbuch über islamisches Recht, das 1991 von der höchsten Autorität des sunnitischen Islam, der Al-Azhar Universität in Kairo, bestätigt wurde. Es wurde erklärt, dass der Leitfaden 'Umdat al-Salik, der unter dem Titel „Reliance of the Traveller" auch in englischer Sprache vorliegt, „der Praxis und dem Glauben der orthodoxen

---

[50] Aus der Hidayah, Band I, S. 140, zitiert in Thomas P. Hughes, A Dictionary of Islam (W.H. Allen, 1895), „Jihad", S. 243-248, zitiert in Andrew G. Bostom, „Khaled Abou El Fadl: Reformer or Revisionist?", http://www.secularislam.org/articles/bostom.htm.
[51] Abu'l Hasan al-Mawardi, al-Ahkam as-Sultaniyyah (The Laws of Islamic Governance), Ta-Ha Publishers, 1996, S. 60.

sunnitischen Gemeinschaft" entspricht.⁵² Nachdem der „größere Dschihad" als „geistiger Kampf gegenüber dem niedrigeren Selbst" definiert wurde, widmet er elf Seiten der Beschreibung des „kleineren Dschihad". Er definiert diesen Dschihad als „Kampf gegen Nicht-Muslime". Man beachte, dass diese Wort etymologisch von dem Wort *mujahada* abstammt, das für Kriegsführung um eine Religion zu etablieren steht.⁵³

'*Umdat al-Salik* beschreibt die Art dieser Kriegführung klar und eindeutig: „Der Kalif führt Krieg gegen Juden, Christen und Zoroastrer ... bis sie Muslime werden oder die Kopfsteuer für Nichtmuslime zahlen." Es folgt der Kommentar eines jordanischen Rechtsgelehrten, der sich auf Mohammeds Anweisungen bezieht, die Ungläubigen zum Islam aufzurufen, bevor man gegen sie Krieg führt. Der Kalif führt diesen Krieg nur, „wenn er die Juden, Christen und Zoroastrer zuvor aufgefordert hat, den Islam in Glauben und Praxis anzunehmen und falls nicht sollen sie in die soziale Ordnung des Islam eintreten, indem sie die Kopfsteuer für Nichtmuslime (Jizya) zahlen ... während sie bei ihren alten Religionen bleiben."⁵⁴ Und wenn es keine Kalifen gibt, müssen die Muslime trotzdem Krieg führen.⁵⁵

Diese Gesetze sind seit Jahrhunderten jenen bekannt, die unter ihnen zu leiden hatten. Gregor Palamas (1296-1359), ein griechischer Mönch und Theologe (der heute von der orthodoxen Kirche als Heiliger verehrt wird), war einige Zeit von den Türken eingesperrt worden. Zu den Muslimen bemerkte er scharf: „Diese schändlichen Menschen, von Gott gehasst und verrufen, glauben, dass sie durch ihre Liebe zu Gott die Römer (Byzantiner) besiegt haben ... Sie leben durch den Bogen und das Schwert. Sie treiben Unzucht und finden ihr Vergnügen darin, Sklaven zu machen. Sie verüben Mord, sie zerstören und brandschatzen. Und sie begehen nicht nur diese Verbrechen, sondern glauben in ihrer Verwirrung, dass Gott sie gutheißt."⁵⁶

Politisch korrekter Mythos:
Der Islam ist eine Religion des Friedens, die von einer winzigen Minderheit von Extremisten vereinnahmt worden ist

Dies ist natürlich die Mutter aller politisch korrekten Mythen über den Islam. Und man hält an ihr fest, trotz aller gegenteiligen Beweise – nicht nur die islamischen Theologen, sondern auch die westlichen Zeitungen und Nachrich-

---

⁵² Ahmed ibn Naqib al-Misri, Reliance of the Traveller („Umdat al-Salik"): A Classic Manual of Islamic Sacred Law, übersetzt durch Nuh Ha Mim Keller, Amana Publications, 1999, xx.
⁵³ Ebd. o9.0.
⁵⁴ Ebd. o9.8.
⁵⁵ Ebd. o9.6.
⁵⁶ Zitiert in Jonathan Riley-Smith, The Oxford Illustrated History of the Crusades (Oxford University Press, 1995), S. 250-251.

tenmedien. Dies ist auf einen naiven, unbeirrbaren Glauben an die multikulturelle Gesellschaft und eine unglaubliche Heuchelei zurückzuführen. Selbst der Theoretiker der Muslimischen Bruderschaft, Sayyid Qutb, einer der eifrigsten Verfechter des gewalttätigen Dschihad im 20. Jahrhundert, lehrte ohne jede Spur von Ironie, dass der Islam eine Religion des Friedens sei. Jedoch dachte er dabei an eine ganz bestimmte Art von Frieden: „Wenn der Islam nach dem Frieden strebt, dann ist damit nicht ein oberflächlicher Frieden gemeint, der nur dort herrscht, wo die Anhänger des Islam wohnen. Der Frieden, den der Islam anstrebt, besteht darin, dass die Religion (d.h. das Gesetz der Gesellschaft) für Gott gereinigt wird, damit die Menschen allein Gott gehorsam sind, und sich nicht einige Menschen zu Herren über alle anderen machen. Nach der Zeit des Propheten – Friede sei mit ihm – sind nur die letzten Schritte des Dschihad zu befolgen, die ersten und mittleren Schritte sind nicht mehr anwendbar."[57]

In anderen Worten: Der Islam ist eine Religion des Friedens, der erst dann kommen wird, wenn jeder Muslim ist oder sich zumindest dem islamischen Recht unterwirft. Und um diesen Frieden zu etablieren, müssen die Muslime Krieg führen.

Ebenso wie heute:
Tschetschenische Gotteskrieger berufen sich beim Dschihad auf das islamische Recht

Es ist nicht so, dass islamische juristische Abhandlungen, die zum Dschihad aufrufen, auf irgendwelchen Regalen verstauben. Die Dschihadisten benutzen sie dazu, neue Rekruten davon zu überzeugen, dass sie ihre Verantwortung als Muslime erfüllen müssen, indem sie Krieg gegen die Ungläubigen führen. Ein Beispiel dafür kam Ende des Jahres 2003 vom Scharia-Rat für Staatsverteidigung (Majlis al-Shura) der Tschetschenischen Republik von Ichkeria. In seiner illegalen Publikation *Jihad Today* veröffentlichte der Sharia-Rat einen Artikel unter dem Titel „Der Dschihad und seine Lösung heute". Darin wurden drei der vier Hauptschulen der sunnitischen Rechtsprechung zitiert, um einen Dschihad gegen die Russen in Tschetschenien zu rechtfertigen:

Zuerst einmal: Was bedeutet Dschihad?

Die Hanbali-Schule definiert ihn als Einsatz von Kraft und Energie für den Krieg im Sinne Allahs durch persönliche Teilnahme, Spenden, Propaganda usw.

Die Maliki-Schule definiert ihn als den Kampf eines Muslimen gegen einen Kafir (Ungläubigen), der keinen Vertrag hat, um das Wort Allahs zu preisen, oder der illegal in ein Gebiet der Muslime eingedrungen ist.

---

[57] Qutb, Milestones, S. 63.

> Die Hanbalis sagen, dass es sich um einen Kampf gegen die Kuffar handelt, im Gegensatz zu den Kämpfen gegen rebellische Muslime oder Banditen oder Räuber [Mugni-Mahtaj, Band 6, Seite 4).[58]

Aber was ist mit den gemäßigten Muslimen?

Wie ich in den ersten drei Kapiteln gezeigt habe, ist der Islam unter den Weltreligionen einzigartig, weil er eine Doktrin, eine Theologie und ein Rechtssystem geschaffen hat, die den Kampf gegen die Ungläubigen fordern. Viele werden jetzt sagen, dass ich damit behaupte, dass jeder Muslim ein Terrorist sein muss, und dass jeder arabische oder pakistanische Handwerker oder Ladenbesitzer ständig damit beschäftigt ist, den brutalen Niedergang der Vereinigten Staaten zu planen. Einige werden sogar behaupten, dass ich zur Gewalt gegen diese Handwerker oder Ladenbesitzer auffordere.

Das ist natürlich ausgemachter Blödsinn. Aber es beweist doch, dass hier einige Erklärungen notwendig sind. Zuerst einmal macht die Aufforderung zum Krieg, die keine Verfälschung des Islam ist, sondern wiederholt durch den Koran, die Hadith, das Beispiel Mohammeds und die Vorschriften aller Schulen islamischer Rechtsprechung bestätigt wird, noch nicht jeden Muslim zum Terroristen.

Dafür gibt es mehrere Gründe: Der Koran ist in einem schwierigen klassischen Arabisch abgefasst und darf nur in dieser Sprache gelesen und rezitiert werden. Eine überraschend geringe Zahl von Leuten, die sich selbst als Muslime betrachten, wissen, was dort genau steht. Die meisten Muslime sind keine Araber, obwohl die Worte „Muslim" und „Araber" in den Medien oft als Synonyme verwendet werden. Das moderne Arabisch, und noch viel mehr das klassische Arabisch des Korans, ist für sie gänzlich unbekannt. Häufig lernen sie den Koran mechanisch auswendig, ohne genau zu verstehen, was da eigentlich steht. Ein pakistanischer Muslim erzählte mir einmal stolz, dass er ganze Abschnitte des Koran auswendig hersagen könne und sich eines Tages eine Übersetzung kaufen würde, um zu verstehen, was er da eigentlich gelernt hätte. Solche Fälle sind so häufig, dass es die meisten Nichtmuslime total überraschen würde.

Bis vor kurzem haben andere kulturelle Faktoren verhindert, dass Muslime, insbesondere aus Osteuropa und Zentralasien, in Bezug auf den Umgang mit Nichtgläubigen die Lehren des Koran umsetzen oder überhaupt darüber Bescheid wissen. Das ändert sich jedoch allmählich: In diesen Gebieten und auch anderswo auf der Welt sind muslimische Fanatiker, die nicht unbedingt von Saudi-Arabien finanziert werden, in friedliche muslimische Gemeinschaften eingedrungen und haben dort in letzter Zeit erfolgreich den gewalttätigen „rei-

---

[58] Shariah Council of State Defense Council (Majlis al-Shura) of CRI, „Jihad and Its Solution Today", Jihad Today, Kavkaz Center, 26. November 2003.

nen Islam" gepredigt und die Muslime dazu aufgefordert, ihren Glauben strenger einzuhalten.[59]

Dabei berief man sich auf den Koran und andere wichtige islamische Texte. Nehmen wir zum Beispiel den Fall Sahim Alwan, eines amerikanischen Bürgers und Führers der jemenitischen Gemeinde in Lackawanna, New York, der früher Präsident der dortigen Moschee war. Er hatte die Ehre der erste Amerikaner, der an einer Ausbildung in einem Trainingscamp von al-Qaida teilnahm, zu sein. Dazu wurde er von Kamal Derwisch, einem Anwerber von al-Qaida, überredet. Alwan erklärte, dass Derwisch ihm beibrachte, dass der Koran lehrt, „dass man lernen soll, sich vorzubereiten. Zum Beispiel muss man sich darauf vorbereiten, in den Krieg zu ziehen. Wenn es einen Krieg gibt, dann wird man möglicherweise zum Dschihad aufgerufen. Und das war der Sinn dieses Ausbildungslagers. Man sollte lernen, wie man Waffen benutzt und ähnliches."[60]

Natürlich gibt es auch einige Muslime, die sich für Veränderungen innerhalb des Islam einsetzen, aber es ist schwierig, ihre Gründe zu erkennen. Ein prominenter amerikanischer Sprecher der Muslime, Siraj Wahaj, wird zum Beispiel häufig als gemäßigter Muslim dargestellt. Im Jahre 1991 war er der erste Muslim, der ein Gebet vor dem US-Kongress sprach. Und warum auch nicht? Kurz nach dem 11. September 2001 sagte er genau das, was die nervösen Amerikaner von den Muslimen hören wollten: „Ich fühle mich jetzt verpflichtet zu predigen, einen Dschihad gegen den Extremismus zu führen."[61]

Ob seine wahren Gefühle extremistischer sind als seine Aussagen, bleibt unklar. Schließlich hat er darüber hinaus die Vereinigten Staaten davor gewarnt, dass sie untergehen werden, wenn sie nicht „den islamischen Glauben annehmen."[62] Er hat sich beklagt: „Wenn die Muslime politisch etwas cleverer wären, dann könnten sie die Vereinigten Staaten übernehmen und ihre verfassungsmäßige Regierung durch ein Kalifat ersetzen."[63] Zu Beginn der neunziger Jahre unterstützte er Vorträge des Scheichs Omar Abdel Rahman in Moscheen in New York City und New Jersey. Rahman wurde später wegen seiner Beteiligung am Anschlag auf das World Trade Center von 1993 verurteilt, und Wahaj als „potentieller Mitverschwörer" bezeichnet.[64]

---

[59] Siehe z.B. „Fears as young Muslims ‚opt out'", BBC News, 7. März 2004.

[60] „Interview Sahim Alwan", Frontline, 16. Oktober 2003, http://www.pbs.org/wgbh/pages/frontline/shows/sleeper/interviews/alwan.html.

[61] Peter Ford, „Listening for Islam's silent majority", Christian Science Monitor, 5. November 2001.

[62] Debbie Schlussel, „Bush's scary CAIR friends," WorldNetDaily.com, 16. Oktober 2001.

[63] Jagan Kaul, „Kashmir: Kashmiri Pundit View-point", Kashmir Telegraph, Mai 2002.

[64] Daniel Pipes, „The Danger Within: Militant Islam in America", Commentary, November 2001.

Die Tatsache, dass jemand, der die Verfassung durch ein Kalifat ersetzt sehen will, ein Gebet für jene veranstaltete, die geschworen haben, die Verfassung zu schützen, ist nur ein Symptom für ein größeres allgegenwärtiges Problem: Die Regierung und die Medien sind geradezu versessen darauf, gemäßigte Muslime zu finden – und während ihre Verzweiflung immer größer geworden ist, sind auch ihre Ansprüche immer mehr gesunken. Unglücklicherweise ist es nicht besonders leicht, muslimische Führer zu finden, die dem gewalttätigen Dschihad und der Absicht, jetzt oder in Zukunft den nichtislamischen Ländern die Scharia aufzuzwingen, eine ehrliche Absage erteilt haben.

Trotzdem gibt es natürlich in den USA und in der übrigen Welt eine enorme Zahl Muslime, die absolut nichts mit dem heutigen Dschihad zu tun haben wollen. Obwohl ihr theologisches Wissen schwach ist, versuchen sie nach Kräften, einen moderaten Islam zu schaffen, der es ihnen erlaubt, friedlich mit ihren nichtmuslimischen Nachbarn zusammenzuleben. Dies ist sehr lobenswert, aber machen Sie sich nichts vor: Dieser moderate Islam existiert heute nirgendwo in der Welt in bedeutsamen Maße. Wenn Muslime friedlich mit Nichtmuslimen zusammenleben, wie zum Beispiel in Zentralasien und anderswo, dann geschieht das nicht, weil die Lehren des Dschihad reformiert oder abgeschafft wurden. Vielmehr werden sie einfach ignoriert. Und die Geschichte lehrt uns, dass man sich jederzeit wieder an sie erinnern kann.

Kapitel 4
Islam: Religion der Intoleranz

Wussten Sie schon?

◆ *Der Islam schreibt vor, dass Juden, Christen und andere Nicht-Muslime innerhalb der islamischen Gesellschaft eine untergeordnete Stellung einnehmen.*

◆ *Diese Gesetze wurden niemals von irgendeiner islamischen Autorität abgeschafft oder revidiert.*

◆ *Die Behauptung, dass es Juden in den islamischen Ländern besser erging als im christlichen Europa, ist falsch.*

Die Sprecher der Muslime in den USA haben große Anstrengungen unternommen, um den Islam als gutwillig, offen und tolerant darzustellen – Welten entfernt von der fanatischen Unnachgiebigkeit eines Osama bin Laden und seinesgleichen. Die muslimischen und nichtmuslimischen politisch korrekten Wachhunde haben alles unternommen, um zu verbreiten, dass der Islam so friedfertig, gütig und tolerant ist, dass er kein Problem für die westliche Gesellschaft darstellt. Sie stellen den Islam mit dem Christentum und dem Judentum auf eine Stufe und behaupten, dass auch er, ebenso wie die beiden anderen Religionen, von „Extremisten" vereinnahmt werden kann. Die meisten Amerikaner akzeptieren diese These und viele würden jede Kritik an ihr als Rassismus zurückweisen, trotz der Tatsache, dass der Islam keine Rasse ist, und die meisten Muslime in der Welt überhaupt nicht Mitglieder der ethnischen Gruppe sind, mit denen sie allgemein assoziiert werden – den Arabern.

Es gibt jedoch ein Problem mit dieser verbreiteten Ansicht – sie ist falsch. Wir haben bereits festgestellt, dass der Islam eine Religion des Krieges ist. Aber er ist auch eine Religion der Intoleranz.

Politisch korrekter Mythos: Der Islam ist eine tolerante Religion.

Juden und Christen – so der politisch korrekte Mythos – lebten während der Zeit der großen islamischen Reiche mit den Muslimen in Frieden und Harmonie. Als dschihadistische Terroristen am 11. März 2004 die Bombenanschläge in Madrid verübten, erinnerten die Nachrichtensprecher ihre Zuhörer daran, dass Spanien zur Zeit der Mauren eine Insel der Toleranz war, wo Muslime, Juden und Christen in Frieden und Harmonie zusammenlebten. Als die Dschihadisten am 15. November 2003 Synagogen in Istanbul in die Luft jagten, konnte man hören, dass diese Anschläge ganz besonders tragisch wären, weil diese Stadt doch so lange für ihre Toleranz und das brüderliche Zusammenleben von Muslimen, Juden und Christen bekannt gewesen sei.

Dieses Dogma der islamischen Toleranz, das niemand in Frage stellt, hat wichtige politische Folgen. Es entmutigt die staatlichen Behörden in Europa und den USA, die Aktivitäten in den Moscheen zu überwachen. Es unterstützt die irrige Ansicht, dass der islamische Terrorismus aus politischer und sozioökonomischer Ungerechtigkeit zu erklären ist. Die europäischen Regierungen, in deren Ländern die islamische Bevölkerung schnell wächst, benutzen diese Ausreden, um sich selbst zu versichern, dass im alten Al-Andalus die islamische Vorherrschaft gar nicht so übel war. Die europäischen und amerikanischen Politiker und religiösen Führer umwerben die wachsenden islamischen Gemeinden in ihren Ländern und versuchen, ihre politische Unterstützung zu erhalten. Sie hoffen, dass sie sich problemlos assimilieren und zu friedlichen, aktiven Teilnehmern am politischen Prozess entwickeln werden. Und warum auch nicht? Schließlich ist der Islam doch tolerant, und er setzt sich für den Pluralismus ein, oder nicht? Was könnte eine bessere Voraussetzung sein für die Beteiligung an der westlichen Demokratie?

Die Idee eines toleranten Islam wurde sogar von den Vereinten Nationen aufgegriffen. Die türkische Tageszeitung Zaman berichtete im März 2005, dass bei einem UN-Seminar, das unter dem Motto „Kampf gegen die Islamophobie: Bildung für Toleranz und Verständnis" stand, „die Toleranz, die die Osmanen gegenüber den verschiedenen Religionen zeigten, als ein leuchtendes Beispiel angeführt wurde, dem man heute nacheifern sollte." Sie sollte als ein „soziales Modell dienen, nach dem unterschiedliche Religionen und Nationen Jahrhunderte lang unter demselben Dach lebten."[65]

Leider scheint der UN nicht klar zu sein, dass, als die unterschiedlichen Religionen unter demselben Dach lebten, eine von ihnen der Herr und die anderen die Knechte waren.

Die Dhimma

Der Koran nennt die Christen und die Juden die „Völker des Buches". Das islamische Recht betrachtet sie als Dhimmis, d.h. die „Geschützten" oder „Schuldigen" – das arabische Wort hat beide Bedeutungen. Sie werden „geschützt", weil sie als Volk des Buches echte Offenbarungen von Allah empfangen haben und sich dadurch von den totalen Heiden und Götzendienern, wie den Hindus und den Buddhisten, unterscheiden. (In der Geschichte wurden diese beiden Gruppen von den islamischen Eroberern noch schlimmer behandelt. Aus praktischen Gründen gewährten ihnen ihre islamischen Herren jedoch schließlich den Dhimmi-Status.) Juden und Christen sind „schuldig", weil sie nicht nur Mohammed als Propheten zurückgewiesen, sondern auch die Offenbarungen, die sie von Allah empfangen, verfälscht haben. Wegen dieser Schuld schreibt das islamische Gesetz vor, dass Juden und Christen zwar in

---

[65] Emrah Ulker, „UN Uses Ottoman Tolerance Concept as Model", Zaman Daily Newspaper, 9. Dezember 2004.

Teil I – Der Islam

islamischen Ländern leben dürfen, aber nicht als Gleichberechtigte zu den Muslimen. Ein muslimischer Jurist erklärte, dass der Kalif „einen Dschihad gegen jene führen muss, die den Islam zurückweisen, nachdem sie dazu aufgerufen wurden, sich ihm entweder zu unterwerfen oder als geschützte Dhimmi-Gemeinschaft zu leben, damit Allah ‚alle anderen Religionen überstrahlen soll (Sure 9:33).'"[66] Zwar wird den Juden, Christen und anderen Gruppen gestattet, ihre Religion auszuüben, aber dies unter so schwierigen Bedingungen, dass sie ständig daran erinnert werden, dass sie nur einen untergeordneten Status innehaben.

Dieser untergeordnete Status wurde zuerst von Umar ibn al-Khattab formuliert, der zwischen 634 und 644 Kalif war. Nach dem Korankommentar von Ibn Kathir gelobten die Christen, die den Pakt mit Umar abschlossen, folgendes:

❑ Wir verpflichten uns, in unseren Wohngebieten weder ein Kloster, noch eine Kirche oder ein Heiligtum für einen Mönch zu bauen oder eine Kirche zu reparieren, die der Reparatur bedarf. Wir werden keines dieser Gebäude zum Zweck der Feindschaft gegen die Muslime verwenden.[67]

Dies gab den islamischen Behörden das Recht, Kirchen zu beschlagnahmen, wann immer es ihnen passte. Da Zeugenaussagen von Christen nicht anerkannt wurden, genügte es häufig, wenn ein Muslim behauptete, dass die Kirche dazu benutzt wurde, um „Feindschaft gegen die Muslime zu schüren", um diese dann zu beschlagnahmen.

Die Vereinbarung der Christen mit dem Kalifen ging noch weiter: „Jeder Muslim darf sich jederzeit in unserer Kirche aufhalten, ob bei Tag oder bei Nacht ... Die Muslime, die sich als Gäste bei uns aufhalten, werden drei Tage lang großzügig bewirtet."[68] Diese Vereinbarung beinhaltete auch eine Reihe demütigender Bestimmungen, die dafür sorgten, dass die Dhimmis „sich unterdrückt fühlten", ganz im Sinne des Koran (Sure 9:29). Die Christen versprachen:

❑ Wir werden nicht verhindern, dass sich einer unserer Brüder zum Islam bekehrt, falls dies seine Entscheidung ist. Wir werden die Muslime respektieren und den Platz, auf dem wir sitzen, räumen, wenn sie dort sitzen wollen. Wir werden ihre Kleidung, Kappen, Turbane, Sandalen, ihre Sprache, ihre Spitznamen und ihre Titel nicht übernehmen. Wir werden nicht auf Sätteln reiten, Schwerter über der Schulter tragen, Waffen irgendwelcher Art sammeln oder diese tragen. ... Wir werden keine Stempel mit arabischen Zeichen

---

[66] Abu'l Hasan al-Mawardi, al-Ahkam as-Sultaniyyah (The Laws of Islamic Governance) Ta-Ha Publishers, 1906, S. 28.
[67] Ibn Kathir, Band 4, S. 406.
[68] Ebd., S. 407.

benutzen. Wir werden keinen Alkohol verkaufen. Wir werden unser Haar vorn abschneiden und unsere übliche Kleidung tragen, wo immer wir uns auch aufhalten mögen. Wir werden Gürtel um unsere Taille tragen, keine Kreuze außerhalb unserer Kirchen errichten, noch diese oder unsere Bücher auf muslimischen Märkten zur Schau stellen. Wir werden die Glocken unserer Kirchen nicht läuten oder unsere Stimmen erheben, während wir in unseren Kirchen in Gegenwart von Muslimen unsere heiligen Bücher rezitieren.

Nachdem diese und andere Bestimmungen niedergelegt wurden, schließt die Vereinbarung mit folgenden Worten: „Dies sind die Pflichten, die wir uns selbst und den Anhängern unserer Religion für den Preis der Sicherheit und des Schutzes auferlegen. Brechen wir eines dieser Versprechen, die wir euch zu unserem Wohle gegeben haben, dann wird unsere Dhimma (die Schutzpflicht) gebrochen, und ihr könnt mit uns tun, was ihr mit Menschen tun dürft, die euch trotzen und gegen euch rebellieren."[69]

All dies ist noch heute ein Teil der Schariah. „Die unterworfenen Völker", so steht es in einem zeitgenössischem Handbuch für islamisches Recht, „zahlen die Kopfsteuer für Nichtmuslime (Jizya) und haben sich von den Muslimen durch die Kleidung zu unterscheiden, indem sie einen breiten Gürtel aus Stoff (Zunnar) tragen. Sie werden nicht mit ‚as-Salamu ´alaykum' (dem traditionellen muslimischen Gruß ‚Friede sei mit dir') begrüßt. Auf den Straßen dürfen sie nur an der Seite gehen. Ihre Häuser dürfen nicht höher sein als die der Muslime. Falls sie ein großes Haus erwerben, wird dieses jedoch nicht abgerissen. Es ist ihnen verboten, öffentlich Wein oder Schweinefleisch auszustellen, laut die Torah oder das Evangelium zu rezitieren oder ihre Beerdigungen oder Feiertage öffentlich zu begehen. Es ist ihnen verboten, neue Kirchen zu bauen."[70] Sollten sie diese Verbote missachten, können sie nach dem Gesetz getötet oder in die Sklaverei verkauft werden.

Dhimmis war es auch bei Todesstrafe verboten, Muslime zu ihrem Glauben zu bekehren – ein Verbot, dessen Nichtbeachtung auch für die Muslime, die dem Islam den Rücken kehrten, die Todesstrafe bedeutete. Auch diese Verbote sind noch heute ein Teil der islamischen Rechtsprechung.

Diese Gesetze bestimmten Jahrhunderte lang weitgehend die Beziehungen zwischen den Muslimen und den Nichtmuslimen in den islamischen Ländern, bis der westliche Druck auf das geschwächte Osmanische Reich Mitte des 19. Jahrhunderts zu einer Emanzipation der Dhimmis führte. Hier und da wurden diese Gesetze eine Zeit lang ignoriert, aber sie blieben immer in Kraft und konnten jederzeit von einem islamischen Führer durchgesetzt werden, wenn er es wollte.

---

[69] Ebd.
[70] „Umdat al-Salik", o11.3,5.

Und aus der Charta der Islamischen Befreiungsbewegung, besser bekannt als Hamas, geht eindeutig hervor, wie diese Bewegung es versteht, sich des Mythos der islamischen Toleranz zu bedienen: „Unter dem Schutzschirm des Islam können die drei Religionen Islam, Christentum und Judentum in Sicherheit gemeinsam existieren. Sicherheit gibt es nur unter dem Schutzschirm des Islam, und die jüngste, ebenso wie die ältere Geschichte, ist ein Zeugnis für diese Tatsache ... Der Islam gewährt diese Rechte jedem, der Rechte hat, und er verhindert Übergriffe gegen andere Religionen."[71] Die Hamas sagt jedoch nicht, welche Rechte man verliert, wenn man „unter dem Schutzschirm des Islam" leben muss.

Ebenso wie heute: Muslimische Führer verlangen die Wiederherstellung der Dhimma

Sicher, die Juden und Christen lebten als Dhimmis in den alten islamischen Reichen, aber das gehört doch längst der Vergangenheit an, oder? Kein Muslim würde verlangen, wieder den Dhimmi-Status für sie einzuführen, nicht wahr?

Selbstverständlich würden sie das. Omar Bakri Muhammad, ein umstrittener muslimischer Führer in Großbritannien, der Osama bin Laden unterstützt, schrieb im Oktober 2002, dass, obwohl es gegenwärtig keinen Kalifen in der islamischen Welt gäbe, dies nicht bedeuten würde, dass die Muslime einfach Ungläubige umbringen dürften. Er sagte, dass ihnen immer noch die Wahl gelassen werden müsse, unter der Herrschaft der Muslime zu leben: „Wir können nicht einfach sagen, dass, weil wir kein Khilafah (Kalifat) haben, wir einfach so jeden Nichtmuslim umbringen können. Vielmehr müssen wir immer noch ihr Dhimmah erfüllen."[72]

Ebenso stimmte Scheich Yussef Salemah, der Unterstaatssekretär für Religiöse Stiftungen der palästinensischen Behörden, im Mai 1999 „der Idee zu, dass Christen Dhimmis unter muslimischer Herrschaft werden sollten, und dass solche Vorschläge seit dem Beginn der zweiten Intifada im Oktober 2000 häufiger geworden seien."[73]

---

[71] „The Charter of Allah: The Platform of the Islamic Resistance movement (Hamas)", übersetzt und mit Anmerkungen versehen von Raphael Israeli, The International Policy Institute for Counter-Terrorism, 5. April 1998, http://www.ict.org.il/documents/documentde t.cfm?docid=14.

[72] Middle East Media Research Institute (MEMRI), „Islamist Leader in London: No Universal Jihad As Long As There is No Caliphate", MEMRI Special Dispatch No. 435, 30. Oktober 2002.

[73] Jonathan Adelman and Agota Kuperman, „Christian Exodus from the Middle East", Foundation for the Defense of Democracies, 19. Dezember 2001, nachgedruckt auf http://www.defenddemocracy.org/publications/publications_show.htm?doc_id=155713.

In einer Predigt in einer Moschee in Mekka formulierte Scheich Marzouq al-Ghamdi die Vorschriften der Schariah in Bezug auf die Dhimmis:

- Falls unter den Bedingungen wie sie der Prophet niedergelegt hat Ungläubige unter den Muslimen leben, dann ist nichts dagegen zu sagen, vorausgesetzt, dass sie die Jizya in die islamische Staatskasse einzahlen. Weitere Bedingungen sind ... dass sie keine Kirche und kein Kloster renovieren und es nicht wiederaufbauen, wenn es zerstört wurde, dass sie jeden Muslim, der bei ihnen vorbeikommt, drei Tage lang bewirten ... dass sie sich erheben, wenn ein Muslim sitzen will, dass sie keinen Muslim in Kleidung oder Sprache imitieren, weder Pferde reiten, noch Schwerter tragen oder sich irgendwie bewaffnen; sie dürfen keinen Wein verkaufen oder das Kreuz offen tragen; sie dürfen keine Kirchenglocken läuten; sie dürfen ihre Stimmen während des Gebets nicht erheben; sie müssen ihre Haare vorne abschneiden, damit sie leichter zu erkennen sind; sie dürfen niemanden gegen die Muslime aufhetzen oder einen Muslim schlagen ... Wenn sie diese Vorschriften verletzen, genießen sie keinen Schutz mehr.[74]

Scheich Abdullah Azzam (1941-1989), einer der Gründer von al-Qaida, ging ebenfalls davon aus, dass der islamische Staat, für dessen Wiedereinführung er kämpfte, die Jizya von den Dhimmis einfordern würde. In seinem Buch *Defence of the Muslim Lands* (Verteidigung der muslimischen Länder) behandelt er mehrere Kategorien von Dschihad. In Übereinstimmung mit der islamischen Theologie erklärte er, dass ein offensiver Dschihad die Pflicht eines jeden Muslim sei, und fügt hinzu: „Und die Ulama (die muslimischen Gelehrten) haben erwähnt, dass diese Art von Dschihad die Zahlung der Jizya beinhaltet."[75]

Politisch korrekter Mythos: Historisch gesehen war die Dhimma gar nicht so schlimm

Aber in Wirklichkeit war doch alles gar nicht so schlimm, oder? Der islamische Apologet Stephen Schwartz, der zum Islam übergetreten ist, behauptet, dass die Schrecken des Dhimmitum in Wirklichkeit doch ziemlich übertrieben wurden: „Die Dhimma wird von einigen demagogischen Kreisen hier im Westen immer wieder als ein schreckliches Beispiel für die islamische Herrschaft herangezogen."[76] Und es ist mit Sicherheit wahr, dass kein Gesetz jemals uni-

---

[74] Middle East Media Research Institute (MEMRI), „Friday Sermons in Saudi Mosques: Review and Analysis", MEMRI Special Report No. 10, 26. September 2002. www.memri.org. Diese Predigt ist undatiert, aber sie erschien auf der saudiarabischen Webseite www.alminbar.net.
[75] Abdullah Azzam, Defence of the Muslim Lands, Mohammed Taaqi-iud-Oi Al-Hilali und Mohammed Muhsin Khan, Übersetzer. Maktaba Dar-us-Salam, 1993, nachgedruckt auf http://www.religioscope.com/info/doc/jihad/azzam_defence_1_table.htm.
[76] Stephen Schwartz, „Reductio ad Jihadam", TechCentralStation.com, 17. Februar 2005.

Teil I – Der Islam

versell mit einheitlichem Eifer und Gründlichkeit durchgeführt wird. Im neunten Jahrhundert schrieb der Patriarch von Jerusalem, Theodosius, dass die Muslime „gerecht sind und uns kein Leid zufügen."[77] Aber der rechtliche Status der Christen und Juden war bestenfalls problematisch. Der Historiker A. S. Tritton schrieb dazu:

> ❏ In einem Moment erscheint der Dhimmi als ein elender Wurm, der völlig unwichtig ist, und den man ignorieren kann. Im nächsten beklagt man sich über den schädlichen Einfluss, den er auf die Muslime in seiner Umgebung ausübt. Es wurden Gesetze erlassen, einige Zeit lang eingehalten und dann wieder vergessen, bis jemand sie den Behörden wieder in Erinnerung brachte. ... Man könnte glauben, dass, wenn die Ereignisse irgend etwas mit Logik zu tun gehabt hätten, der Islam die unterworfenen Religionen allmählich absorbiert hätte, aber sie überlebten, wenn auch ein wenig angeschlagen.[78]

Angeschlagen im wahrsten Sinne des Wortes. Die Demütigung nahm viele Formen an, aber sie war immer allgegenwärtig. Der Historiker Philip Hitti führt ein schreckliches Beispiel aus dem neunten Jahrhundert an: „Der Kalif al-Mutawakkil befahl in den Jahren 850 und 854, dass die Christen und die Juden hölzerne Bilder von Teufeln an ihre Häuser befestigen sollten. Sie mussten ihre Gräber einebnen, honigfarbene, d.h. gelbe, Gewänder tragen und zwei honigfarbene Flicken auf die Kleider ihrer Sklaven nähen. Sie durften nur mit Maultieren und Eseln reiten. Die Sättel mussten aus Holz bestehen und die Sattelknöpfe die Form eines Granatapfels haben."[79]

Auch später, im Osmanischen Reich, sagt der Historiker Steven Runciman, „ließ man die Christen niemals vergessen, dass sie ein unterworfenes Volk waren."[80] Dies ging bis zur Beschlagnahmung ihrer heiligen Stätten durch die Eroberer: Als die Türken 1453 Konstantinopel eroberten, wurden nach Aussagen von Hoca Sa'deddin, dem Lehrer der Sultane Murad III und Mehmed III (16. Jahrhundert) „die Kirchen innerhalb der Stadt von dem Schmutz und der Unreinheit und der Verunstaltung durch ihre widerlichen Götzenbilder gereinigt. An ihre Stelle wurden islamische Gebetsecken und Kanzeln errichtet ... viele Klöster und Kapellen wurden den Gärten des Paradieses gleich."[81]

---

[77] Zitiert in Steven Runciman, History of the Crusades, Band I, (Oxford: Cambridge University Press, 1951), S. 27.

[78] A. S. Tritton, Caliphs and Their Non-Muslim Subjects: A Critical Study of the Covenant of Umar, Idarah-I-Adabiyat-I Delli, 1950, S. 229.

[79] Philip K. Hitti, The Arabs: A Short History (Washington, DC: Regnery, 1996), S. 137.

[80] Steven Runciman, The Great Church in Captivity (Oxford: Cambridge University Press, 1968, S. 179.

[81] Zitiert in Philip Mansel, Constantinople: City of The World's Desire 1453-1924 (New York: St. Martin's Griffin, 1998), S. 51.

Im 14. Jahrhundert erklärte der Pionier auf dem Gebiet der Soziologie, Ibn Khaldun, die Möglichkeiten, die den Christen zur Verfügung standen. „Sie haben die Wahl zwischen dem Übertritt zum Islam, der Zahlung der Kopfsteuer und dem Tod."[82]

Probleme der Steuerzahler

Die Sondersteuer für Nichtmuslime, die Jizya, zu zahlen, war nicht so einfach, wie heutzutage eine Steuererklärung auszufüllen. Der syrische orthodoxe Patriarch von Antiochien und Chronist Michael der Syrer (1126-1199), berichtete, wie erdrückend diese Steuer zur Zeit des Kalifen Marwan II (744-750) für die Christen war:

❏ Marwans Hauptbeschäftigung bestand darin, Gold anzuhäufen, und seine Herrschaft drückte schwer auf die Menschen seines Landes. Seine Soldaten töteten, plünderten und schändeten Frauen in Gegenwart ihrer Männer.[83]

Marwan war nicht der einzige. Einer seiner Nachfolger, al-Mansur (754-775) erhob nach Angaben von Michael „jede Art von Steuer für alle Menschen an jedem Ort. Er verdoppelte alle Steuern für die Christen."[84]

Die Zahlung der Jizya erfolgte häufig in einer eigenartigen und demütigenden Zeremonie, während der Steuereinnehmer dem Dhimmi auf den Kopf oder den Nacken schlug. Tritton erklärte: „Dem Dhimmi musste klar gemacht werden, dass er eine untergeordnete Person ist, wenn er die Steuer bezahlen musste. Er ist nicht mit Respekt zu behandeln."[85] Damit sorgte man dafür, dass sich der Dhimmi gedemütigt fühlte, so wie es im Koran vorgeschrieben ist (9:29). Ein Kommentator des Koran aus dem zwölften Jahrhundert, Zamakhshari, führte sogar aus, dass die Jizya „mit Geringschätzung und Unterdrückung" einkassiert werden sollte.[86] Ein Rechtsgelehrter aus dem dreizehnten Jahrhundert namens an-Nawawi verlangte, dass „die Ungläubigen, die die Kopfsteuer bezahlen müssen, vom Steuereinnehmer mit Verachtung gestraft werden sollten: Der Steuereinnehmer hat zu sitzen, während der Ungläubige vor ihm steht, sein Kopf gebeugt und der Rücken gekrümmt. Der Ungläubige hat das Geld persönlich auf die Waage zu legen, während der Steuereinnehmer ihn am Bart festhält und ihm auf beide Wangen schlägt."[87]

---

[82] Bat Ye'or, Der Niedergang des orientalischen Christentums unter dem Islam: Vom Dschihad zum Schutzvertrag (Resch-Verlag).

[83] Michael the Syrian, zitiert in Ye'or, Der Niedergang des orientalischen Christentums, S. 78.

[84] Ebd.

[85] Tritton, S. 227.

[86] Zitiert in Ibn Warraq, Why I Am Not A Muslim (Amherst, NY: Prometheus Books, 1995), S. 228.

[87] Zitiert in Bat Ye'or, Islam and Dhimmitude: Where Civilizations Collide (Madison, NJ: Fairleigh Dickinson University Press, 2002), S. 70.

Nach Aussagen des Historikers Bat Ye'or war das Schlagen während der Zahlung „bis Anfang des zwanzigsten Jahrhunderts üblich. Es wurde in arabisch-muslimischen Ländern, z.B. im Jemen und in Marokko, rituell durchgeführt, wo die Koransteuer weiterhin den Juden abverlangt wurde."[88]

Nichtmuslime konvertierten häufig zum Islam, um diese Steuer zu vermeiden. So wurde aus der großen christlichen Bevölkerungsgruppe Nordafrikas und des Mittleren Ostens schließlich eine winzige demoralisierte Minderheit. Nach Berichten des europäischen Reisenden aus dem siebzehnten Jahrhundert, Jean-Baptiste Tavernier, waren auf Zypern im Jahre 1651 „mehr als vierhundert Christen zu Mohammedanern geworden, weil sie ihre Kharaj [eine Grundsteuer, die von Nichtmuslimen verlangt wurde], nicht bezahlen konnten. Sie war häufig gleichbedeutend mit der Jizya, dem Tribut, den die Herrscher in ihren Ländern den Christen auferlegten." Im folgenden Jahr waren in Bagdad viele Christen gezwungen, „ihre Kinder an die Türken zu verkaufen, um ihre Schulden oder die Kharaj bezahlen zu können."[89]

Übrigens war es den Christen in vielen Gegenden untersagt, sich zum Islam zu bekehren. Damit hätte man ja auf die Steuer verzichten müssen.[90]

Ein Schritt zu weit

Schließlich provozierten all diese Schikanen eine Reaktion. Der Historiker Apostolos E. Vacalopoulos beschreibt einige aufschlussreiche Umstände, die um den Unabhängigkeitskampf der Griechen Anfang des neunzehnten Jahrhunderts herum eine Rolle spielten:

> ❏ Die Revolution von 1821 ist nichts anderes als die letzte große Phase des Widerstands der Griechen im Osmanischen Reich. Sie war ein rücksichtsloser, nicht erklärter Krieg, der bereits im ersten Jahr ihrer Unterdrückung begonnen hatte. Die Brutalität des autokratischen Systems, die durch wirtschaftliche Ausplünderung, intellektuellen Niedergang und kulturellen Stillstand gekennzeichnet war, musste einfach eine Reaktion provozieren. Einschränkungen aller Art, unrechtmäßige Besteuerung, Zwangsarbeit, Verfolgungen, Gewalttätigkeit, Einkerkerung, Tod, Entführung von Mädchen und Jungen und ihre Gefangenschaft in türkischen Harems, sowie viele weitere Willküraktion und zahllose mildere Exzesse – all dies war eine ständige Herausforderung des Überlebensinstinkts, und spottete jedem menschlichen Anstand. Die Griechen mussten unglaubliche Beleidigungen und Erniedrigungen ertragen, und ihre Wut trieb sie

---

[88] Ye'or, Der Niedergang des orientalischen Christentums, S. 78.
[89] Ebd., S. 112-113.
[90] Maxime Rodinson, Muhammad, übersetzt von Anne Carter (New York: Pantheon Books, 1971), S. 296.

schließlich in die Rebellion. Die Aussage eines der Beys von Arta, der versuchte, die Unerbittlichkeit des Kampfes zu erklären, ist sicher nicht übertrieben. Er sagte: „Wir haben den Rayas (Dhimmis, also den christlichen Untertanen) bitteres Unrecht getan. Wir haben ihren Reichtum und ihre Ehre zerstört. Sie waren verzweifelt und griffen zu den Waffen. Das ist nur der Anfang und wird schließlich zur Zerstörung unseres Reiches führen." Die Leiden der Griechen unter der osmanischen Herrschaft waren somit die eigentliche Ursache des Aufstands. Ein psychologischer Anreiz wurde durch die Art der Umstände geschaffen.[91]

Heutzutage beklagen sich die Dschihadisten, dass der Westen ihren Reichtum und ihre Ehre zerstört hat. Während sie jedoch fortfahren, Gewaltakte gegen unschuldige Menschen durchzuführen – so wie beim 11. September 2001 und vielen weiteren Anschlägen – klingt diese Anklage immer hohler. Es ist durchaus möglich, dass diese ständigen Verbrechen schließlich einen stärkeren und gewalttätigeren Widerstand gegen den Islam hervorrufen werden, als wir ihn jemals erlebt haben.

Politisch korrekter Mythos: Die Juden hatten es in muslimischen Ländern besser als in Europa

Die Vertreter der politischen Korrektheit werden nicht müde zu betonen, dass, obwohl die Juden und die Christen tatsächlich unterdrückt, diskriminiert und schikaniert wurden, die Juden es immer noch besser hatten als im christlichen Europa. Der Historiker Paul Johnson erklärte: „Theoretisch war der Status der jüdischen Dhimmi unter der Herrschaft der Muslime schlimmer als unter den Christen, denn das Recht, ihre Religion auszuüben und sogar das Recht zu überleben konnte ihnen jederzeit willkürlich entzogen werden. In der Praxis hatten die arabischen Krieger, die die zivilisierte Welt im siebten und achten Jahrhundert so schnell eroberten, jedoch überhaupt kein Interesse daran, die gebildeten und fleißigen jüdischen Gemeinden auszurotten, die ihnen ein sicheres Steuereinkommen bescherten und ihnen auch sonst in vielerlei Hinsicht nützlich waren."[92]

Was die rechtlichen Einschränkungen betraf, waren die muslimischen Gesetze für die Juden sehr viel strenger als die der Christen. Im Jahre 1272 wiederholte Papst Gregor der Zehnte, was Papst Gregor der Erste bereits 598 gesagt hatte, nämlich, dass „die Juden keine Einschränkungen ihrer Privilegien erleiden sollten, die ihnen gewährt worden sind". Gregor der Zehnte bekräftigte ebenfalls frühere päpstliche Dekrete, die die Zwangsbekehrung (wie sie das islami-

---

[91] Apostolos E. Vacolopolous, „Background and Causes of the Greek Revolution", Neo-Hellenika, Band 2, 1975, S. 54-55, zitiert in Andrew G. Bostom, „The Islamization of Europe", FrontPageMagazine.com, 31. Dezember 2004.
[92] Paul Johnson, A History of the Jews (New York: Harper & Row, 1987), S. 175.

sche Recht vorschrieb) untersagte, und festlegte, dass „kein Christ sich anmaßen sollte, ihr Eigentum zu beschlagnahmen, sie einzusperren, zu verletzen, zu foltern, zu töten oder ihnen Gewalt anzutun. Außerdem dürfte niemand, außer durch gerichtliche oder behördliche Anordnung, die Gesetze des Landes, in dem sie leben, ändern, um ihnen oder anderen willkürlich ihr Hab und Gut zu nehmen."

Mohammed gegen Jesus

„Und er sandte Boten vor seinem Angesicht her; und sie gingen hin und kamen in ein Dorf der Samariter, um für ihn Unterkunft zu bereiten. Und sie nahmen ihn nicht auf, weil sein Angesicht nach Jerusalem hin gerichtet war. Als aber seine Jünger Jakobus und Johannes das sahen, sprachen sie: ‚Herr, willst du, daß wir sagen, daß Feuer vom Himmel herabfallen und sie verzehren soll?' Er wandte sich aber um und schalt sie."

Lukas 9,52-55

Ibn Abbas berichtete: Als der Vers „Dies predige auch warnend deinen allernächsten Verwandten (den Koreischiten)" (Sure 26:215) offenbart wurde, ging Allahs Bote hinaus, und als er den Berg As-Safa bestiegen hatte, rief er: „Ya Sabahah!"[93] Die Leute sprachen: „Wer ist das?" Dann versammelten sie sich um ihn, und er sprach: „Seht Ihr? Wenn ich euch sage, dass Reiter den Berg hinaufstürmen, werdet ihr mir dann glauben?" Sie antworteten: „Wir haben dich nie eine Lüge sagen hören." Dann sagte er: „Ich warne euch vor einer kommenden schweren Strafe." Abu Lahab sagte: „Mögest du verderben! Hast du uns nur aus diesem Grund hier versammelt?" Und Abu Lahab ging fort. So wurde die Surat Al-Masad: „Vergehen sollen die Hände des Abu Lahab" offenbart."30 Die Surat Al-Masad ist die 111. Sure des Koran:

„Vergehen sollen die Hände des Abu Lahab und er selbst. Sein Vermögen und alles, was er sich erworben hat, sollen ihm nichts helfen. Zum Verbrennen wird er in das flammende Feuer kommen, mit ihm sein Weib (die Verleumderin), die Holz herbeitragen muss, und an ihrem Halse soll ein Seil hängen, geflochten aus Fasern eines Palmbaumes."

Sure 111:1-5

Bis jetzt erinnert alles an den „Schutz", den die vom Islam unterworfenen Völker „genießen". Aber Gregor fügt hinzu: „Außerdem darf sie niemand bei der Ausübung ihrer Feste stören, weder bei Tag noch bei Nacht, und sie nicht durch Stöcke oder Steine oder irgend etwas anderes bedrohen." Das unterscheidet sich ganz eindeutig von dem Verbot gegen die Dhimmis, ihre Feste in

---

[93] Das ist ein altes arabisches Signal für Gefahr.

der Öffentlichkeit zu feiern. Weil die Zeugenaussage eines Juden gegen einen Christen nicht zulässig war, verbat der Papst auch den Christen, gegen Juden auszusagen – während die Schariah einem Dhimmi verbietet, gegen einen Muslim auszusagen. Die Aussage eines Muslims gegen einen Dhimmi ist jedoch kein Problem.[94]

Das bedeutet natürlich nicht, dass es nicht auch Übergriffe und Missbräuche gab. Die Schutzvorschriften, die Gregor der Zehnte für die Juden erließ, wurden sehr oft missachtet. Aber es ist sicher kein Zufall, dass die meisten Juden zu Beginn der Neuzeit in den Ländern der Christen und nicht unter dem Islam lebten. Der Grund dafür ist sicher, dass in christlichen Ländern der – wenn auch unvollkommene – Grundsatz herrschte, dass alle Menschen dieselben Rechte besitzen, ein Grundsatz, der dem Koran und der islamischen Theologie fremd ist und in der islamischen Welt niemals Wurzeln fasste.

Politisch korrekter Mythos: Das Dhimmitum ist eine Sache der Vergangenheit

Aber dies alles liegt doch ziemlich weit zurück, oder nicht? Die Verteidiger des Islam behaupten, dass heutzutage niemand mehr eine Restauration der Dhimma verlangt. Wie wir bereits gesehen haben, ist das nicht wahr. Ebenso falsch ist die Annahme, dass das Dhimmitum in der islamischen Welt heute überhaupt nicht mehr existiert. Da die Schariah nirgendwo außer in Saudi-Arabien (wo es Nichtmuslimen überhaupt nicht gestattet wird, ihre Religion auszuüben) und im Iran hundertprozentig eingehalten wird, sind auch die Gesetze der Dhimma in der islamischen Welt nicht vollständig in Kraft. Jedoch ist ein Teil von ihnen ein Bestandteil der Gesetze in allen islamischen Ländern. Nirgendwo in der islamischen Welt genießen Nichtmuslime dieselben Rechte wie Muslime.

Als Beispiel dafür einige jüngere und repräsentative Berichte aus Ägypten:

- ❑ Die Apostasie – der Übertritt zu einer anderen Religion – ist im islamischen Recht ein Kapitalverbrechen. Im Oktober 2003 verhafteten ägyptische Beamte 22 Personen, die heimlich zum Christentum übergewechselt waren. Sie wurden verhört und gefoltert. Die Behörden vermuteten, dass sie weitere Muslime zum Christentum bekehren wollten.[95]

- ❑ Im Dezember 2003 wurde mit offizieller Genehmigung der Behörden die Kirche der Brüder von Assiout abgerissen, damit die Mitglieder der Gemeinde einen neuen Bau errichten konnten. Aber bevor sie die Kirche neu aufbauen konnten, wurde die Baugenehmigung zurück-

---

[94] Gregory X, „Papal Protection of the Jews", in The Portable Medieval Reader (New York: Viking Press, 1949), S. 170-171.
[95] „Egypt: Police Arrest 22 Christians in New Crackdown", Barnabas Fund, 24. Oktober 2003, www.barnabasfund.org.

gezogen. Man erinnerte sich plötzlich an das Gesetz, das den Dhimmis untersagt, neue Kirchen zu bauen und alte zu reparieren.[96]

- ❏ Am 25. November 2003 wurde der koptische Christ Boulos Farid Rezek-Allah Awad, der eine ehemalige Muslimin geheiratet hatte, verhaftet, als er versuchte, das Land zu verlassen. Er wurde zwölf Stunden lang festgehalten. Als die ägyptische Sicherheitspolizei ihn über seine Ehefrau befragte, sagte Rezek-Allah, dass sie Ägypten bereits verlassen hätte. Der Beamte, der wohl an die Todesstrafe für Glaubensabtrünnige dachte, sagte ihm: „Ich werde sie zurückbringen und sie vor dir in Stücke schneiden."[97] Einige Monate später wurde ihm jedoch gestattet, nach Kanada auszureisen.[98]

Aus Pakistan:

- ❏ Im November 2003 verhaftete die pakistanische Polizei den Christen Anwar Masih. Die Anklage lautete auf Blasphemie. Nach einem Artikel in der Daily Times of Pakistan hatte sich Masih mit einem muslimischen Nachbarn namens Naseer über den Islam unterhalten. „Während der Diskussion, behauptete der Nachbar, wurde Masih wütend und schmähte den Islam. Naseer erzählte zwei Nachbarn seiner Mutter, Attaullah und Younas Salfi, von seinem Gespräch. Die drei versammelten sich schließlich mit anderen Nachbarn vor Masihs Haus und bewarfen es mit Steinen. Als die Polizei eintraf, ignorierte sie die Übergriffe der Nachbarn und nahm stattdessen Masih fest."[99]

- ❏ Im folgenden Monat wurde im pakistanischen Dorf Dajkot eine Kirche während des Gottesdienstes durch eine Gruppe von Muslimen angegriffen, die schrien: „Ihr Ungläubigen! Hört auf zu beten und akzeptiert den Islam!" Nach einem Artikel der Pakistan Christian Post „drang der Mob in die Kirche ein und begann, die Gemeindemitglieder zu verprügeln. Die muslimischen Angreifer entweihten die Bibel und zerschlugen alles, was sie in der Kirche vorfanden." Jedoch weigerte sich die Polizei, Anzeige zu erstatten, und im örtlichen Krankenhaus ignorierten die muslimischen Ärzte die christlichen Verletzten auf Anweisung eines einflussreichen örtlichen Muslims.[100]

---

[96] „Egyptian officials revoke church license to build *after* demolition of church", U.S. Copts Association, 2. Dezember 2003.
[97] „Christians Captured At Border", Compass Direct, 4. Dezember 2003. www.compassdirect.org.
[98] „Christian Couple Escapes", Compass Direct, 17. Mai 2004.
[99] „Police arrests Christian for ‚blasphemy', lets attackers go", Daily Times, 29. November 2003.
[100] Dajkot Church attacked, PCP Report, Pakistan Christian Post, 11. Dezember 2003.

❑ Im Mai 2004 wurde ein anderer Christ, dem man Blasphemie vorwarf, von einem muslimischen Polizeibeamten mit einem Hammer totgeschlagen. Der Christ hatte wegen Tuberkulose im Krankenhaus gelegen.[101]

Und aus Kuwait:

❑ Hussein Qambar Ali, ein Kuwaiter, trat in den neunziger Jahren vom Islam zum Christentum über. Obwohl die kuwaitische Verfassung die Freiheit der Religion garantiert und nichts über das traditionelle Verbot in Bezug auf den Übertritt zu einem anderen Glauben aussagt, wurde er verhaftet und wegen Apostasie angeklagt. Während seines Prozesses erklärte der Staatsanwalt, dass die Schariah Vorrang vor den weltlichen Gesetzen Kuwaits habe: „Mit Schmerz muss ich zur Kenntnis nehmen, dass unser Strafgesetz keine Strafe für Apostasie vorsieht. Tatsache ist, dass die Legislative unserer bescheidenen Meinung nach als Strafe für Apostasie nur das verhängen kann, was Allah und sein Prophet dafür vorgesehen hat. Diejenigen, die über die Apostasie bestimmen, sind: unser Koran, unsere Sunna, die Worte der Propheten und die Gesetze, die uns Allah gegeben hat."[102]

Politisch korrekter Mythos: Der Islam respektiert die vorislamischen Kulturen in muslimischen Ländern

Der Islam wertet die Nichtmuslime nicht nur ab, sondern fordert die Muslime auch dazu auf, die vorislamischen Kulturen der eigenen Länder zu verunglimpfen. „Im Jahre 637," notierte der Autor und Nobelpreisträger V.S. Naipaul, „nur fünf Jahre nach dem Tod des Propheten, überrannten die Araber Persien und erklärten die gesamte persische Geschichte zu einer Zeit der Dunkelheit."[103]

Daran war nichts Außergewöhnliches. So etwas kam während der gesamten Geschichte des Islam immer wieder vor. Die islamische Theologie wertet die Nichtgläubigen so sehr ab, dass es in der islamischen Kultur keine Anerkennung für deren kulturelle Leistungen gibt. Die Muslime nennen die Zeit, bevor der Islam die Herrschaft in einem Land übernimmt, Jahiliyya – Unwissenheit. Naipaul erklärt, „dass die Zeit vor dem Islam eine Zeit der Dunkelheit war, ist ein Teil der muslimischen Theologie. Und die Geschichte hat der Theologie zu dienen." Ein Beispiel dafür war die Art und Weise, wie die Pakistanis die berühmte archäologische Stätte bei Mohenjo-Daro behandelten. Sie sahen ihren Wert nur als Chance, den Islam zu predigen:

---

[101] „Pakistan blasphemy suspect dies, beaten by cop", Reuters, 29. Mai 2004.
[102] Zitiert in Robert Hussein, Apostate Son (Najiba Publishing Company, 1998), S. 161.
[103] V. S. Naipaul, Among the Believers: An Islamic Journey (New York: Vintage Books, 1982), S. 65.

- ❏ In einem in der Zeitung Dawn veröffentlichten Leserbrief gab der Schreiber seine Ansichten zu dieser Stätte bekannt. Verse aus dem Koran, so schrieb er, sollten an „geeigneten Stellen" in Mohenjo-Daro angebracht werden: „Sage ihnen, oh Mohammed":
- ❏ „Reise durch das Land und siehe die Folgen für die Schuldigen.
- ❏ ... Sage (oh, Mohammed den Ungläubigen): ‚Reise durch das Land und siehe die Folgen für jene, die vor dir waren.'
- ❏ Die meisten von ihnen waren Götzendiener."[104]

Ebenso wie heute: Muslime entweihen die uralten Stätten anderer Religionen

Die Muslime in dem von der Türkei besetzten Norden Zyperns versuchten, das Kloster von San Makar (14. Jahrhundert) in ein Hotel umzuwandeln. In Libyen machte Oberst Qaddafi die katholische Kathedrale von Tripolis zu einer Moschee. Und in Afghanistan sprengte die Taliban-Regierung im März 2001 die berühmten Buddha-Statuen von Bamiyan in die Luft. Könnte christliche Monumente in Europa möglicherweise dasselbe Schicksal ereilen?

Wenn die Krieger des Dschihad, die heute von denselben Motiven bestimmt werden wie während der letzten tausend Jahre, ihren Willen durchsetzen, dann wird das bestimmt soweit kommen. Edward Gibbon, Autor des Buches *Untergang und Verfall des Römischen Reiches*, bemerkte: „...wäre der Einfall der Muslime in Frankreich im achten Jahrhundert erfolgreich gewesen, würde vermutlich die Deutung des Koran jetzt in den Schulen von Oxford gelehrt, und von den Kanzeln würde man einem beschnittenen Volk die Heiligkeit und Wahrheit der Offenbarungen Mohammeds predigen."[105]

---

[104] Ebd., S. 141-142.
[105] Ebd., S. 119.

Kapitel 5
Der Islam unterdrückt die Frauen

Wussten Sie schon?

- *Der Koran und das islamische Recht behandeln die Frauen lediglich als Eigentum des Mannes.*
- *Der Koran erlaubt das Schlagen der Ehefrau.*
- *Der Islam erlaubt die Kinderehe, das Einsperren der Ehefrau im Haus, die „vorübergehende Ehe" (d.h. die Prostitution, jedoch nur für die Schiiten) und vieles mehr.*

Am 18. März 2005 zelebrierte eine Muslimin namens Amina Wadud einen islamischen Gebetsgottesdienst in New York City. Da es sich um eine Frau handelte, weigerten sich drei Moscheen, den Gottesdienst in ihren Mauern stattfinden zu lassen. Deshalb sollte er dann in einer Galerie stattfinden. Diese zog jedoch ihre Zustimmung zurück, nachdem eine Bombendrohung einging. Schließlich wurde er in einer Episkopalkirche durchgeführt. Einer der muslimischen Demonstranten draußen schäumte: „Diese Leute stehen nicht für den Islam. Wenn dies ein muslimisches Land wäre, dann würde diese Frau hängen. Wir würden sie umbringen, sie in Stücke reißen."[106] Das ist sicher wahr. Trotzdem behauptete Wadud, dass ein solches Verhalten grundsätzlich unislamisch wäre. Im Koran, so sagte sie, sind Männer und Frauen gleichgestellt. Dass die Männer die Frauen nur für den Geschlechtsverkehr und den Haushalt brauchen würden, sei nur eine Verfälschung des Koran.[107]

Politisch korrekter Mythos: Der Islam respektiert und ehrt die Frauen

Es wird allgemein akzeptiert, ja es ist fast unumstößlich, dass die Misshandlung muslimischer Frauen durch ihre Ehemänner kulturell bedingt ist und nichts mit dem Koran zu tun hat. In Wirklichkeit biete der Islam den Frauen ein besseres Leben als sie es im Westen hätten. Die Muslimische Frauenliga in Los Angeles behauptet, dass „geistige Gleichberechtigung und Verantwortung ein wichtiger Bestandteil des Korans seien. Die geistige Gleichberechtigung zwischen Männern und Frauen im Auge Gottes sei nicht auf rein spirituelle

---

[106] Lisa Anderson, „Islamic woman sparks controversy by leading prayers", Chicago Tribune, 18. März 2005.
[107] „Woman leads Muslim prayer service in New York City despite criticism in the Middle East", Associated Press, 19. März 2005.

und religiöse Themen beschränkt, sondern sei die Grundlage für alle weltlichen Aspekte des menschlichen Lebens."[108]

Eine andere muslimische Frauenrechtlerin, die Ägypterin Dr. Nawal el-Saadawi, die mit den ägyptischen Behörden in Konflikt geriet, weil einige muslimische Geistliche ihre Ansichten für nicht besonders islamisch hielten, geht noch einen Schritt weiter: „Unsere islamische Religion hat den Frauen mehr Rechte eingeräumt als jede andere Religion, und sie hat ihnen Ehre und Stolz gegeben."[109]

Ins selbe Horn stieß auch der *Christian Science Monitor* im Dezember 2004. Damals berichtete er über einige lateinamerikanische Frauen, die zum Islam konvertiert waren.[110] Eine von ihnen, Jasmine Pinet, erklärte, dass sie „durch ihr Bekenntnis zum Islam als Frau mehr Respekt gefunden habe." Pinet lobte die muslimischen Männer wegen ihrer Hochachtung gegenüber Frauen: „Sie würden niemals sagen: ‚He, Süße, wie gehts?' Normalerweise sagen sie: ‚Hallo, Schwester.' Und sie betrachten dich nicht als Sexobjekt." Der *Monitor* berichtete weiter, dass es gegenwärtig etwa 40000 lateinamerikanische Musliminnen in den USA gäbe, und dass „viele dieser Konvertiten behaupten, dass ihre Überzeugung, dass Frauen im Islam besser behandelt würden, ein ausschlaggebender Faktor bei ihrem Glaubenswechsel gewesen wäre."

Für die Leser, für die diese Aussage ein wenig überraschend kommt – angesichts der Burqa, der Polygamie, der Tatsache, dass Frauen in Saudi-Arabien kein Auto fahren dürfen und anderer Elemente des Islam, über die man im Westen sehr wohl Bescheid weiß – zitiert der *Monitor* Leila Ahmed, Professorin für Feministische Studien und Religion an der Universität Harvard: „Es erstaunt mich doch sehr, dass die Leute glauben, dass Afghanistan und die Taliban die Frauen und den Islam repräsentieren." Ahmed behauptet, dass „wir uns noch in einem sehr frühen Stadium des Umdenkens bezüglich des Islam befinden, das den Islam für die Frauen öffnen wird. [Muslimische Gelehrte] lesen die Kerntexte des Islam – vom Koran bis zu den Rechtstexten – und legen sie auf alle möglichen Arten neu aus."

Aber haben die Taliban denn die Vorschriften des Islam erfunden, die die Frauen diskriminieren? Wird eine „Neuauslegung" des Koran und anderer Kerntexte den Islam wirklich „den Frauen öffnen"? Es folgen einige Texte, die man dann wohl „neu auslegen" müsste:

---

[108] Muslim Women's League, „Gender Equality in Islam", September 1995, http://www.mwlusa.org/pub_gender.html.
[109] Nawal El-Saadawi, zitiert in Muhammad Ali Al-Hashimi, The Ideal Muslimah: The True Islamic Personality of the Muslim Woman as Defined in the Qur'an and Sunnah, International Islamic Publishing House, 1998. http://www.usc.edu/dept/MSA/humanrelations/women inislam/idealmuslimah/.
[110] Christine Armario, „U.S. Latinas seek answers in Islam", Christian Science Monitor, 27. Dezember 2004.

- ❑ „Männer sollen vor Frauen bevorzugt werden, weil Allah auch die einen vor den anderen mit Vorzügen begabte und auch weil jene diese erhalten." (Sure 4:35)
- ❑ Der Koran vergleicht die Frauen mit einem Acker, den er nach Belieben in Anspruch nehmen kann: „Die Weiber sind euer Acker. Geht auf euren Acker, wie und wann ihr wollt." (2:224).
- ❑ Er erklärt, dass die Zeugenaussage einer Frau nur halb so viel wert ist wie die eines Mannes: „Nehmt zwei Männer aus eurer Mitte zu Zeugen. Sind aber zwei Männer nicht zur Stelle, so bestimmt einen Mann und zwei Frauen, die sich eignen, zum Zeugen; irrt sich dann eine, so kann die andere ihrem Gedächtnis nachhelfen." (2:283)
- ❑ Er erlaubt dem Mann, bis zu vier Frauen zu heiraten und zusätzlich noch Geschlechtsverkehr mit Sklavenmädchen zu haben: „Fürchtet ihr, gegen Waisen nicht gerecht sein zu können, betet und bessert euch. Überlegt gut und nehmt nur eine, zwei, drei, höchstens vier Ehefrauen. Fürchtet ihr auch so noch, ungerecht zu sein, nehmt nur eine Frau oder lebt mit Sklavinnen, die ihr erwarbt." (4:4)
- ❑ Er legt fest, dass das Erbe eines Sohnes zweimal so hoch sein muss wie das der Tochter: „Hinsichtlich eurer Kinder hat Allah folgendes verordnet: Männliche Erben sollen so viel haben wie zwei weibliche." (4:12)
- ❑ Er befiehlt den Ehemännern, ihre ungehorsamen Frauen zu schlagen: „Rechtschaffene Frauen sollen gehorsam, treu und verschwiegen sein, damit auch Allah sie beschütze. Denjenigen Frauen aber, von denen ihr fürchtet, dass sie euch durch ihr Betragen erzürnen, gebt Verweise, enthaltet euch ihrer, sperrt sie in ihre Gemächer und züchtigt sie." (4:35)

Aisha, die von Mohammed von allen seinen Frauen am meisten geliebte, ermahnte ihre Geschlechtsgenossinnen ganz eindeutig: „O Frauen, wenn ihr wüsstet, welche Rechte eure Männer über euch haben, über jede einzelne von euch, dann würdet ihr mit eurem Gesicht den Staub von ihren Füßen wischen."[111]

Einzelne Muslime mögen die Ehre der Frauen ja respektieren, aber der Islam insgesamt tut es mit Sicherheit nicht.

Die große Islamische Verschleierungspolitik

Der Koran schreibt vor, dass Frauen „ihre Augen niederschlagen und sich vor Unkeuschem bewahren sollen, und dass sie nicht ihre Zierde (ihre Reize),

---

[111] Zitiert in al-Hashimi, The Ideal Muslimah.

Teil I – Der Islam

außer nur was notwendig sichtbar sein muss, entblößen, und dass sie ihren Busen mit dem Schleier verhüllen sollen. Sie sollen ihre Reize nur vor ihren Ehemännern zeigen oder vor ihren Vätern oder vor den Vätern ihrer Ehemänner oder vor ihren oder den Söhnen ihrer Ehemänner." (Sure 24:31)

Mohammed wurde noch deutlicher, als Asma, die Tochter eines seiner führenden Gefährten (und ersten Nachfolgers) Abu Bakr ihn besuchen kam, als sie „dünne Kleidung" trug. „O Asma," erklärte der Prophet, „wenn eine Frau das Alter der Menstruation erreicht, geziemt es ihr nicht, dass sie ihre Körperteile entblößt, außer dies und dies. Und dann zeigte er auf ihr Gesicht und ihre Hände."[112]

In unserer heutigen Zeit ist diese Verschleierung zum wichtigsten Symbol für den Platz der Frauen innerhalb des Islam geworden.

Ebenso wie heute: Mädchen sterben für die Burka

Ein schreckliches Beispiel für die Unterdrückung der Frauen durch die Bekleidungsvorschriften des Islam ereignete sich im März 2002 in Mekka. Fünfzehn Mädchen kamen ums Leben, als ein Feuer in einer Schule ausbrach. Die Muttawa, die saudi-arabische religiöse Polizei, ließ die Mädchen nicht aus dem Gebäude. Da sich nur Frauen in der Schule befanden, hatten die Mädchen ihre äußeren Gewänder abgelegt. Die Muttawa nahm den Tod der Mädchen in Kauf, um islamische Vorschriften einzuhalten. Sie bekämpfte sogar die Polizeibeamten und Feuerwehrleute, die versuchten, die Türen der Schule zu öffnen.[113]

Kinderehen

Bei seinen Anweisungen in Bezug auf die Scheidung nimmt der Koran die Kinderehe als selbstverständlich hin. Bezüglich der Wartezeit, die notwendig ist, um zu bestimmen, ob eine Frau schwanger ist, sagt er: „Denjenigen eurer Frauen, welche wegen ihres Alters an ihrem Monatlichen (der Menstruation) verzweifeln, gebt, wenn ihr selbst daran zweifelt, drei Monate Zeit, und dieselbe Zeit gewährt denen, welche ihr Monatliches noch nie hatten." (Sure 65:5). Wohlgemerkt: Allah schildert hier das Szenario einer präpubertierenden Frau, die nicht mehr nur verheiratet, sondern bereits von ihrem Gatten geschieden ist.

Einer der Gründe, warum ein solcher Vers Mohammed „offenbart" wurde, ist vielleicht, dass Mohammed selbst eine Kindbraut hatte. Der Prophet „heiratete

---

[112] Abu Dawud, Buch 32, Nr. 4092.
[113] Siehe Christopher Dickey und Rod Nordland, „The Fire That Won't Die Out", Newsweek, 22. Juli 2002, S. 34-37.

Aisha, als sie gerade mal sechs Jahre alt war, und er vollzog die Ehe, als sie neun war."[114] Ehen mit Kindern waren im Arabien des siebten Jahrhunderts an der Tagesordnung – und auch hier hat der Koran mal wieder eine Praxis übernommen, die man schon vor langer Zeit hätte abschaffen sollen. Stattdessen bestätigte er sie durch göttliche Offenbarung.

Ebenso wie heute: Kinderehen in der islamischen Welt

Dies betrifft Millionen von Frauen und Kinder in Gesellschaften, in denen der Koran die absolute Wahrheit darstellt und Mohammed als ideales Vorbild für menschliches Verhalten gilt. In Bangladesch und Afghanistan sind mehr als 50% aller Mädchen unter zwanzig verheiratet.[115] Ayatollah Khomeini erzählte seinen muslimischen Gläubigen, dass es „ein göttlicher Segen" wäre, ein Mädchen vor dessen Menstruation zu heiraten. Er riet den Vätern: „Sorgt dafür, dass eure Töchter ihr erstes Blut nicht in eurem eigenen Hause sehen."[116]

Iranische Mädchen können mit Erlaubnis der Eltern bereits mit neun Jahren verheiratet werden. Mit dreizehn Jahren ist die Zustimmung der Eltern nicht mehr erforderlich.[117] Mit der Kinderehe kommt die häusliche Gewalt: „29% der verheirateten Heranwachsenden in Ägypten wurden von ihren Ehepartnern geschlagen, 41% davon während der Schwangerschaft. Durch eine Studie in Jordanien wurde festgestellt, dass 26% der gemeldeten Fälle häuslicher Gewalt gegen Mädchen unter 18 Jahren verübt wurden."[118]

Schlagen der Ehefrau

Mohammed wurde einmal mitgeteilt, dass „Frauen gegenüber ihren Ehemännern aufsässig geworden seien", woraufhin er „die Erlaubnis gab, sie zu schlagen." Als sich einige Frauen darüber beklagten, bemerkte er: „Viele Frauen haben sich an Mohammeds Familie gewandt, um sich über ihre Ehemänner zu beklagen. Es sind nicht die besten unter euch."[119] Er war unglücklich über Frauen, die sich beklagten, nicht über die Ehemänner, die sie schlugen. Einmal

---

[114] Bukhari, Band 5, Buch 63, Nr. 3896; siehe Bukhari, Band 7, Buch 67, Nr. 5158.

[115] Siehe United Nations Children's Fund, „UNICEF: Child marriage must stop", 7. März 2001, http://www.unicef.org/newsline/01pr21.htm.

[116] Amir Taberi, The Spirit of Allah: Khomeini and the Islamic Revolution (New York: Adler and Adler), 1986, S. 90-91.

[117] Lisa Beyer, „The Women of Islam", Time, 25. November 2001, nachgedruckt auf http://www.time.com/time/world/article/0,8599,185647,00.html.

[118] Andrew Bushell, „Child Marriage in Afghanistan and Pakistan", American, 11. März 2002, S. 12.

[119] Abu Dawud, Buch 11, Nr. 2141.

sagte er: „„Ein Mann darf nicht gefragt werden, warum er seine Frau schlägt."[120]

Eine weitere Hadith berichtet darüber, dass einmal eine Frau zu Mohammed kam, um Gerechtigkeit zu fordern. „Aisha sagte, dass die Frau einen grünen Schleier trug und sich ihr (Aisha) gegenüber über ihren Ehemann beklagte. Sie zeigte ihr einen grünen Fleck auf der Haut, der durch das Schlagen verursacht worden war. Es war unter den Frauen üblich, dass sie sich gegenseitig halfen. Als also Allahs Bote auftauchte, sagte Aisha: ‚Ich habe keine Frauen gesehen, die mehr leiden als die Frauen der Gläubigen. Schau! Ihre Haut ist grüner als ihre Kleidung!'"[121]

„Ich habe keine Frauen gesehen, die mehr leiden als die Frauen der Gläubigen"? Aisha schien nicht der Meinung gewesen zu sein, dass, wie Nawal El-Saadawi behauptete, „unsere islamische Religion den Frauen mehr Rechte eingeräumt hat als jede andere Religion." Aber Mohammed lässt sich durch Aishas Empörung wegen der Verletzungen der Frau nicht beeindrucken. Als deren Mann auftaucht, macht ihm Mohammed keine Vorwürfe, weil er seine Frau geschlagen hat – diese Tatsache erwähnt er überhaupt nicht. Warum sollte er auch? Schließlich hat ihm doch Allah offenbart, dass ein Mann seine ungehorsame Frau auf diese Art und Weise bestrafen solle.

Mohammed schlug sogar Aisha selbst. Eines Abends, als er glaubte, dass sie schlief, ging er aus. Aisha folgte ihm heimlich. Als er das herausfand, schlug er sie: „Er traf mich an der Brust, was Schmerz verursachte, und sagte: Glaubtest du, dass Allah und sein Apostel dich ungerecht behandeln würden?"[122]

Ebenso wie heute: Schlagen der Ehefrau

Das pakistanische Institut für medizinische Wissenschaften hat festgestellt, dass über 90% der pakistanischen Ehefrauen gestoßen, geschlagen oder sexuell missbraucht werden – und das für Vergehen wie dem Kochen einer nicht zufriedenstellenden Mahlzeit. Andere wurden bestraft, weil sie keinen Sohn zur Welt gebracht hatten.[123]

---

[120] Ebd., Buch 11, Nr. 2142.
[121] Bukhari, Band 7, Buch 77, Nr. 5825.
[122] Muslim, Buch 4, Nr. 2127.
[123] Siehe Amnesty International, „Media briefing: Violence against women in Pakistan", 17. April 2002, http://web.amnesty.org/ai.nsf/Index/ASA330102002?OpenDocument&of=THEMES\WOMEN.

Ein Angebot, das sie nicht ablehnen können

Mohammed betonte immer wieder, dass die Frauen das Eigentum des Mannes wären: „Allahs Bote sagte: ‚Wenn ein Mann sein Weib ins Bett ruft [für den Geschlechtsverkehr] und sie sich weigert und ihn im Zorn schlafen lässt, dann werden die Engel sie bis zum Morgen verfluchen.'"[124] Dies wurde zu einem Teil des islamischen Gesetzes: „Der Mann ist nur dann verpflichtet, für seine Frau zu sorgen, wenn sie sich ihm hingibt oder dies anbietet. Das heißt, sie lässt es zu, dass er sich ihrer Person vollständig bedient und ihm zu keiner Tages- oder Nachtzeit den Geschlechtsverkehr verweigert."[125]

Geht nicht allein aus

Das islamische Gesetz legt fest, dass „der Mann seiner Frau verbieten kann, das Haus zu verlassen"[126], und dass „eine Frau nicht ohne ihren Mann oder ein Mitglied ihrer nicht heiratsfähigen Blutsverwandtschaft die Stadt verlassen darf, es sei denn, dass die Reise zwingend notwendig ist, z.B. die Hadsch, die Pilgerfahrt nach Mekka. Es ist gegen das Gesetz, dass die Frau allein reist, und es ist auch gegen das Gesetz, dass ihr Mann das erlaubt."[127]

Amnesty International berichtete, dass in Saudi-Arabien „eine Frau .... die sich allein oder in Begleitung eines Mannes auf der Straße befindet, der nicht mit ihr verheiratet oder eng verwandt ist, jederzeit wegen des Verdachts auf Prostitution oder anderer ‚moralischer' Vergehen festgenommen werden kann."[128]

Provisorische Ehemänner

Für einen muslimischen Mann gibt es nichts leichteres, als sich scheiden zu lassen. Alles, was er tun muss ist, seiner Frau zu sagen „Ich lasse mich von dir scheiden", und schon ist die Sache erledigt. Die offensichtliche Härte einer solchen Handlung scheint durch einen anderen Vers des Koran abgemildert zu werden: „Hat eine Frau von ihrem Ehemann Rohheit (Lieblosigkeit und Vernachlässigung der Ehepflichten) zu befürchten, so ist es keine Sünde, dieses Missverhältnis zu schlichten; Versöhnung ist besser als Scheidung," (Sure 4:129). Aber diese Aufforderung zu einer gütlichen Regelung hat nichts mit einer Verhandlung unter gleichberechtigten Partnern zu tun – zumindest nicht so, wie es in der Hadith ausgelegt wird. Aisha erläutert diesen Vers: „Er betrifft die Frau, deren Mann sie nicht länger bei sich haben will, sondern sich

---

[124] Bukhari, Band 4, Buch 59, Nr. 3237. Diese Hadith wird an vielen anderen Orten wiederholt.
[125] „Umdat al-Salik" m11.9.
[126] Ebd. m10.4.
[127] Ebd. m10.3.
[128] Amnesty International, „Saudi Arabia: End Secrecy End Suffering: Women", http://www.amnesty.org/ailib/intcam/saudi/briefing/4.html.

von ihr scheiden lassen und eine andere Frau heiraten will. Also sagt sie zu ihm: ‚Behalte mich, und lass dich nicht von mir scheiden. Heirate eine andere Frau, und du musst weder Geld für mich ausgeben noch mit mir schlafen.'"[129]

Die Möglichkeit, dass ein Mann sich von seiner Frau in einem Anfall von Ärger scheiden lässt und sich dann später wieder mit ihr versöhnen will, hat im islamischen Recht eine weitere seltsame Blüte getrieben: Wenn eine Muslimin dreimal von demselben Mann geschieden wurde, dann muss sie zuerst einen anderen Mann heiraten und sich dann von diesem scheiden lassen, bevor sie zu ihrem ersten Mann zurückkehrt: „Wenn ein freier Mann dreimal die Scheidung ausgesprochen hat, ist es ungesetzlich, dass er die geschiedene Ehefrau noch einmal heiratet, bis sie einem anderen Mann in einer gültigen Ehe verbunden wurde und der neue Ehemann mit ihr die Ehe vollzogen hat."[130]

Mohammed bestand auf dieser Regelung. Einmal kam eine Frau zu ihm und bat um Hilfe. Ihr Mann hatte sich von ihr scheiden lassen, und sie hatte sich neu verheiratet. Leider war ihr zweiter Mann impotent, und sie wollte deshalb ihren ersten Ehemann wiederhaben. Der Prophet war jedoch unnachgiebig. Er sagte ihr, dass sie ihren ersten Mann nicht wieder heiraten könne „bis du eine geschlechtliche Beziehung zu deinem gegenwärtigen Mann hattest, und er die Ehe mit dir vollzogen hat."[131]

Dies hat das Phänomen der „provisorischen Ehemänner" entstehen lassen. Nachdem ein Ehemann sich im Zorn von seiner Frau scheiden ließ, wird dieser „provisorische" Ehemann die Frau für eine Nacht zur Ehefrau nehmen. Danach darf sie dann wieder zu ihrem ersten Gatten und zu den Kindern zurückkehren.

Prophetische Freiheit

Als Mohammed bereits neun Ehefrauen und zahlreiche Konkubinen hatte, gab ihm Allah die Sondererlaubnis, so viele Frauen zu haben wie er wollte. „Dir, o Prophet, erlauben wir alle Frauen, die du durch eine Morgengabe erkauft hast, und ebenso deine Sklavinnen, welche dir Allah (als Kriegsbeute) geschenkt hat, und die Töchter deiner Oheime und Muhmen, von Vater- und Mutterseite, die mit dir aus Mekka geflüchtet sind, und jede gläubige Frau, die sich dem Propheten überlassen und die derselbe heiraten will. Diese Freiheit sollst nur du haben vor den übrigen Gläubigen." (Sure 33:50). Solche zweckdienlichen Prophezeiungen gibt es zahlreiche im Koran – Allah hat Mohammed sogar angewiesen, die hübsche geschiedene Frau seines Adoptivsohnes zu heiraten (33:37).

---

[129] Bukhari, Band 7, Buch 67, Nr. 5206.
[130] „Umdat al-Salik", n7.7.
[131] Bukhari, Band 3, Buch 52, Nr. 2639.

Mohammeds Verlangen hat bittere Früchte getragen. Diese zwei Stellen aus dem Koran sind nur zwei Beispiele für die allgemeine Auffassung, dass Frauen nicht dasselbe Recht auf Würde haben, sondern lediglich Objekte sind, mit denen Männer belohnt werden und die diese jederzeit benutzen dürfen. Die Polygamie ist ein wichtiges Beispiel für diese Überzeugung, und sie bewegt sich zusammen mit dem Islam in Richtung Westen. Ende des Jahres 2004 war sie unter den Muslimen in Großbritannien so weit verbreitet, dass die Engländer überlegten, sie für Steuerzwecke anzuerkennen.[132]

Ebenso wie heute: Leg das Buch weg.
Islamische Fanatiker in Pakistan waren so sehr gegen eine Ausbildung der Frauen, dass sie während eines fünftägigen Aufruhrs im Februar 2004 acht Mädchenschulen niederbrannten.[133]

Provisorische Ehefrauen

Der schiitische Islam, die vorherrschende Form des Islam im Iran, erlaubt auch „provisorische Ehefrauen". Diese Regelung ist für Männer gedacht, die sich kurzfristig weibliche Gesellschaft sichern wollen. Bei der provisorischen Ehe (Mut'a) unterzeichnet das Paar einen Ehevertrag, der sich nicht von irgendeinem anderen Ehevertrag unterscheidet, außer dass er zeitlich begrenzt ist. Eine Regelung Mohammeds legt fest, dass eine provisorische Ehe „drei Nächte dauern solle. Falls die Eheleute dann zusammenbleiben wollen, können sie das tun. Wenn sie sich wieder trennen wollen, geht auch das."[134] Viele dieser Verbindungen dauern jedoch nicht einmal drei Nächte.

Die Rechtfertigung für diese Praxis beruht auf einer abweichenden Auslegung einer Sure des Koran (4:24), sowie der folgenden Stelle aus der Hadith: „Jabir bin Abdullah und Salam bin Al-Akwa berichteten: ‚Als wir in der Armee waren, kam Allahs Bote zu uns und sagte: ‚Dir ist die Mut'a(Heirat) gestattet worden. Also vollziehe sie.'""[135] Die Sunniten, die etwa 85% aller Muslime ausmachen, behaupten, dass Mohammed diese Bestimmung später wieder abschaffte – aber die Schiiten sind da anderer Meinung. Jedenfalls versammeln sich ständig Gruppen von provisorischen Ehefrauen in den heiligen Städten der Schiiten, um einsamen Seminaristen ihre Dienste anzubieten.

---

[132] Nicholas Hellen, „Muslim second wives may get a tax break", The Sunday Times, 26. Dezember 2004.

[133] „Ninth Pakistani school destroyed", BBC News, 20. Februar 2004.

[134] Bukhari, Band 7, Buch 67, Nr. 5119.

[135] Ebd., Band 7, Buch 67, Nr. 5117-5118.

Teil I – Der Islam

Vergewaltigung: Vier Zeugen erforderlich

Die gefährlichste Sache für die Frauen ist wahrscheinlich das muslimische Verständnis von Vergewaltigung im Zusammenhang mit den islamischen Einschränkungen, was die Vertrauenswürdigkeit von Frauen in Bezug auf Zeugenaussagen betrifft. Vor Gericht gilt die Aussage einer Frau nur halb so viel wie die eines Mannes. (Sure 2:282).

Die Rechtsgelehrten des Islam haben die Gültigkeit der Zeugenaussage einer Frau noch weiter eingeschränkt, indem sie sie – in Übereinstimmung mit einem muslimischen Rechtsbuch – „auf Fälle beschränken, die das Eigentum und die Transaktionen mit dem Eigentum, z.B. Verkäufe, betreffen."[136] In allen anderen Fällen dürfen nur Männer aussagen. Und im Falle sexueller Vergehen sind vier männliche Zeugen erforderlich. Diese Zeugen müssen in der Lage sein, mehr zu tun als nur zu bezeugen, dass eine Unzucht, Notzucht oder ein Ehebruch stattgefunden hat. Sie müssen die Tat mit eigenen Augen gesehen haben. Diese seltsame und eigentlich unmögliche Bestimmung hat seinen Ursprung in einem Ereignis in Mohammeds Leben: Seine Frau Aisha wurde der Untreue bezichtigt. Diese Anklage schmerzte Mohammed ganz besonders, denn Aisha war seine Lieblingsfrau. Aber auch in diesem Fall, wie in so vielen anderen, eilte Allah Mohammed zu Hilfe. Er offenbarte Aishas Unschuld und erließ das Gebot, dass bei Sexualvergehen vier Zeugen vorhanden sein müssen: „Hatten sie vier Zeugen dafür aufgebracht? Da sie nun keine Zeugen aufbringen konnten, so werden sie von Allah als Lügner betrachtet." (Sure 24.14)[137]

Mohammed gegen Jesus

„Jesus aber ging nach dem Ölberg. Frühmorgens aber kam er wieder in den Tempel, und alles Volk kam zu ihm; und er setzte sich und lehrte sie. Die Schriftgelehrten und die Pharisäer aber bringen eine Frau, die beim Ehebruch ergriffen worden war, und stellen sie in die Mitte und sagen zu ihm: Lehrer, diese Frau ist auf frischer Tat beim Ehebruch ergriffen worden. In dem Gesetz aber hat uns Mose geboten, solche zu steinigen. Du nun, was sagst du? Dies aber sagten sie, ihn zu versuchen, damit sie etwas hätten, um ihn anzuklagen. Jesus aber bückte sich nieder und schrieb mit dem Finger auf die Erde. Als sie aber fortfuhren, ihn zu fragen, richtete er sich auf und sprach zu ihnen: Wer von euch ohne Sünde ist, werfe als erster einen Stein auf sie. Und wieder bückte er sich nieder und schrieb auf die Erde. Als sie aber dies hörten, gingen sie einer nach dem anderen hinaus, angefangen von den Älteren; und er wurde allein gelassen mit der Frau, die in der Mitte stand. Jesus aber richtete sich auf und sprach zu ihr: Frau, wo sind sie? Hat niemand dich verurteilt? Sie

---

[136] „Umdat al-Salik", a24.8.
[137] Siehe auch Bukhari, Band 3, Buch 52, Nr. 2661.

aber sprach: Niemand, Herr. Jesus aber sprach zu ihr: Auch ich verurteile dich nicht. Geh hin und sündige von jetzt an nicht mehr!"

Johannes 8,1-11

Zu ihm (dem Heiligen Propheten) kam eine Frau von Ghamid und sagte: Allahs Bote, ich habe Ehebruch begangen, also reinige mich. Er (der Heilige Prophet) wies sie zurück. Am folgenden Tag sagte sie: Allahs Bote, warum weist du mich zurück? ... Bei Allah, ich bin schwanger geworden. Er sagte: Nun, wenn du darauf bestehst, dann geh weg und komm wieder, sobald dein Kind zur Welt gekommen ist. Als ihr Kind geboren worden war, wickelte sie es in ein Tuch und sagte zum Propheten: Hier ist das Kind, das ich geboren habe. Er sagte: Geh weg und säug es, bis es entwöhnt ist. Als das Kind entwöhnt war, kam sie zurück und sagte: Allahs Apostel. Hier ist das Kind. Es ist entwöhnt und isst feste Nahrung. Er (der Heilige Prophet) vertraute das Kind einem der Muslime an und verkündete dann die Strafe. Sie wurde in einen Graben geworfen, und er befahl den Anwesenden, sie zu steinigen. Khalid bin Walid kam mit einem Stein nach vorn und warf ihn gegen ihren Kopf. Blut spritzte auf das Gesicht von Khalid, und er beschimpfte sie. Allahs Apostel hörte seinen (Khalids) Fluch, den er ihr entgegen geschleudert hatte. Daraufhin sagte er (der Heilige Prophet): Khalid, sei gütig. Durch Ihn, in dessen Hände mein Leben gegeben ist, hat sie so sehr bereut, dass selbst einem Steuereintreiber vergeben würde, wenn er so bereut hätte. Dann gab er seine Anweisungen bezüglich der Frau und betete über sie. Danach wurde sie beerdigt.[138]

Dementsprechend ist es natürlich absolut unmöglich, in einem Land, das die Schariah praktiziert, Vergewaltigung nachzuweisen. Männer gehen bei Notzucht straffrei aus. Solange sie die Tat ableugnen, und es keine Zeugen gibt, kommen sie davon, denn die Zeugenaussage des Opfers ist ja nichts wert. Und es kommt noch schlimmer: Wenn eine Frau einen Mann der Vergewaltigung bezichtigt, könnte sie möglicherweise selbst angeklagt werden. Wenn die vier männlichen Zeugen nicht aufzutreiben sind, wird aus der Aussage der Frau ein Geständnis, dass sie Ehebruch begangen hat. Diese groteske Regelung hat dazu geführt, dass 75% der in Pakistan inhaftierten Frauen hinter Gitter sitzen, weil sie das Opfer einer Vergewaltigung geworden sind.[139] In Nigeria gab es kürzlich einige besonders schreckliche Fälle, bei denen Opfer von Vergewaltigungen von den islamischen Behörden der Unzucht angeklagt wurden. Die Todesurteile wurden erst nach internationalem Druck revidiert.[140]

---

[138] Muslim, Band 3, Buch 17, Nr. 4206.
[139] Siehe Sisters in Islam, „Rape, Zina and Incest", 6. April 2000, http://www.muslimtents.com/sistersinislam/resources/sdefini.htm.
[140] Siehe Stephen Faris, „In Nigeria, A Mother Faces Execution", www.africana.com, 7. Januar 2002.

Beschneidung der Frauen

In einigen islamischen Ländern ist die Beschneidung ein weiteres Martyrium für die Frauen. Es handelt sich hier nicht um eine rein islamische Sitte. Sie findet sich auch in einer Reihe kultureller und religiöser Gruppen in Afrika und Südamerika. Unter den Muslimen ist sie hauptsächlich in Ägypten und den umliegenden Ländern verbreitet. Obwohl es selbst im Koran kaum einen Hinweis auf diese schreckliche Praxis gibt, geben die Muslime, die sie praktizieren, ihr doch eine religiöse Bedeutung. In einem islamischen Rechtshandbuch steht, dass die Beschneidung „sowohl für Männer als auch für Frauen" erforderlich ist.[141]

Für Scheich Muhammad Sayyed Tantawi, dem großen Scheich von al-Azhar, ist die Beschneidung „eine lobenswerte Praxis, die die Frauen ehrt."[142] Als großer Imam von al-Azhar ist Tantawi, einem Bericht der BBC zufolge, „die höchste geistige Autorität für fast eine Milliarde sunnitischer Muslime."[143]

Vielleicht ist der Schmerz, den die Frau während der Beschneidung empfinden, in den Augen von Scheich Tantawi die Sache wert. Die meisten Behörden stimmen darin überein, dass die Beschneidung von Frauen dazu geeignet ist, die sexuelle Lust der Frauen einzuschränken, damit sie nicht so sehr dazu neigen, ihre Männer zu betrügen.

Langfristige Aussichten? Düster

Solange Männer den Koran lesen und an ihn glauben, solange werden Frauen verachtete Bürger zweiter Klasse sein, die der Demütigung und Erniedrigung der Polygamie ausgesetzt sind, sowie der ständigen Bedrohung durch eine völlig problemlose Scheidung, die aus einer momentanen Laune heraus erfolgen kann. Sie dürfen geschlagen werden. Es dürfen falsche Anzeigen gegen sie erstattet werden. Praktisch keines der grundlegenden Menschenrechte steht ihnen zu. Das ist keine Sache, die irgendeine Gruppe oder Partei betrifft, und es ist auch keine vorübergehende Verirrung. Es ist vielmehr darauf zurückzuführen, dass der Koran als absolutes, ewig gültiges und vollkommenes Wort Allahs angesehen wird. Solange Männer den Koran wörtlich nehmen, sind Frauen in ständiger Gefahr.

---

[141] „Umdat al-Salik", e4.3.

[142] Zitiert in Geneive Abdo, No God But God: Egypt and the Triumph of Islam (Cambridge: Oxford University Press, 2000), S. 59.

[143] Frank Gardner, „Grand Sheikh condemns suicide bombings", BBC News, 4. Dezember 2001, www.bbc.co.uk.

Kapitel 6
Islamisches Recht: lüge, stiehl und töte

Wussten Sie schon?

- *Die einzige Moral, die der Islam hat, lautet: „Wenn es gut für den Islam ist, dann ist es richtig."*
- *Unter bestimmten Umständen erlaubt der Islam das Lügen, Stehlen und Töten.*
- *In diesem Sinne werden heute überall auf der Welt große Täuschungsmanöver durchgeführt.*

Der Islam schreibt nicht nur den Krieg gegen Nichtgläubige und ihre Unterwerfung unter die Gesetze des Islam vor. Wie wir zum Teil bereits gesehen haben, wird auch das Lügen, Stehlen und Töten zugelassen, um der Sache des Islam zu dienen. Tatsächlich verfügt der Islam nicht über ein moralisches Gesetz wie die Zehn Gebote. Die Behauptung, dass er mit dem Judentum und dem Christentum gemeinsame moralische Werte teilt, ist ein weiterer politisch korrekter Mythos. Im Islam ist so ziemlich alles erlaubt, wenn es der Verbreitung des Islam dient.

Lügen: Es ist eine Sünde – außer wenn es keine ist.

Mohammed nahm kein Blatt vor den Mund, wenn es um die Wahrheit ging: „Es ist eure Pflicht, die Wahrheit zu sagen, denn die Wahrheit führt zur Tugend, und die Tugend führt zum Paradies, und der Mann, der stets die Wahrheit sagt und sich bemüht, stets die Wahrheit zu sagen, wird von Allah schließlich als wahrhaftig angesehen. Hütet euch davor, eine Lüge zu erzählen, denn die Lüge führt zur Verworfenheit, und die Verworfenheit führt zum Feuer der Hölle, und die Person, die ständig Lügen erzählt, und sich bemüht, Lügen zu erzählen, wird von Allah als Lügner angesehen."[144]

Wie jedoch bei so vielen anderen islamischen Prinzipien ist auch dies weitgehend eine Sache, die nur die Gläubigen betrifft. Wenn es um die Ungläubigen ging, insbesondere die, die sich im Krieg gegen die Muslime befanden, legte Mohammed ein ganz anderes Prinzip fest: „Krieg ist Täuschung."

Insbesondere legte er fest, dass das Lügen im Krieg durchaus zulässig sei.[145] So entstanden zwei allzeit gültige islamische Prinzipien: die Zulässigkeit des

---

[144] Muslim, Buch 32, Nr. 6309.
[145] Bukhari, Band 4, Buch 56, Nr. 3030; Muslim, Band 4, Buch 32, Nr. 6303.

Teil I – Der Islam

politischen Mordes zur Ehre des Propheten und seiner Religion und die Täuschung in Zeiten des Krieges. Diese Doktrin der religiösen Täuschung (taqiyya und kitman) wird meist mit dem schiitischen Islam in Verbindung gebracht. Sie wird von den Sunniten (über 85% der Muslime weltweit) angeblich abgelehnt, weil sie vom Propheten nicht sanktioniert worden ist. Jedoch kann man sie immer noch in Überlieferungen finden, die von den sunnitischen Muslimen als zuverlässig angesehen werden.

Auch der (an naiven Nichtgläubigen) begangene religiöse Betrug wird vom Koran selbst vorgeschrieben: „O Gläubige, nehmt euch keine Ungläubigen zu Freunden, wenn Gläubige vorhanden sind. Wer aber so tut, der hat von Allah in nichts Beistand zu erhoffen, oder er müsste Gefahr von ihnen befürchten." (Sure 3:29) In anderen Worten: „Schließt keine Freundschaft mit Nichtgläubigen, außer wenn von ihnen ‚Gefahr zu befürchten ist'. Gebt vor, ihre Freunde zu sein, damit ihr euch besser gegen sie stärken könnt." Der angesehene Korangelehrte Ibn Kathir erklärte, dass in diesem Vers „Allah Seinen gläubigen Dienern verbat, die Ungläubigen zu unterstützen oder Freundschaft zu ihnen statt zu den Rechtgläubigen zu entwickeln." Ausgenommen von dieser Vorschrift sind „jene Gläubigen, die in einigen Gebieten oder zu gewissen Zeiten aufgrund der Feindschaft der Nichtgläubigen um ihre Sicherheit fürchten. In diesem Fall ist es ihnen gestattet, gegenüber den Ungläubigen nach außen hin Freundschaft zu zeigen. Diese darf jedoch niemals als solche empfunden werden."[146]

Als die schiitischen Muslime von den Sunniten verfolgt wurden, entwickelten sie die Lehre der „Takya", der Verheimlichung oder Täuschung: Sie durften lügen in Bezug auf das, was sie glaubten, und sie durften Aspekte ihres Glauben verheimlichen, die für die Sunniten beleidigend oder anstößig waren. Diese Praxis wird vom Koran erlaubt. Er warnt die Muslime, dass jene, die den Islam aufgeben, zur Hölle fahren werden – außer jene, die dazu gezwungen wurden, jedoch innerlich Muslime blieben: „Wer Allah verleugnet, obwohl er früher an ihn geglaubt hat, es sei denn gezwungen, indes das Herz noch fest im Glauben ist, wer also freiwillig sich zum Unglauben bekennt, den trifft der Zorn Allahs, und seiner wartet peinvolle Strafe." (Sure 16:107). In engem Zusammenhang damit steht die Doktrin des Kitman, des geistigen Vorbehalts. Das bedeutet, dass man die Wahrheit sagt, aber nicht die ganze Wahrheit, und dies mit der Absicht, irrezuführen. Obwohl diese Lehre gemeinhin mit den Schiiten im Zusammenhang gebracht wird, wurde sie während der gesamten islamischen Geschichte auch von den Sunniten praktiziert, denn sie ist ein Bestandteil des Koran.[147] Ibn Kathir, der kein Schiit war, erklärte, dass „die Gelehrten darin übereinstimmen, dass, wenn eine Person zum Unglauben ge-

---

[146] Ibn Kathir, Band 2, S. 141-142.
[147] Bernard Lewis, The Assassins in New York: Basic Books, 1967), S. 25. Für Taqiyya unter den Mitgliedern von al Qaida siehe Charles M. Semnott, „Exposing Al Qaeda's European Network", Boston Globe, 4. August 2002.

zwungen wird, sie die Wahl hat, darauf einzugehen, um ihr Leben zu retten, oder sich eben zu weigern."[148]

Die Dschihadisten von heute haben häufig von der Nützlichkeit dieser betrügerischen Praktiken gesprochen. Denken Sie daran, wenn Sie das nächste Mal einen Sprecher der Muslime im Fernsehen sehen, der die Freundschaft der Muslime mit den nichtmuslimischen Amerikanern oder Europäern beschwört. Natürlich könnte er die Wahrheit sagen – aber eben nicht die ganze Wahrheit. Vielleicht lügt er aber auch nur. Eines ist jedoch sicher: Derjenige, der ihn interviewt, wird ihn kaum über diese Stelle im Koran befragen.

Aber was bedeutet Gewalt in diesem Fall? Ibn Kathir scheint nur an physische Gewalt zu denken, aber die Gewalt kann viele Formen annehmen. Könnte es sein, dass sich die Vertreter des Islam in unserem Land gezwungen sehen, bestimmte Aspekte ihrer Religion zu verschweigen, an denen die „Ungläubigen" Anstoß nehmen könnten?

Diebstahl: Hängt immer davon ab, von wem man klaut

Das islamische Gesetz ist berüchtigt für seine unglaublich harten Strafen. Dieben wird zum Beispiel die Hand abgehackt: „Einem Dieb und einer Diebin haut die Hände ab, zur Strafe dessen, was sie begangen haben. Diese warnende Strafe ist von Allah; denn Allah ist allmächtig und allweise." (Sure 5:39).

Aber auch hier ist die Sache wieder ein wenig anders, wenn es um Ungläubige geht, die ja schließlich einen Krieg gegen den Islam führen. Wir wissen, dass im Koran Vorschriften in Bezug auf das Teilen von Beute vorhanden sind. Er schreibt vor, dass ein Fünftel Allah und gemeinnützigen Zwecken zugeführt wird (Sure 8:42). Und nachdem Mohammed mit den Quraisch den Vertrag von Hudaybiyya unterschrieben hatte (siehe Kapitel eins), beruhigte er seine verwirrten und enttäuschten Anhänger, indem er ihnen noch mehr Beute versprach: „Allah hat euch versprochen, dass ihr noch reiche Beute machen werdet, und diese hat er euch nur so in Eile gegeben und hat die Hände der Menschen von euch zurückgehalten, dass dies ein Zeichen für die Gläubigen sei, dass er euch auf den richtigen Weg leitet.'" (Sure 48:21). Die Fälle, in denen die Muslime bei Überfällen Beute machten, sind zahlreich.

Mord: Hängt immer davon ab, wen man umbringt.

Die Verteidiger der Muslime zitieren gern die 5. Sure, Vers 33: „... wer einen umbringt, nicht um zu vergelten oder weil dieser Verderben auf der Erde anrichtete, es so sei, als habe er alle Menschen umgebracht. Wer andererseits einen einzigen Menschen Leben rettet, nur einen am Leben erhält, sei angesehen, als habe er das Leben aller Menschen erhalten." Dieser sehr häufig zitierte Vers stellt jedoch kein grundsätzliches Tötungsverbot dar. Zuerst einmal ist er an die

---

[148] Ibn Kathir, Band 5, S. 530.

„Kinder Israels" gerichtet und bezieht sich auf die Vergangenheit. Er ist nicht an die Muslime gerichtet. Eigentlich ist er Teil einer Warnung an die Juden, keinen Krieg gegen die Muslime zu führen, weil ihnen andernfalls eine schreckliche Strafe drohen würde. Der Punkt ist, dass Allah die Kinder Israels davor warnte, „Verderben im Land" zu verbreiten, und dennoch fuhren sie damit fort:

> ❏ Daher haben wir den Kindern Israels vorgeschrieben: dass, wer einen umbringt, nicht um zu vergelten oder weil dieser Verderben auf der Erde anrichtete, es so sei, als habe er alle Menschen umgebracht. Wer andererseits einen einzigen Menschen Leben rettet, nur einen am Leben erhält, sei angesehen, als habe er das Leben aller Menschen erhalten. Unsere Gesandten sind schon früher zu ihnen (den Juden) mit deutlichen Beweisen gekommen; nachher waren doch noch viele von ihnen lasterhaft auf der Erde. Doch der Lohn derer, welche sich gegen Allah und seinen Gesandten empören und sich bestreben, nur Verderben auf der Erde anzurichten, wird sein: dass sie getötet oder gekreuzigt oder ihnen die Hände und Füße an entgegengesetzten Seiten abgehauen oder dass sie aus dem Lande verjagt werden. Das ist ihre Strafe in dieser Welt, und auch in jener Welt erwartet sie große Strafe. (Sure 5:33-34).

John Quincy Adams über den Islam:
„Im 7. Jahrhundert der christlichen Zeitrechnung erklärte ein nomadischer Araber aus der Erblinie von Hagar (d.h. Mohammed) der Ägypterin, der die Kräfte des transzendenten Genius mit der übernatürlichen Energie eines Fanatikers und dem betrügerischen Geist eines Hochstaplers verband, sich selbst zu einem Boten Gottes. Er verbreitete Verzweiflung und Täuschung über einen großen Teil der Erde. Aus dem erhabenen Konzept des mosaischen Glaubens übernahm er die Lehre vom allmächtigen Gott und verband diese unauflöslich mit der unverschämten Lüge, dass er selbst Prophet und Apostel wäre. Aus der neuen Offenbarung von Jesus übernahm er den Glauben und die Hoffnung auf ein immerwährendes Leben und eine künftige Belohnung im Himmel, und warf diese in den Staub, indem er die Belohnungen und Strafen mit einer Befriedigung sexueller Begierden in Zusammenhang brachte. Er vergiftete die Quellen des menschlichen Glücks, indem er die Lebensumstände der Frauen verschlechterte. Er erlaubte die Polygamie und erklärte die hemmungslose Ausrottung der übrigen Menschheit zum Teil seiner Religion. DER KERN SEINER LEHRE WAR GEWALTTÄTIGKEIT UND LUST: DIE HERRSCHAFT DES BRUTALEN ÜBER DEN SPIRITUELLEN TEIL DER MENSCHLICHEN NATUR ... Zwischen diesen beiden Religionen, die sich in ihrem Charakter so drastisch voneinander unterscheiden, herrscht bereits seit zwölfhundert Jahren Krieg. Und solange die unbarmherzigen und zügellosen Lehren des falschen Propheten die Motive der menschlichen Handlungen bestimmen, kann es niemals Frieden auf Erden und guten Willen für alle Menschen geben." (Hervorhebung im Original).

Angesichts der eindeutigen Anweisungen des Koran, „die Ungläubigen zu erschlagen" (9:5; 2:191), sollte klar sein, dass es in diesem Fall, wie in so vielen anderen, einen Maßstab für die Muslime gibt und einen anderen für Nichtgläubige. Tatsächlich sagt der Koran: „Ein Rechtgläubiger darf keinen Rechtgläubigen töten, es geschehe denn unvorsätzlich." (4:93), aber es gibt keine einzige derartige Vorschrift in Bezug auf die Nichtgläubigen.

Dies führte zu einer vorhersehbaren Doppelmoral im islamischen Recht. „Töten ohne Berechtigung" ist nach der Shafi'i-Schule der sunnitischen Rechtsprechung „nach dem Unglauben eines der schlimmsten Vergehen." Sie schreibt vor, dass „eine Vergeltung absolut notwendig ist ... gegen jeden, der einen Menschen vorsätzlich und ohne Berechtigung tötet." Jedoch ist keine Vergeltung erlaubt, wenn „ein Muslim einen Nichtmuslim tötet."[149]

Der iranische Sufiführer Scheich Sultan Hussein Tabandeh, der auf die Rechtsprechung der islamischen Republik Khomeinis einen bedeutenden Einfluss hatte, schrieb einen *Muslimischen Kommentar zur Universellen Menschenrechtserklärung*. Während er sich für die Todesstrafe einsetzte, wenn ein Muslim umgebracht wird, war er strikt dagegen, wenn es sich bei dem Mörder um einen Muslim, beim Opfer jedoch um einen Nichtmuslim handelt: „Da der Islam die Nichtmuslime in ihrem Glauben und ihren Überzeugungen als untergeordnet betrachtet, darf die Strafe für den Mord eines Muslims an einem Nichtmuslim nicht der sühnende Tod sein. Denn der Glaube und die Überzeugung, die der Muslim besitzt, sind erhabener als die des Menschen, den er erschlagen hat. Eine Geldstrafe wäre für ihn angemessen."[150]

Universelle moralische Werte? Wo?

In seinem bedeutenden Werk „*Die Abschaffung des Menschen*" sammelte der christliche Apologet C.S. Lewis (1898-1963) Beweise für das, was er als Tao oder Naturgesetz bezeichnet: Prinzipien, die von Völkern in den verschiedensten Kulturen und Zivilisationen gemeinsam vertreten werden. Zu diesen Prinzipien gehören „die Pflichten gegenüber den Eltern, den Älteren und den Ahnen", die „Pflichten gegenüber den Kindern und den Nachkommen", das „Gesetz des Guten Glaubens und der Wahrhaftigkeit", das „Gesetz der Großmut" und viele andere. Er illustriert die universelle Gültigkeit dieser Prinzipien durch Zitate aus verschiedenen Quellen, wie dem Alten Testament, dem Neuen Testament, der Aeneis von Virgil, der Bhagavad Gita, der Analektika des Konfuzius, der Schriften der australischen Aborigines und vieler anderer Völker. Zitate aus dem Koran oder anderen muslimischen Quellen sucht man vergeblich.

---

[149] „Umdat al-Salik", o1.0, o1.1, o1.2.
[150] Sultanhussein Tabandeh, A Muslim Commentary on the Universal Declaration of Human Rights, übersetzt von F. J. Goulding (London: F. T. Goulding and Co., 1970), S. 18.

Dies mag vielleicht auf seine mangelnde Kenntnis des Korans zurückzuführen sein. Aber das ist höchst unwahrscheinlich angesichts der Rolle, die England früher im Mittleren Osten und in Asien spielte. Eigentlich könnte man doch annehmen, dass er einige Beispiele für diese hehren Prinzipien auch im Koran gefunden hätte? Das Problem ist jedoch, dass der Islam schlicht und einfach keines der Prinzipien hochhält, die Lewis als „The Law of General Beneficence" (Gesetz der Allgemeinen Wohltätigkeit) bezeichnet: Man darf nur den Mitgläubigen gegenüber wohltätig sein. Es ist nun mal eine traurige Tatsache, dass der Islam über nichts verfügt, das der goldenen Regel entspricht.[151] Die Lehre von Jesus „Alles nun, was ihr wollt, daß euch die Menschen tun sollen, das tut ihr ihnen auch!" (Matthäus 7,12) hat ihre Entsprechung in fast allen Religionen der Erde – außer im Islam. Der Koran und die Hadith machen eine so drastische Unterscheidung zwischen Gläubigen und Ungläubigen, dass es dort keinen Platz für eine „allgemeine Wohltätigkeit" gibt. Ungläubige müssen verhört, verdächtigt und bekämpft werden. Das ist alles. Keine Toleranz. Keine Liebe.

Das unterscheidet den Islam von allen anderen Religionen. Die schamlose Rechtfertigung des Tötens von Ungläubigen, wie sie uns Scheich Tabandeh präsentiert, ist außer im Islam in keiner anderen religiösen Lehre zu finden.

Mohammed gegen Jesus

„Ihr habt gehört, daß zu den Alten gesagt ist: Du sollst nicht töten; wer aber töten wird, der wird dem Gericht verfallen sein. Ich aber sage euch, daß jeder, der seinem Bruder zürnt, dem Gericht verfallen sein wird; wer aber zu seinem Bruder sagt: Raka! dem Hohen Rat verfallen sein wird; wer aber sagt: Du Narr! der Hölle des Feuers verfallen sein wird."

Jesus (Matthäus 5,21-22)

„Wenn ihr im Krieg mit den Ungläubigen zusammentrefft, dann schlagt ihnen die Köpfe ab, bis ihr eine große Niederlage unter ihnen angerichtet habt. Die übrigen legt in Ketten und gebt sie, wenn des Krieges Lasten zu Ende gegangen sind, entweder aus Gnade umsonst oder gegen Lösegeld frei. ... Die für Allahs Religion kämpfen (und sterben), deren Werke werden nicht verloren sein."

Sure 47:5

---

[151] Ali Sina, „The Golden Rule and Islam", Faith Freedom International, 28. April 2005.

Politisch korrekter Mythos: Der Islam verbietet das Töten von Unschuldigen

Nach den Attentaten vom 11. September 2001 versicherten uns viele muslimische Vertreter und westliche Islamexperten, dass der Islam das Töten Unschuldiger strikt untersagt, und dass die Ermordung von dreitausend Menschen im World Trade Center durch Osama bin Laden für die überwältigende Mehrheit der Muslime in der Welt ein Verbrechen an der Menschheit wäre.

Aber das islamische Gesetz ist nicht sehr eindeutig, wenn es darum geht, das Töten von Zivilisten zu verurteilen. Es verurteilt das Töten von Frauen und Kindern, „wenn diese nicht gegen die Muslime kämpfen".[152] Dies wurde weitgehend so aufgefasst, dass man diese sehr wohl töten durfte, wenn man den Eindruck hatte, dass sie die Kriegsanstrengungen unterstützten. Das ist eine der Rechtfertigungen für die Behauptung, dass es in Israel überhaupt keine Zivilisten gibt. Einige Muslime haben argumentiert, dass allein durch die Tatsache, dass Israel auf muslimischem Territorium liegt, sich das Land automatisch mit dem Islam im Krieg befindet. Andere, wie der international bekannte Scheich Yusuf al-Qaradawi, sind da etwas vorsichtiger: „Die israelischen Frauen sind nicht wie die Frauen in unserer Gesellschaft, denn sie sind durch und durch militarisiert. Außerdem betrachte ich diese Art von Märtyrertum als einen Hinweis auf die Gerechtigkeit Allahs. Allah ist gerecht. Durch seine unendliche Weisheit hat er den Schwachen das gegeben, was die Starken nicht besitzen, und das ist die Fähigkeit, ihre Körper in Bomben zu verwandeln, so wie die Palästinenser."[153]

---

[152] „Umdat al-Salik", o9.10, siehe al-Mawardi, al-Akham as-Sultaniyyah, 4.2.
[153] „Al-Qaradawi, vollständige Abschrift", BBC News, 8. Juli 2004.

Kapitel 7
Wie Allah die Wissenschaft umbrachte

Wussten Sie schon?

◆ *Das viel gepriesene „Goldene Zeitalter des Islam" wurde zum großen Teil von Nichtmuslimen erschaffen.*

◆ *Grundelemente des Islam widersprechen wissenschaftlichem und kulturellem Fortschritt.*

◆ *Nicht der Islam, sondern nur das Judentum und das Christentum haben eine geeignete Basis für wissenschaftliche Forschung.*

Wir hören häufig von der so genannten Blütezeit der islamischen Kultur. Die Muslime hätten die Algebra erfunden, die Null und das Astrolabium (eine altes Navigationsinstrument). Sie hätten Neuerungen in der Landwirtschaft eingeführt. Sie hätten die Philosophie des Aristoteles wiederbelebt, während Europa durch ein dunkles Zeitalter tappte. Auf praktisch jedem Gebiet hätten die islamischen Wissenschaftler und Gelehrten der Vergangenheit die Leistungen ihrer nichtmuslimischen Zeitgenossen in Europa und anderswo weit übertroffen.

Stimmt das denn alles?

Nicht so ganz. Oder nur dann, wenn man die Nachahmung ebenfalls als Leistung gelten lässt.

Was ist mit Kunst und Musik?

Wir hören eine Menge über die islamische Literatur – oder zumindest über den Sufidichter Jalaluddin Rumi (1207-1273) und *Die Märchen aus Tausendundeiner Nacht*. Und es gibt den persischen Dichter Abu Nuwas (762-814), mit dessen heterodoxen Ansichten über die Homosexualität wir uns in Kapitel 8 beschäftigen werden; al-Mutanabbi (915-965), dessen Nachname „jemand, der Prophet zu sein vorgibt" bedeutet; den heterodoxen türkischen Sufi Nesimi (gestorben 1417), sowie den persischen Epiker Hakim Abu al-Qasim Mansur Firdowsi (935-1020), der die Geschichte Persiens in Verse fasste. Als Quelle benutzte er die bereits seit langer Zeit verschollenen Chroniken von Christen und Anhängern des Zoroaster.

Bei vielen dieser Leute handelt es sich um islamische Häretiker. Wenige von ihnen haben ihre Inspirationen direkt aus dem Islam erhalten. Möglicherweise bildet Farid du-Din Attars Allegorie aus dem 12. Jahrhundert *Die Konferenz der Vögel* eine der seltenen Ausnahmen. Sie haben viele großartige Werke hinterlassen, aber die meisten von ihnen waren nicht bemerkenswert aufgrund ihres islamischen Charakters, sondern vielmehr wegen ihres Mangels daran. Die inspirierende Kraft ihrer Werke dem Islam zuzuschreiben, wäre gleichbedeutend mit der Behauptung, dass man die Qualität der Bücher Mandelstams, Sacharows oder sogar Solschenizyns dem sowjetischen System zu verdanken hätte.

Aber was ist mit den islamischen Errungenschaften auf anderen Gebieten? Wo sind die islamischen Beethovens oder Michelangelos? Wo kann man sich das islamische Äquivalent von Mozarts 20. Klavierkonzert anhören oder eine islamische Mona Lisa oder Pietá betrachten?

Verschwenden Sie nicht zu viel Zeit mit der Suche danach. Es gibt Kunst und Musik in islamischen Ländern, und einige Muslime haben in der Tat bemerkenswerte musikalische und künstlerische Leistungen erbracht, aber dies geschah immer trotz des Islams, nicht wegen ihm. Es hat sich dort nichts entwickelt, was man mit der westlichen musikalischen oder künstlerischen Tradition vergleichen könnte, denn das islamische Recht verbietet sowohl musikalische als auch künstlerische Darstellungen der menschlichen Gestalt. In der Musik gibt es absolut nichts Vergleichbares zu Bachs Messe in C Moll oder zur Gospelmusik, denn die musikalische Kreativität hat im Islam keinen Platz in der Religion.

Das islamische Gesetz, das musikalische Instrumente verbietet, beruft sich dabei auf Mohammed selbst. Zum Beispiel steht in einigen Ahadithen:

> ❑ Allah der Allmächtige schickte mich als Führung und Gnade zu den Gläubigen und befahl mir, die musikalischen Instrumente, die Flöten, Streichinstrumente, Kruzifixe und alles was aus der vorislamischen Zeit der Unwissenheit stammt, zu entfernen. Am Tag der Wiederauferstehung wird Allah geschmolzenes Blei in die Ohren eines jeden gießen, der einer Sängerin lauscht. Gesang lässt Heuchelei im Herzen wachsen, wie Wasser Gemüse wachsen lässt. „Diese Gemeinschaft wird erleben, wie einige Menschen von der Erde verschlungen und andere in Tiere verwandelt werden, und dass es Steine auf sie regnet." Jemand fragte: „Wann wird das sein, O Gesandter Allahs?", und er sagte: „Wenn die Sängerinnen und die musikalischen Instrumente erscheinen und Wein vom Gesetz erlaubt wird." Es werden Menschen in meiner Gemeinschaft sein, die die Unzucht, die Seide, den Wein und musikalische Instrumente für gesetzmäßig halten.[154]

Wir haben es hier nicht mit uralten Vorschriften zu tun, die heute allgemein ignoriert werden, wie einige alte koloniale Verbote in den USA gegen das Spucken auf den Bürgersteig. Der iranische Ayatollah Khomeini sprach sich

---

[154] „Umdat al-Salik", r40.1.

Teil I – Der Islam

vehement gegen die Übel der Musik aus – und nicht nur gegen Rock & Roll oder Rap-Musik, sondern gegen Musik allgemein:

- ❏ Musik verdirbt den Geist der Jugend. Es gibt keinen Unterschied zwischen Musik und Opium. Beide erzeugen auf unterschiedliche Art und Weise Lethargie. Wenn ihr wollt, dass euer Land unabhängig wird, dann verbietet die Musik. Musik ist Verrat an unserer Nation und an unserer Jugend.[155]

- ❏ Und Kunst? Das islamische Verbot der darstellenden Kunst ist noch strenger. Mohammed sagte: „Engel betreten kein Haus, in dem sich ein Hund befindet oder Darstellungen lebender Kreaturen (eines Menschen oder eines Tieres usw.)."[156] Keine sehr ermutigende Aussicht für einen vielversprechenden Nachwuchskünstler.

- ❏ Natürlich geben sich die Museen im Westen alle Mühe, um alles an Emaille oder Kalligraphie auszustellen, was sie haben, um der islamischen Kunst ihren Respekt zu zollen (und natürlich kann man die architektonischen und künstlerischen Meisterwerke, die sich in den Moscheen befinden, nicht einfach von ihrem Platz räumen), aber verglichen mit der künstlerischen Tradition im Westen kann nur der fanatischste Multikulti-Anhänger abstreiten, dass die Ausbeute da doch ziemlich mäßig ausfällt.

Politisch korrekter Mythos: Islam war einst die Quelle einer großen kulturellen und wissenschaftlichen Blüte

Der Islam hat niemals eine bedeutende kulturelle oder wissenschaftliche Entwicklung bewirkt. Man kann nicht bestreiten, dass es eine große kulturelle und wissenschaftliche Blütezeit in der islamischen Welt des Mittleren Ostens gegeben hat, aber es gibt keinen Hinweis darauf, dass dies direkt auf den Islam zurückzuführen ist. Tatsächlich gibt es viele Hinweise darauf, dass sie nicht durch die Anhänger des Islam bewirkt wurde, sondern durch Nichtmuslime, die ihren muslimischen Herren in verschiedenen Gebieten dienten.

Die architektonische Form der Moscheen zum Beispiel, auf die die Muslime so ungeheuer stolz sind, ist eine Kopie der Form und Struktur der byzantinischen Kirchen. (Und die Konstruktion von Kuppeln und Bögen wurde bereits eintausend Jahre vor dem Erscheinen des Islam entwickelt.) Der Felsendom aus dem siebten Jahrhundert, der heute als die erste große Moschee gilt, wurde nicht nur nach dem Vorbild der byzantinischen Kirchen gebaut, sondern von byzantinischen Bauarbeitern errichtet. Die architektonischen Neuerungen, die der Islam hervorbrachte, entstanden interessanterweise ausschließlich aus militäri-

---

[155] Zitiert in Amir Taberi, The Spirit of Allah: Khomeini and the Islamic Revolution (New York: Adler and Adler, 1986), S. 259.

[156] Bukhari, Band 4, Buch 59, Nr. 3225.

scher Notwendigkeit. Oleg Grabar, Historiker und Spezialist für islamische Kunst und Architektur, erklärt: „Gleichgültig welche sozialen oder persönlichen Funktionen es auch haben mag – es existiert kaum ein größeres Monument islamischer Architektur, das nicht in irgendeiner Form Macht zum Ausdruck bringt .... Pomp und Großspurigkeit ist in dieser Architektur fast immer vorhanden, und diese ist immer ein Ausdruck von Macht ... Zum Beispiel wurden im elften Jahrhundert in Kairo und im vierzehnten Jahrhundert in Granada die Tore mit einer ungewöhnlichen Zahl unterschiedlicher Gewölbetechniken gebaut. Stützbögen koexistieren neben Zwickeln, Tonnengewölbe neben Kreuzgewölben, einfache Halbbögen neben Spitz- oder Hufeisenbögen ... Es ist möglich, dass bestimmte Innovationen in der islamischen Gewölbetechnik, besonders die Verbesserung von Stütz- und Kreuzbögen, direkt auf die Bedeutung der militärischen Architektur zurückzuführen sind, wobei die Robustheit und das Vermeiden von Bränden – das bei Dächern und Decken aus Holz ziemlich schwierig war – die wichtigsten Aspekte waren."[157]

Es gibt noch viele weitere Beispiele. Das Astrolabium wurde entwickelt, wenn nicht gar perfektioniert, lange bevor Mohammed geboren wurde. Avicenna (980-1037) Averroes (1128-1198) und andere muslimische Philosophen bauten auf den Arbeiten des heidnischen Griechen Aristoteles auf. Und es waren Christen, die das Werk von Aristoteles über das dunkle Zeitalter hinüber retteten, zum Beispiel im fünften Jahrhundert der Priester Probus von Antiochien, der die arabisch sprechende Welt mit Aristoteles bekannt machte.[158] Der Christ Huneyn ibn Ishaq (809-873) übersetzte viele Werke von Aristoteles, Galen, Plato und Hippokrates in die syrische Sprache, die sein Sohn dann ins Arabische übersetzte.[159] Der jakobitische (syrische) Christ Yahya ibn Adi (893-974) übersetzte ebenfalls philosophische Werke ins Arabische und schrieb auch ein eigenes. Seine Abhandlung „*Die Reformation der Moral*" wurde manchmal irrtümlich einigen seiner muslimischen Zeitgenossen zugeschrieben. Sein Schüler, ein Christ namens Abu Ali Isa ibn Zur'a (943-1008), führte ebenfalls Übersetzungen von Schriften des Aristoteles und anderer griechischer Gelehrter durch. Die erste medizinische Abhandlung in arabischer Sprache wurde von einem christlichen Priester geschrieben und 683 von einem jüdischen Arzt ins Arabische übersetzt. Das erste Krankenhaus in Bagdad wurde während der Blütezeit der abbasidischen Kalifen von einem nestorianischen Christen namens Jabrail ibn Bakhtishu gebaut.[160] Die assyrischen Christen gründeten eine medizinische Fakultät im persischen Gundeshapur. Die erste Universität der

---

[157] Oleg Grabar, „Palaces, Citadels and Fortifications", Architecture of the Islamic World: Its History and Social Meaning, herausgegeben von George Michell (New York: Thames & Hudson, 1995).

[158] Caesar E. Farah, Islam, Sixth Edition (New York: Barrons, 2000), S. 198.

[159] Elias B. Skaff, The Place of the Patriarchs of Antioch in Church History (Manchester, NH: Sophia Press, 1993), S. 169.

[160] Bat Ye'or, Der Niedergang des orientalischen Christentums, S. 233.

Teil I – Der Islam

Welt ist möglicherweise nicht die muslimische Universität Al-Azhar in Kairo, wie oft behauptet wird, sondern die assyrische Schule von Nisibis.

Das alles ist natürlich keine Schande. Keine Kultur existiert in einem Vakuum. Jede Kultur baut auf den Errungenschaften anderer Kulturen auf und übernimmt von ihnen Dinge, die für sie nützlich sind. Aber die historischen Beweise stützen einfach nicht die Ansicht, dass der Islam eine Kultur aufbaute, die anderen überlegen war. Es gab eine Zeit, in der die islamische Kultur höher entwickelt war als die europäische, aber diese Überlegenheit fiel genau in den Zeitraum, da die Muslime von den Errungenschaften der Byzantiner und anderer Zivilisationen profitieren konnten. Schließlich waren die Muslime, die im siebten Jahrhundert in Persien eindrangen, im Vergleich zu den Persern so unzivilisiert, dass sie Gold (das sie nie zuvor gesehen hatten) gegen Silber eintauschten (das sie bereits kannten) und Kampfer, eine Substanz, die ihnen vollkommen neu war, zum Kochen benutzten.[161] Sollen wir nun glauben, dass diese rauen Menschen mit neuen künstlerischen und architektonischen Plänen auftauchten, mit denen sie die von ihnen unterworfenen Völker beglücken wollten?

Nachdem sie den Byzantinern und Persern alles gestohlen und eine große Zahl von Juden und Christen zwangsbekehrt und unterdrückt hatten, fiel der Islam in eine geistige Stagnation, aus der er bis heute nicht wieder herausgekommen ist. Noch drängender wäre die Frage, warum der Islam, nachdem er doch angeblich eine so hohe Kulturstufe erreicht hatte, danach einen so jähen Sturz erleben musste?

Was passierte mit dem goldenen Zeitalter?

Es ist wahr: Einst war der Islam auf verschiedenen Gebieten, insbesondere der Mathematik und der Naturwissenschaften, weltweit führend. Aber nach diesem „goldenen Zeitalter" gab es einen so steilen Absturz, dass dieses Zeitalter in der islamischen Welt kaum eine Spur hinterlassen hat.

Winston Churchill über den Islam:

„Wie schrecklich sind doch die Flüche, mit denen Mohammed seine Anhänger belegt! Abgesehen von der fanatischen Wut, die für einen Menschen ebenso gefährlich sein kann wie Hydrophobie für einen Hund, gibt es da noch diese schreckliche fatalistische Apathie. Diese sorglose Lebensweise, das schlampige System der Landwirtschaft und des Handels, und die Unsicherheit in Bezug auf das Eigentum – das alles ist weitverbreitet, wo die Anhänger des Propheten herrschen oder leben. Eine entartete Sinnlichkeit raubt diesem Leben die Schönheit und Feinheit und dem nächsten seine Würde und Heiligkeit. Da entsprechend dem Gesetz Mohammeds jede Frau einem Mann als absolutes

---

[161] Philip Hitti, The Arabs: A Short History (Washington, DC: Regnery, 1996), S. 67.

> Eigentum gehören muss – entweder als Kind, Ehefrau oder Konkubine – wird die Sklaverei erst dann verschwinden, wenn der Islam als wichtiger Faktor im Leben der Menschheit aufgehört hat zu existieren.
>
> Einzelne Muslime mögen wunderbare Eigenschaften aufweisen. Tausende wurden zu tapferen und loyalen Soldaten der Königin. Aber der Einfluss der Religion lähmt die soziale Entwicklung jener, die ihr folgen. Es gibt keine stärker rückwärts gewandte Religion in der Welt. Der Mohammedanismus ist weit davon entfernt, zu sterben. Er ist ein militanter Glaube, der ständig neue Anhänger gewinnt. Er hat sich bereits in ganz Zentralafrika ausgebreitet. Er produziert ständig neue furchtlose Krieger, und wäre es nicht so, dass die Christenheit in den sicheren Armen der Wissenschaft geborgen ist – eine Wissenschaft, gegen die sie vergeblich angekämpft hat – dann könnte die Zivilisation des modernen Europa ebenso fallen wie die des alten Roms."

Nehmen wir zum Beispiel die medizinische Wissenschaft. Die Muslime hatten die ersten Apotheken. Und sie waren die ersten, die für Ärzte und Apotheker Prüfungen einführten und eine gewisse Kompetenz für deren Zulassung forderten.[162] Zur Zeit des fünften abbasidischen Kalifen Harun al-Rashid (763-809) wurde in Bagdad das erste Krankenhaus gebaut. Und es sollten noch viele folgen. Dennoch war es kein Muslim, sondern ein belgischer Arzt und Forscher namens Andreas Vesalius (1514-1564), der den Weg für die moderne Medizin ebnete, indem er im Jahre 1543 die erste genaue Beschreibung der inneren Organe des Menschen veröffentlichte: *De Humani Corporis Fabrica* (Über die Struktur des menschlichen Körpers). Warum? Weil Vesalius in der Lage war, menschliche Leichen zu sezieren, und diese Praxis war im Islam verboten. Außerdem ist Vesalius' Buch voll von detaillierten anatomischen Zeichnungen. Darstellungen des menschlichen Körpers sind im Islam ebenfalls untersagt.

Mit der Mathematik ist es dasselbe. Abu Ja'far Muhammad ibn Musa al-Khwarizmi (780-850) war ein Pionier auf dem Gebiet der Mathematik. Seine Abhandlung über die Algebra hat Generationen von Europäern in die Geheimnisse dieses Zweigs der Mathematik eingeführt. Aber die Grundlagen, auf denen al-Khwarizmi aufbaute, wurden bereits Jahrhunderte vor seiner Geburt gelegt – einschließlich der Ziffer Null, die häufig auch den Muslimen zugeschrieben wird. Auch das, was wir heute als „arabische Ziffern" bezeichnen, kam nicht aus Arabien, sondern aus dem vorislamischen Indien – und sie werden auch in der heutigen arabischen Schrift nicht mehr benutzt. Trotzdem besteht kein Zweifel, dass al-Khwarizmi sehr einflussreich war. Das Wort Algebra selbst stammt aus dem ersten Wort im Titel seiner Abhandlung Al-Jahr wa-al-Muqabilah; und das Wort Algorithmus ist von seinem Namen abgeleitet. Al-Khwarizmis Arbeit eröffnete der mathematischen und wissenschaft-

---

[162] Ebd., S. 141-142.

lichen Forschung in Europa neue Wege. Warum hat sie für die islamische Welt also nicht dasselbe bewirkt? Es ist nicht zu übersehen: Die Europäer benutzten die Algebra zusammen mit anderen wissenschaftlichen Entdeckungen und erzielten bedeutende technologische Fortschritte. Die Muslime taten das nicht. Wieso?

Eine Antwort ist wohl, dass Europa eine sehr lange intellektuelle Tradition hat, die solche Innovationen möglich machte, die islamische Welt jedoch nicht. Dazu gehörte sogar, dass der Westen arabische Arbeiten auf eine Art und Weise benutzte, wie es die Muslime nicht taten: Die Werke von Aristoteles wurden im zwölften Jahrhundert und danach zusammen mit denen seiner muslimischen Kommentatoren Avicenna und Averroes an den europäischen Universitäten studiert, während sie in der islamischen Welt weitgehend ignoriert und mit Sicherheit nicht in den Schulen gelehrt wurden. Diese konzentrierten sich damals wie heute im wesentlichen auf das Studieren und das Auswendiglernen des Korans. Es gab noch andere namhafte islamische Philosophen. Warum wurden im Westen Leute wie Avicenna und Averroes gelesen, während sie in ihren eigenen Ländern weitgehend unbekannt blieben? Warum wurde ihre Philosophie nicht einmal zu ihrer Zeit in den islamischen Schulen gelehrt?

Mohammed gegen Jesus

„Niemand ist gut als nur einer, Gott."

Jesus (Markus 10,18)

„Die Juden sagen: ‚Die Hand Allahs ist gebunden', aber ihre Hände werden gebunden werden und sie verflucht sein wegen dieser Rede. Nein! Allahs Hände sind ausgestreckt, um damit auszuteilen, was er will."

Sure 5:65

Der Gedanke, dass Allahs Hand „nicht gebunden" ist, ist ein Zeichen für seine absolute Freiheit und Herrschaft. Wenn Gott gut ist, wie Jesus sagt, dann kann man seine Güte in der Logik seiner Schöpfung erkennen. Im Islam hingegen würde man Allah bereits binden, wenn man ihn als gut bezeichnet.

Einen großen Teil der Verantwortung dafür trägt der Sufi Abu Hamid al-Ghazali (1058-1128). Obwohl er ein großer Denker war, wurde er zu einem wichtigen Sprecher des Antiintellektualismus, der das philosophische und wissenschaftliche Denken in der islamischen Welt so sehr lähmte. Einige Philosophen, bemerkte al-Ghazali, waren ein wenig zu zögerlich, die offenbarten Wahrheiten des Korans zu akzeptieren. Zum Beispiel hatte Abu Yusuf Yaqub ibn Ishaq al-Sabbah al-Kindi (801-873) vorgeschlagen, dass Religion und Philosophie zwei verschiedene aber gleichwertige Wege zur Wahrheit wären.[163] In anderen Worten: Die Philosophen mussten sich eigentlich gar nicht so sehr um den Koran mit seinem arroganten Propheten und seinen Versprechungen auf ein Bordell-Paradies kümmern. Abu Bakr ar-Razi (864-930), der im Westen als Rhazes bekannt ist, ging sogar so weit, zu behaupten, dass nur die Philosophie zur höchsten Wahrheit führt.[164] Andere muslimische Philosophen begaben sich auf ähnlich gefährliche Wege.

In seinem Werk *Die Inkohärenz der Philosophen* beschuldigte al-Ghazali die muslimischen Philosophen, „die offenbarten Gesetze und religiösen Bekenntnisse zu leugnen" und „die religiösen Lehren zurückzuweisen, weil sie sie für von Menschen gemachte Gesetze und ausgeschmückte Lügen halten."[165] Er klagte die muslimischen Philosophen al-Farabi und Avicenna an, „die Grundsätze der Religion selbst" anzugreifen.[166]

Am Ende seines Werkes *Die Inkohärenz der Philosophen* stellt al-Ghazali eine rhetorische Frage über die Philosophen: „Sagt ihr dann abschließend, dass sie Ungläubige sind, und *dass das Töten jener, die an ihrem Irrglauben festhalten, eine Pflicht ist?*"[167] Er antwortet: „Sie zu Ungläubigen zu erklären, ist notwendig in drei Fragen": ihre Lehre, dass die Welt schon ewig existiert; dass Allah bestimmte Dinge nicht weiß, sondern nur universelle Dinge, und dass es keine Auferstehung des Leibes gibt. Somit ist das Töten dieser Leute dem islamischen Gesetz entsprechend „eine Pflicht". Und das ist wohl kaum die Art, eine solide philosophische Tradition aufzubauen! Es gab auch islamische Philosophen nach al-Ghazali, aber sie erreichten nicht mehr die Größe von Avicenna. Averroes (auch Abul-Waleed Muhammad Ibn Rushd genannt) antwortete al-Ghazali in einem Buch mit dem Titel *Inkohärenz der Inkohärenz*. Darin bestand er darauf, dass die Philosophen vor den Theologen keinen Kniefall machen sollten. Aber der Schaden war bereits angerichtet. Das Goldene Zeitalter der islamischen Philosophie war ein für alle mal vorüber.

Al-Ghazalis Angriff auf die Philosophen war die sophistische Manifestation einer Tendenz, die die intellektuelle Entwicklung in der islamischen Welt stets behindert hatte:

Dort herrscht die Vorstellung, dass der Koran das vollkommene Buch ist, und dass deshalb kein weiteres Buch erforderlich sei. Da der Koran das vollkommene Buch und die islamische Gesellschaft die vollkommene Zivilisation ist, glauben viele Muslime, dass sie kein Wissen benötigen, das aus einer anderen

---

[163] „Islam", Encyclopaedia Britannica, 2005, Encyclopaedia Britannica Premium Service, http://www.britannica.com/eb/articla?tocld=69186.

[164] Ebd.

[165] Abu Hamid al-Ghazali, The Incoherence of the Philosophers, übersetzt von Michael E. Marmura. (Probvo, UT: Brigham Young University Press, 2000), S. 2.

[166] Ebd., S. 8.

[167] Al-Ghazali, S. 226. Meine Hervorhebung.

Quelle stammt – und mit Sicherheit kein Wissen, das von Ungläubigen kommt.

Allah tötet die Wissenschaft

Aber der endgültige Todesstoß für die islamische Wissenschaft kam möglicherweise vom Koran selbst. Im heiligen Buch des Islam wird Allah als absoluter Herrscher dargestellt. Er ist durch nichts gebunden. Seine Herrschaft ist so absolut, dass eine grundsätzliche Voraussetzung, die die Entwicklung der Wissenschaft in Europa förderte, überhaupt nicht vorhanden war: Die Juden und die Christen glauben, dass Gott gut ist, und dass seine Güte immer gleichbleibend ist. Deshalb erschuf er das Universum nach rationalen Gesetzen, die erforscht und für wissenschaftliche Zwecke genutzt werden können. Der Heilige Thomas von Aquin erklärte:

❑ Dass die Prinzipien bestimmter Wissenschaften – zum Beispiel der Logik, der Geometrie und der Arithmetik – ausschließlich von den formalen Prinzipien der Dinge abgeleitet werden, von denen ihre Essenz abhängig ist, folgt daraus, dass Gott diese Prinzipien nicht in ihr Gegenteil verkehren kann: Er kann nicht dafür sorgen, dass man aus der Spezies nicht auf die Gattung schließen kann. Er kann nicht dafür sorgen, dass Linien, die vom Zentrum eines Kreises aus zur Außenlinie gezogen werden, nicht gleich lang sind. Und er kann auch nicht dafür sorgen, dass die drei Winkel eines geradlinigen Dreiecks zwei rechtwinkligen entsprechen.[168]

Aber im Islam ist Allah absolut frei. Al-Ghazali und andere nahmen Anstoß an dem Gedanken, dass es Naturgesetze gibt. Das wäre Blasphemie. Man würde Allahs absolute Freiheit verleugnen.[169] Zu behaupten, dass er das Universum in Übereinstimmung mit konsequenten, rationalen Gesetzen geschaffen hat, oder dass er etwas „nicht tun" kann, wie Aquin hier behauptet, würde seine absolute Souveränität einschränken. Sein Wille kontrolliert alles, aber er ist unergründlich.

Deshalb entwickelte sich die moderne Wissenschaft im christlichen Europa, und nicht im „Haus des Islam". In der islamischen Welt hat Allah die Wissenschaft getötet.

---

[168] St. Thomas Aquinas, Summa Contra Gentiles, Buch Zwei: Die Schöpfung, Kapitel 25, Abschnitt 14. Übersetzt von James F. Anderson. (Notre Dame, IN; University of Notre Dame Press, 1975).
[169] James V. Schall, S.J., War Time Clarifications: Who is Our Enemy? 2001.

Aber nicht alles ist verloren: Einige Dinge haben wir dem Islam doch zu verdanken.

All dies bedeutet jedoch nicht, dass wir unsere intellektuellen, wissenschaftlichen oder künstlerischen Leistungen nicht auch irgendwie dem Islam zu verdanken haben. Tatsächlich verdanken wir dem Haus des Islam zwei enorm wichtige Errungenschaften: die Entdeckung der Neuen Welt und die Renaissance in Europa.

Jedes Schulkind weiß, oder wusste es zumindest früher, dass Christoph Kolumbus im Jahre 1492 übers blaue Meer segelte und rein zufällig Amerika entdeckte, während er doch eigentlich einen neuen Seeweg nach Indien suchte. Und warum suchte er diesen neuen Seeweg nach Indien? Weil durch die Eroberung Konstantinopels durch die Muslime im Jahre 1453 die Handelsrouten in den Osten abgeschnitten worden waren. Das war für die europäischen Geschäftsleute, die bisher über den Landweg nach Asien gereist waren, um dort Gewürze und andere Waren zu kaufen, eine totale Katastrophe. Kolumbus versuchte nun, die Länder der Muslime komplett zu meiden, indem er für die Europäer einen Seeweg nach Indien suchte. Die Kriegslust und Unnachgiebigkeit der Muslime war also letztlich der Grund für die Entdeckung Amerikas.

Eine weitere Folge des Falls von Konstantinopel und des langsamen Niedergangs des Byzantinischen Reiches, der ihm vorausging, war die Auswanderung der griechischen Intellektuellen nach Westeuropa. Die Ausbreitung des Islams auf Kosten der Byzantiner veranlasste viele Griechen, Zuflucht im Westen zu suchen. Die westlichen Universitäten waren bald voll von Anhängern von Platon und Aristoteles. Dies führte zu einer Neubelebung der klassischen Philosophie und Literatur und zu einer intellektuellen und kulturellen Blütezeit, wie sie die Welt noch nie zuvor (und seitdem auch nie wieder) erlebt hat. Möglicherweise ist der Untergang des Byzantinischen Reiches ein größerer Beitrag der Muslime zum philosophischen und intellektuellen Leben in der westlichen Welt als die Bewahrung von Aristoteles durch die Araber.

Natürlich handelt es sich hierbei nicht wirklich um islamische „Errungenschaften", sondern vielmehr um unbeabsichtigte Folgen der gewalttätigen Lehren des Islam, mit denen wir uns bereits auseinandergesetzt haben. Aber was ihre konkreten Folgen für die Welt als ganze betrifft, so sind sie viel mehr wert als ein Riesenhaufen islamischer philosophischer Abhandlungen und eine Schiffsladung von Kalligraphien.

Kapitel 8
Die Verlockungen des islamischen Paradieses

Wussten Sie schon?

◆ *So wie der Koran das Paradies beschreibt, handelt es sich um einen Ort, der lediglich dazu da ist, um körperliche Begierden auszuleben.*

◆ *Einer der Attentäter vom 11. September 2001, Mohammed Atta, hatte an jenem schicksalhaften Tag einen „Hochzeitsanzug für das Paradies" im Gepäck.*

◆ *Das Paradies wird nur jenen garantiert, die „für Allah töten und getötet werden".*

So seltsam es uns Abendländern auch erscheinen mag – die viel beschworenen Jungfrauen, die die Rechtgläubigen im Paradies erwarten sollen, sind kein Mythos und keine Verfälschung der islamischen Theologie. Mohammed versprach seinen Anhängern ein durch und durch materialistisches Paradies, in dem es alles gab, wonach ein arabischer Wüstenbewohner des 7. Jahrhunderts sich sehnen konnte: Gold und die feinsten materiellen Dinge, Obst, Wein, Wasser, Frauen ... und Knaben.

Natürlich kaufte das dem Propheten nicht jeder ab, nicht einmal in seinen besten Zeiten. Während einer Schlacht gegen die Quraisch (der „Grabenschlacht") fragte Mohammed seine Anhänger: „Wer ist bereit, hinauf zu gehen und zu sehen, was der Feind vorhat und dann zurückzukommen?" Er versprach, Allah zu bitten, dafür zu sorgen, dass „dieser Spion im Paradies mein persönlicher Begleiter wird." Leider meldete sich kein Freiwilliger, und so musste er schließlich einen seiner Männer mit dieser Aufgabe beauftragen.[170]

Aber die Aussicht auf das Paradies blieb eines der wichtigsten Anreize, mit dem Mohammed seine Anhänger motivierte. Damit wurde der Dschihad zu einer Sache, bei der man eigentlich nur gewinnen konnte: War ein muslimischer Krieger siegreich, dann winkte ihm reiche Beute auf Erden. Wurde er jedoch getötet, dann erhielt er seinen verdienten Lohn im Jenseits, und zwar in einem unvorstellbar größeren Maße. Während der Schlacht von Badr lockte Mohammed seine Kämpfer mit der Aussicht auf das Paradies: „Bei Gott, in dessen Hand sich die Seele Mohammeds befindet. Kein Mann wird erschlagen

---

[170] The History of al-Tabari (Ta'rikh al-rusul wa'l-uluk), Band VIII: The Victory of Islam, übersetzt von Michael Fishbein (New York: State University of New York Press, 1997), S. 26.

an diesem Tag, an dem er mit festem Mut kämpft und vorwärts stürmt und nicht zurückweicht. Aber Gott wird ihn ins Paradies geleiten."

Einer seiner Krieger, Umayr bin al-Humam, der ganz in seiner Nähe saß und seine Datteln mampfte, wurde durch diese Worte ganz aufgeregt. „Wunderbar!" rief er aus. „Muss ich dann nur von diesen Männern getötet werden, um ins Paradies einzugehen?" Er warf seine Datteln weg und eilte in die Schlacht. Und schnell fand er den Tod, den er suchte.[171]

Was ist hinter der ersten Tür?

Im Paradies erwartete Umayr bin al-Humam, von „Gold und Perlen und mit Kleidern aus Seide geschmückt" (Sure 22:24) und „in Seide und Samt gekleidet" zu werden (Sure 44:54). Dann würde er „auf grünen Kissen und herrlichen Teppichen ruhen" (Sure 55:77), auf „Kissen ruhen, welche mit Gold und edlen Steinen geschmückt" (Sure 56:16) sind, aus „goldenen Schüsseln und Bechern" essen und trinken und „dort finden, was eure Seele nur wünschen und ergötzen kann", einschließlich „Früchte im Überfluß" (Sure 43:72), einschließlich „Datteln und Granatäpfel" (Sure 55:69). Für die Fleischesser steht „Fleisch von Geflügel, wie sie es nur wünschen können" bereit (Sure 56:23).

Für jene, die ihr gesamtes Leben in der Wüste verbracht hatten, war Wasser eine unschätzbar wertvolle Sache – und der Koran versprach ihnen einen unbegrenzten Vorrat davon im Paradies. Das Paradies selbst besteht aus „Gärten, welche Flüsse durchströmen" (Sure 3:198; 3:136; 13:35; 15:45; 22:23). Dort befinden sich „zwei Quellen, welche stets wasserreich strömen" (Sure 55:67).

Und nicht nur Wasser: Das Paradies bietet dem Gläubigen eine Vielzahl von Getränken. Außer „Strömen von Wasser das nie verdirbt" gibt es dort noch „Ströme von Milch, deren Geschmack sich nie ändert; Ströme von Wein, lieblich für die Trinkenden; auch Ströme von gereinigtem Honig" (Sure 47:16).

Wein? Aber sind den Muslimen alkoholische Getränke nicht verboten? Sagt nicht der Koran, dass Wein „ein Werk des Satans" ist (5:91)? Wie ist es möglich, dass ein Werk des Satans den Weg ins Paradies gefunden hat?

Wissen Sie, mit dem Wein im Paradies hat es seine besondere Bewandtnis. Er ist nämlich „nichts, was den Geist verwirrt oder berauscht" (Sure 37:48).

All dies wird jenen, die von Allah gesegnet wurden, in einer vollkommenen Umgebung serviert, in denen die Temperatur stets ausgeglichen ist: „Und sie werden auf Lagerkissen ruhen und weder Sonne noch Kälte fühlen. Dichte Schatten werden sich behütend über ihnen ausbreiten, und Früchte werden tief herabhängen, damit sie leicht gepflückt werden können" (Sure 76; 14-15). Die Lebensmittel und die anderen Annehmlichkeiten werden niemals ausgehen:

---

[171] Ibn Ishaq, S. 300.

"Das Paradies enthält auf ewig Nahrung und bietet immerwährend kühlen Schatten." (Sure 13:36).

Mohammed gegen Jesus

"Denn so hat Gott die Welt geliebt, daß er seinen eingeborenen Sohn gab, damit jeder, der an ihn glaubt, nicht verloren geht, sondern ewiges Leben hat."

Johannes 3,16

"Wahrlich, Allah hat das Leben und das Vermögen der Gläubigen dafür erkauft, dass sie das Paradies erlangen, indem sie für die Religion Allahs kämpfen. Mögen sie nun töten oder getötet werden ..."

Sure 9:111

Die Freuden des Geschlechtsverkehrs

Aber Umayr bin al-Humam war an diesem Angebot wohl nicht so sehr interessiert, so attraktiv es auch gewesen sein mag. Denn er wusste ja, dass im Paradies „Jungfrauen mit schwellenden Busen und gleichen Alters" auf ihn warteten (Sure 78:34); „keusche Frauen ... mit großen dunklen Augen" (37:49), „schöne Jungfrauen ... mit großen schwarzen Augen" (44:55), „die schön sind wie Rubinen und Perlen" (55:59), „Jungfrauen (Huris)", mit denen er sich „vermählen" wird (52:21). Diese Frauen wären „schwarzäugige Jungfrauen mit keusch niedergesenkten Blicken, welche zuvor weder Menschen noch Dschinnen berührt haben." (55:57). Allah „machte sie zu Jungfrauen" (56:37), und nach der islamischen Überlieferung würden sie für immer Jungfrauen bleiben.

Ebenso wie heute: Selbstmordattentäter und das Paradies

Die Aussicht auf das Paradies für jene, die für Allah „töten und getötet werden" ist die wichtigste Motivation für Selbstmordattentäter: Die Bomber töten und sterben im Glauben daran.

Natürlich beeilten sich die Sprecher der Muslime in den USA, darauf hinzuweisen, dass der Koran den Selbstmord verbietet: „O Gläubige, verschwendet euer Vermögen nicht untereinander ... und mordet euch nicht selbst." (4:30). Mohammed fügt in einer Hadith hinzu: „Der, der Selbstmord begeht, indem er sich erdrosselt, wird sich im Feuer der Hölle auf ewig erdrosseln, und der, der

Selbstmord begeht, indem er sich ersticht, wird sich im Feuer der Hölle auf ewig erstechen."[172]

Aber der einflussreiche islamische Gelehrte Scheich Yusaf al-Qaradawi, der von dem Islamexperten John Esposito als „Reformer" gefeiert wird, drückte die allgemein verbreitete Ansicht aus, dass das Verbot gegen den Selbstmord nicht für Selbstmordattentäter gültig sei, da ihre Absicht nicht darin läge, sich selbst umzubringen, sondern vielmehr die Feinde Allahs: „Es ist kein Selbstmord, sondern Märtyrertum im Namen Gottes. Islamische Theologen und Rechtsgelehrte haben über diese Frage debattiert. Sie bezeichnen den Selbstmord als eine Form des Dschihad, bei dem auch das Leben des Mudschahedin geopfert wird. Es ist erlaubt, seine Seele aufs Spiel zu setzen und getötet zu werden, um den Feind umzubringen."[173]

Umm Nidal, die Mutter des Selbstmordattentäters Muhammad Farhat, sah den Tod ihres Sohnes genauso – als großen Sieg. „Der Dschihad ist eine Pflicht, die uns auferlegt wird," erklärte sie. „Wir müssen uns diese Idee allzeit vergegenwärtigen ... Was wir jeden Tag sehen müssen – Massaker, Zerstörung, das Bombardieren von Häusern – stärkte in den Seelen meiner Söhne, besonders in Muhammad, die Liebe zum Dschihad und zum Märtyrertum ... Allah sei gelobt, ich bin Muslimin und glaube an den Dschihad. Der Dschihad ist ein Element unseres Glaubens, und dies ermutigt mich, Muhammad für den Dschihad und die Sache Allahs zu opfern. Mein Sohn ist nicht gestorben. Er ist nicht tot. Er führt jetzt ein glücklicheres Leben als ich."

Umm Nidal fuhr fort: „Weil ich meinen Sohn liebe, habe ich ihn ermutigt, einen Märtyrertod für die Sache Allahs zu sterben ... Der Dschihad ist eine religiöse Pflicht, die uns auferlegt wurde, und wir müssen sie erfüllen."[174]

Aber auch den Leuten mit etwas anderen Neigungen hat das Paradies einiges zu bieten. Allah hat seinen gesegneten Anhängern versprochen, dass im Paradies „ein Kreis von Jünglingen eigenen Blutes, so schön wie Perlen, in ihren Muscheln verborgen, ihnen aufwarten wird." (52:25), „Jünglinge in ewiger Jugendblüte" (56:18): „wenn du sie siehst, hältst du sie für verstreute Perlen" (76:20).

Aber der Koran rechtfertigt doch nicht Homosexualität, oder? Schließlich sagte doch Lot zu dem Volk von Sodom: „Wollt ihr denn in lüsterner Begier, mit Hintansetzung der Weiber, nur zu Männern kommen? Wahrlich, ihr seid

---

[172] Ebd., Band 2, Buch 23, Nr. 1365.
[173] „Al-Qaradawi, vollständige Abschrift", BBC News, 8. Juli 2004. Für Espositos Beurteilung siehe John L. Esposito, „Practice and Theory: A response to Islam and the Challenge of Democracy", Boston Review, April/Mai 2003.
[174] Middle East Media Research Institute (MEMRI), „An Interview with the Mother of a Suicide Bomber", MEMRI Special Dispatch No. 391., 19. Juni 2002.

Teil I – Der Islam

zügellose Menschen," (7:82), und „Wollt ihr nur zu den männlichen Geschöpfen kommen und eure Frauen, die euer Herr für euch erschaffen hat, verlassen? Ihr seid schrankenlose Menschen," (26:165-166). Eine Hadith schreibt vor, dass „falls ein Mann, der nicht verheiratet ist, bei der Sodomie erwischt wird, soll er zu Tode gesteinigt werden."[175] In einer anderen Hadith sagte Mohammed: „Tötet den, der Sodomie begeht und den, der es an sich zulässt."[176] Diese Vorschriften haben Eingang in die islamischen Gesetzestexte gefunden. Zwei Saudis hatten eine so große Angst vor dem Auspeitschen oder einer Gefängnisstrafe, dass sie einen Pakistani töteten, der sie bei ihrem „schamlosen Akt" beobachtet hatte. Sie überfuhren ihn mit ihrem Wagen, zerschlugen seinen Kopf mit einem Stein und zündeten ihn dann an.[177]

Aber die perlenschönen Jünglinge des Paradieses haben im Islam eine seltsam widersprüchliche Einstellung gegenüber der Homosexualität geschaffen. In seinem Gedicht „Duftende Gärten" verherrlichte der große Dichter Abu Nuwas offen die Homosexualität:

❑ „Oh, die Freuden der Sodomie! Seid nun also Sodomisten, ihr Araber. Wendet euch nicht ab davon – darin liegen ungeahnte Freuden. Nehmt euch einen schüchternen Knaben mit schönen Locken um den Schläfen und reitet ihn wie eine Gazelle, die zur Begattung bereitsteht – einen Knaben, den alle sehen können, gegürtet mit einem Schwert – nicht wie eine Hure, die verschleiert sein muss. Sucht euch glattgesichtige Knaben und tut euer Bestes, um sie zu besteigen, denn Frauen sind die Reittiere des Teufels!"[178]

Die widersprüchliche Einstellung gegenüber der Homosexualität zieht sich durch die gesamte islamische Geschichte. Selbst der osmanische Sultan Mehmed II, der Eroberer Konstantinopels, war ihr gegenüber offen. Während die Trümmer der eroberten Stadt immer noch glommen und schwelten, vergaß Mehmed die Schlacht und befahl, dass der hübsche Sohn des byzantinischen Beamten Lukas Notaras zu ihm gebracht werde. Notaras ging zum Sultan und sagte ihm, dass er es lieber sehen würde, wenn seine Söhne vor seinen Augen umgebracht als von ihm missbraucht würden. Mehmed gab dieser Bitte statt und ließ danach auch Notaras köpfen.[179]

---

[175] Abu Dawud, Buch 38, Nr. 4448.

[176] „Umdat al-Salik", S. 17.3(1).

[177] „Two Saudis beheaded for killing Pakistani who witnessed ‚shameful' incident", Associated Press, 15. März 2005. (New York: Prometheus, 1995), S. 342-343.

[178] Zitiert in Ibn Warraq, Why I Am Not A Muslim (New York: Prometheus, 1995), S. 342-343.

[179] Steven Runciman, The Fall of Constantinople 1453 (Cambridge: Cambridge University Press, 1965), S. 151.

Ebenso wie heute: Das Paradies lockt die jungen Männer

„Die Amerikaner lieben Pepsi Cola. Wir lieben den Tod," tönte Maulana Inyadullah von al-Qaida.[180] Die Muslime lieben den Tod, weil Allah ihnen befohlen hat, die Freuden des Paradieses höher zu bewerten als die weltlichen Genüsse: „... aber wehe den Ungläubigen der schweren Strafe wegen, welche jene erwartet, die dieses Leben mehr als das zukünftige lieben und andere vom Weg Allahs abzuwenden und diesen zu verkrümmen suchen." (Sure 14:3-4).

Und so grell sie auch sein mögen – die Freunden des islamischen Paradieses üben immer noch eine enorm starke Anziehungskraft aus, am meisten auf Jungen unter 20 Jahren. Im Jahre 2004 sagte ein 14-jähriger palästinensischer Möchtegern-Attentäter zu den israelischen Soldaten, die ihn entwaffneten: „Mich selbst in die Luft zu sprengen, ist die einzige Chance, die ich habe, mit 72 Jungfrauen im Paradies Sex zu haben."[181] Ein anderer 14-Jähriger erklärte, wie der Anwerber ihn im Irak für den Dschihad gewann: „Er erzählte mir vom Paradies, von den Jungfrauen dort und vom Islam."[182]

Wie man Eingang ins Paradies findet

Wie wir bereits gesehen haben, garantiert der Koran jenen, die „für Allah töten und getötet werden": „... dass sie das Paradies erlangen, indem sie für die Religion Allahs kämpfen" (Sure 9:111). Mohammed hat ebenfalls verkündet: „Wisset, dass das Paradies unter dem Schatten des Schwertes steht (dem Dschihad für Allahs Sache)"[183] Er versichert, dass jene, die für Allah sterben, nicht tot sind, sondern lebendiger denn je: „Sagt nicht von jenen, die für den Weg Allahs getötet wurden: ,Sie sind tot', sondern: ,Sie sind lebendig', ihr versteht das nur nicht" (2:155).

Die Assassinen und die Verlockungen des Paradieses

Etwa um die Zeit der Kreuzzüge herum blühte eine berüchtigte Sekte der ismailisch-schiitischen Muslime, die man Assassinen nannte. Diese haben den politischen Mord zwar nicht erfunden, aber indem sie zahlreiche wichtige Persönlichkeiten umbrachten, die ihrer Bewegung im Weg standen, führten sie ihn als politisches Mittel in großem Maßstab in die islamische Welt und die Kreuzzüge ein. Nachdem sie ihre Morde durchgeführt hatten, ließen sich die

---

[180] David Brooks, „Among the Bourgeoisophobs: Why the Europeans and Arabs, each in their own way, hate America and Israel", Weekly Standard, 15. April 2002.

[181] „,Little Bomber' fascinates Israeli media", BBC News, 25. März 2004.

[182] Tom Lasseter, „Iraqi teen tells how he joined Ansar al Islam", Knight Ridder, 13. Februar 2004.

[183] Bukhari, Band 4, Buch 56, Nr. 2818.

Teil I – Der Islam

Assassinen fast immer gleichmütig gefangen nehmen, obwohl ihnen der sichere Tod drohte.[184]

Was veranlasste junge Männer dazu, sich dieser Sekte anzuschließen und ihr Leben für sie zu opfern? Zum einen präsentierten sich die Ismailiten als die Verfechter des reinen Islam und behaupteten, ihr Leben für seine Wiederherstellung einzusetzen. Aber zu den Gründen könnte auch die Aussicht auf einen Platz im Paradies gehört haben. Als Marco Polo Ende des dreizehnten Jahrhunderts Asien durchquerte, berichtete er darüber, was ihm viele Menschen von dem geheimnisvollen Führer der Assassinen, dem „Alten vom Berge" (oder Scheich) erzählt hatten:

> ❏ In einem Tal zwischen zwei Bergen hat er den größten und schönsten Garten angelegt, den die Welt jemals gesehen hat. Dort befinden sich die feinsten Früchte und die herrlichsten Häuser und Paläste, die man jemals sah, geschmückt mit Gold und mit allem, was schön ist auf Erden. Es gibt auch vier Flüsse. In einem fließt Wein, in den anderen Milch, Honig und Wasser. Es gab schöne Frauen dort, die schönsten der Welt. Sie waren Meisterinnen auf allen Instrumenten. Sie sangen und tanzten herrlich. Und er ließ seine Männer glauben, dass dieser Garten das Paradies wäre. Und nach dessen Vorbild hat er den Garten angelegt, denn Mahomet versicherte den Sarazenen, dass jene, die ins Paradies gehen, wunderschöne Frauen haben werden, die ihnen jeden Wunsch erfüllen. Und Ströme von Wein und Milch, Honig und Wasser werden für sie fließen ... Niemand hat jemals diesen Garten betreten außer jene, aus denen er Assassinen machen wollte.[185]

Wahrscheinlich ist diese Geschichte mehr Legende als Tatsache. Aber die muslimischen Krieger in der gesamten Geschichte sind immer von der Aussicht auf das Paradies angetrieben worden. Auch am 11. September 2001 hatte Muhammad Atta einen „Paradies-Hochzeitsanzug" im Gepäck. Leider konnte er ihn nicht anziehen, weil die Fluggesellschaft nur ein Stück Handgepäck zuließ. In einem Brief, den man in Attas Tasche fand, stand etwas von einer „Hochzeit" mit den „Frauen des Paradieses ... die in ihren schönsten Gewändern gekleidet sind."[186]

---

[184] Bernard Lewis, The Assassins (New York: Basic Books, 1967), S. 127.
[185] Marco Polo, The Travels, übersetzt von Ronald Latham (New York: Penguin, 1958), S. 70-71.
[186] Paul Sperry, „Airline denied Atta paradise wedding suit", WorldNetDaily.com, 11. September 2002.

Kapitel 9
Islam: verbreitet durch Feuer und Schwert?
Auf jeden Fall

Wussten Sie schon?

- *Was heute als „islamische Welt" bekannt ist, wurde durch eine Reihe brutaler Eroberungen nichtmuslimischer Ländern geschaffen.*
- *Es handelte sich dabei nicht um Selbstverteidigung, sondern um religiösen Imperialismus.*
- *Die frühe Verbreitung des Islam und des Christentums unterscheiden sich dadurch, dass der Islam durch Gewalt verbreitet wurde, das Christentum jedoch nicht.*

Praktisch jeder im Westen hält die Kreuzzüge für ein Verbrechen. Wenigen ist jedoch die Tatsache bewusst, dass die Kreuzzüge ein islamisches Gegenstück hatten. Die meisten haben nie davon gehört. Der erste Kontakt der Muslime mit dem Westen kam jedoch nicht mit den Kreuzzügen, sondern schon 450 Jahren zuvor. Als der Islam die verstreuten Stämme Arabiens zu einer Einheit zusammenschweißte, war das neue islamische Arabien von Ländern umgeben, in denen das Christentum vorherrschte, z.B. die byzantinischen Länder Syrien und Ägypten, sowie die christlichen Länder Nordafrikas. Vier der fünf wichtigsten christlichen Städte – Konstantinopel, Alexandria, Antiochien und Jerusalem – lagen in unmittelbarer Nähe Arabiens. Der große Rivale des Byzantinischen Reiches, Persien, hatte ebenfalls einen großen christlichen Bevölkerungsanteil.

Aber seit Jahrhunderten sieht man den Mittleren Osten, Nordafrika und Persien (Iran) als das Herz der islamischen Welt an. Erfolgte diese Transformation durch Prediger und Missionare, die die Herzen der dortigen Völker durch Überzeugung eroberten? Ganz im Gegenteil: Der Islam wurde durch Feuer und Schwert verbreitet. Unter der islamischen Herrschaft schrumpfte die nichtmuslimische Mehrheit allmählich zu der unbedeutenden Minderheit, die sie noch heute ist. Repression, Diskriminierung und Schikanen machten den Übertritt zum Islam zur einzigen Möglichkeit, ein halbwegs erträgliches Leben zu führen.

Politisch korrekter Mythos: Die Muslime hegten keine feindseligen Absichten gegen ihre Nachbarländer

Gegen Ende von Mohammeds Leben, nach seinem erfolgreichen Kampf gegen die heidnischen Stämme der Hawazin und Thaqif, die er bei Hunayn (einem Tal in der Nähe von Mekka) besiegt hatte, versuchte er, über Arabien hinaus zu gehen und einen Feldzug gegen die Byzantiner in Tabuk durchzuführen. Er setzte sich schriftlich mit dem byzantinischen Kaiser Heraklius und anderen Herrschern der Region in Verbindung: „Der Prophet Allahs schrieb an Chosroes [König von Persien], Cäsar (Kaiser von Rom) [d.h. Heraclius], Negus [König von Abessinien] und jeden anderen Despoten, und forderte sie auf, Allah anzuerkennen."[187] Er ermahnte sie: „Nehmt den Islam an, und ihr seid sicher."[188]

Keiner kam der Aufforderung nach und so bewahrheitete sich Mohammeds Warnung: keiner von ihnen war mehr sicher. Nicht lange nach Mohammeds Tod drangen die Muslime in das byzantinische Reich ein – angespornt durch Mohammeds Versprechen, dass „der ersten Armee meiner Gefolgsleute, die Cäsars Stadt (Konstantinopel) angreift, ihre Sünden vergeben wird."[189]

Im Jahre 635, nur drei Jahre nach Mohammeds Tod, fiel Damaskus, die Stadt, zu der der Heilige Paulus unterwegs war, als er sein dramatisches Erweckungserlebnis hatte, den vordringenden Muslimen in die Hände. Im Jahre 636 eroberte der Kalif Umar, der das Reich des Islam von 634 bis 644 beherrschte und erweiterte, die Stadt al-Basrah im heutigen Irak. Umar gab seinem Leutnant Utbah ibn Ghazwan getreu dem Vorbild seines Propheten Mohammed den Befehl: „Versammle das Volk vor Gott. Jene, die deinem Ruf Folge leisten, nehme an. Aber die, die sich weigern, müssen die Kopfsteuer zahlen. Sie werden gedemütigt und erniedrigt. Falls sie sich weigern, vernichten wir sie ohne Gnade. Jetzt tu, was ich dir aufgetragen habe."[190]

Antiochien, wo die Jünger Christi zum ersten Mal als „Christen" bezeichnet wurden (Apostelgeschichte 11:26), fiel im nächsten Jahr. Zwei Jahre später, 638, kam Jerusalem an die Reihe. Ebenso wie Damaskus und Antiochien war Jerusalem zu jener Zeit eine christliche Stadt. Sophornius, der Patriarch von Jerusalem, hatte die undankbare Aufgabe, die Stadt an den siegreichen Umar zu übergeben. Der Kalif stellte sich zufrieden auf den Platz, wo Salomons Tempel gestanden hatte, von dem er möglicherweise glaubte, dass Mohammed von dort aus gen Himmel aufgestiegen sei (siehe Sure 17:1, ein Vers, über dessen genaue Bedeutung Jahrhunderte lang diskutiert wurde). Sophronius, der in tiefer Trauer daneben stand, erinnerte sich an einen Vers aus der Bibel: „Sehet die Gräuel der Verwüstung, die Daniel der Prophet ankündigte."[191]

---

[187] Muslim, Buch 19, Nr. 4382.

[188] Bukhari, Band 4, Buch 56, Nr. 2941.

[189] Ebd., Nr. 2924.

[190] The History of al-Tabari, Band XII: The Battle of al-Qadisiyyah and the Conquest of Syria and Palestine, übersetzt von Yohanan Friedmann (New York: State University of New York Press, 1992), S. 167, zitiert in Andrew Bostom, „The Legacy of Jihad in Palestine", FrontPage Magazine.com, 7. Dezember 2004, http://www.frontpagemag.com/Articles/ReadArticle.asp?ID=16235.

[191] Steven Runciman, A History of the Crusades, Band I (Cambridge: Cambridge University Press, 1951), S. 3.

Politisch korrekter Mythos: Die einheimischen Christen des Mittleren Ostens und Nordafrikas hießen die Muslime als Befreier willkommen

Viele moderne Analytiker der Kreuzzüge und der christlich-muslimischen Beziehungen im Allgemeinen scheinen zu glauben, dass Sophronius die „Befreier" herzlich willkommen hieß. Nach allgemeiner Auffassung war die Herrschaft der Byzantiner über die Christen des Mittleren Ostens, Afrikas und insbesondere Ägyptens so drückend, das diese die Ankunft der Muslime kaum erwarten konnten. Aber in Wirklichkeit konnten die Muslime Ägypten nur gegen einen erbitterten und verbissenen Widerstand erobern. Im Dezember 639 begann General Amr mit der Invasion Ägyptens. Im November 642 fiel Alexandria und damit praktisch das gesamte Ägypten in die Hände der Muslime. Aber diese schnelle Eroberung erfolgte nicht ohne Widerstand, und die Muslime reagierten darauf mit erbarmungsloser Härte. Der Bericht eines zeitgenössischen Beobachters über das Verhalten der Muslime in einer ägyptischen Stadt soll als Beispiel für das gesamte Land dienen:

❑ Dann erreichten die Muslime Nikiou. Es gab keinen einzigen Soldaten, der ihnen Widerstand leistete. Sie nahmen die Stadt ein und schlachteten jeden einzelnen ihrer Bürger ab, den sie auf der Straße und in den Kirchen antrafen – Männer, Frauen und Kinder – sie verschonten niemanden. Dann durchsuchten sie die Häuser und töteten jeden, den sie fanden ... Aber lasst uns jetzt nichts mehr sagen, denn es ist unmöglich, die Schrecken zu beschreiben, die die Muslime anrichteten, als sie die Insel Nikiou besetzten.

Es wurden nicht nur viele einheimische Christen ermordet – viele wurden auch versklavt:

❑ Amr unterdrückte Ägypten. Er machte jede Menge Beute und eine große Menge von Gefangenen ... Die Muslime kehrten mit ihrer Beute und den Gefangenen in ihre Heimat zurück. Der Patriarch Cyrus fühlte tiefe Trauer über das Unglück in Ägypten, denn Amr, der von barbarischer Herkunft war, zeigte bei der Behandlung der Ägypter keine Gnade, und er erfüllte nicht die Verträge, die man mit ihm abschlossen hatte.[192]

Auch das christliche Armenien fiel den Muslimen durch ähnliche Metzeleien in die Hände: „Die Armee des Feindes stürmte in die Stadt und brachte die Einwohner durch das Schwert um ... Nachdem sie sich einige Tage ausgeruht hatten, gingen die Ismaeliten [Araber] dorthin zurück, wo sie hergekommen waren. Und sie schleppten 35000 Gefangene mit sich."[193]

---

[192] Zitiert in Bat Ye'or, Der Niedergang des orientalischen Christentums, S. 271-272.
[193] Ebd. S. 275.

Teil I – Der Islam

Dasselbe geschah, als die Muslime im Jahre 650 Cilicia und Cäsaräa eroberten.

❑ Sie [die Taiyaye – die muslimischen Araber] drangen in Cilicia ein und nahmen Gefangene ... und als Mu'awiya eintraf, befahl er, alle Einwohner mit dem Schwert zu köpfen. Er stellte Wachen auf, damit keiner entkommen konnte. Nachdem die Stadt vollkommen ausgeraubt worden war, folterte man ihre führenden Persönlichkeiten, weil man vermutete, dass noch irgendwo Schätze verborgen waren. Die Taiyaye führten sämtliche Einwohner in die Sklaverei – Männer, Frauen und Kinder. Und sie vollführten unaussprechliche Gräueltaten, um die Kirchen zu entweihen.[194]

In einer Botschaft an einen seiner Unterführer machte Kalif Umar ein interessantes Geständnis: „Glaubst du," fragte er, „dass diese großen Länder – Syrien, Mesopotamien, Kufa, Basra, Misr (Ägypten) – nicht mit Truppen besetzt werden müssen, die gut bezahlt werden wollen?"[195]

Warum mussten diese Länder mit Truppen besetzt werden, wenn die Einwohner die Eindringlinge willkommen hießen und mit ihnen in Freundschaft lebten?

Politisch korrekter Mythos: Die ersten Krieger des Dschihad verteidigten nur die Länder der Muslime gegen ihre nichtmuslimischen Nachbarn

Die Armeen der Muslime eroberten sehr schnell riesige Gebiete, deren Bewohner sie niemals bedroht hatten – und vor ihrer Eroberung wahrscheinlich auch noch nie etwas von ihnen gehört hatten. Ägypten, der Mittlere Osten und Armenien fielen etwa zu derselben Zeit in die Hände der Muslime. Und auch Europa wurde nicht verschont: Muslimische Truppen überfielen Zypern, Rhodos, Kreta und Sizilien. Sie machten reiche Beute und führten eine Unzahl von Sklaven heim. Aber dies alles war nur ein Vorspiel zu den Belagerungen der damals größten Stadt des östlichen Christentums: Konstantinopel, die auch eine der größten Städte der ganzen Welt war. Die Muslime belagerten die Stadt in den Jahren 668 (und auch mehrere Jahre danach) und 717. Beide Belagerungen scheiterten, aber es war bereits offensichtlich, dass das Haus des Islam seine Politik des blutigen Imperialismus gegenüber dem Christentum fortsetzen würde.

---

[194] Ebd. S. 276-277.
[195] Ya'qub Abu Yusuf, in Ye'or, Der Niedergang des orientalischen Christentums, S. 274.

Mohammed gegen Jesus

„Denn alle, die das Schwert nehmen, werden durchs Schwert umkommen."
Jesus, Matthäus 26,52)

„Wisse, dass das Paradies unter dem Schatten des Schwertes steht (Dschihad für die Sache Allahs)".[196]

All dies taten die Muslime aus Gehorsam gegenüber den Geboten ihres Gottes und dessen Propheten. Ein muslimischer Führer der damaligen Zeit drückte es folgendermaßen aus: „Der Große Gott sagt im Koran: ‚Oh ihr Gläubigen, wenn ihr auf Ungläubige trefft, dann schlagt ihnen die Köpfe ab.' Dieses Gebot des Großen Gottes ist ein wichtiges Gebot, und es muss befolgt werden."[197] Dieser Mann bezog sich auf die 47. Sure (Vers 5): „Wenn ihr im Kriege mit den Ungläubigen zusammentrefft, dann schlagt ihnen die Köpfe ab, bis ihr eine große Niederlage unter ihnen angerichtet habt. Die übrigen legt in Ketten ..."

Der französische Präsident Jacques Chirac bemerkte einmal: „Europa verdankt dem Islam ebenso viel wie dem Christentum."[198]

Ebenso hätte er sagen können, dass die Henne dem Fuchs ebenso viel verdankt wie dem Landwirt. Denn das Europa des achten Jahrhunderts sollte bald erfahren, wie ernst die Muslime die Gebote Allahs nahmen, der befohlen hatte, die Nichtgläubigen auf dem Schlachtfeld zu vernichten. Die Muslime stürmten durch das christliche Nordafrika, und bis zum Jahre 711 waren sie bereit für die Invasion Spaniens. Das christliche Europa wurde von Osten und Westen her angegriffen. Der Feldzug war so erfolgreich, dass der muslimische Heerführer Tarik, entgegen den Befehlen, die er erhalten hatte, mit seinen Truppen immer weiter vorwärts drang. Als er vom nordafrikanischen Emir Musa gefragt wurde, warum er so weit ins christliche Spanien vorgedrungen sei, antwortete er einfach: „Ich diene dem Islam."[199]

Er diente ihm so gut, dass die Muslime im Jahre 715 kurz davor standen, das gesamte Spanien zu erobern (das sie über siebenhundert Jahre lang halten sollten). Als sie versuchten, auch Frankreich zu erobern, wurden sie 732 von Karl Martell (dem „Hammer") nahe der Stadt Tours aufgehalten.

---

[196] Bukhari, Band 4, Buch 56, Nr. 2818.

[197] Zitiert in V. S. Naipaul, Among the Believers: An Islamic Journey (New York: Vintage Books, 1982), S. 103.

[198] Pierre Lance, „Jacques Chirac, avez-vous des racines?", Les 4 Vérités, 17. Januar 2004.

[199] Zitiert in Paul Fregosi, Jihad in the West: Muslim Conquests from the 7th to the 21st Centuries (New York: Prometheus Books, 1998), S. 99.

Aber trotz der Niederlage gaben die Muslime nicht auf. Im Jahre 792 rief der Herrscher des muslimischen Spanien, Hisham zu einem neuen Feldzug gegen Frankreich auf. Muslime aus der ganzen Welt reagierten enthusiastisch auf den Aufruf zum Dschihad, und das Heer, das man aufstellte, richtete eine Menge Schaden an. Aber letztendlich war die Sache doch ein Fehlschlag.

Man sollte jedoch darauf hinweisen, dass Hishams Aufruf religiös motiviert war, und dass er über dreihundert Jahre vor den Kreuzzügen erfolgte, die doch angeblich die Ursache für die Feindschaft zwischen Christen und Muslimen sein sollen. Etwa fünfzig Jahre später, im Jahre 848, drangen wiederum Muslime in Frankreich ein und richteten dort sehr viel Unheil an. Aber im Laufe der Zeit kühlte sich ihr Eifer ab. Während der muslimischen Besetzung wurden viele von ihnen zum Christentum bekehrt, und ihre Kraft ließ allmählich nach.

Etwas früher, im Jahre 827, richtete sich der Blick der Gotteskrieger auf Sizilien und Italien. Der Kommandant der eindringenden Streitkräfte war ein angesehener Korangelehrter, und sein Feldzug war eindeutig religiös motiviert. Im ganzen Land wurden die christlichen Kirchen geplündert und verbrannt. Mönche wurden ermordet, die Nonnen vergewaltigt. Im Jahre 846 erreichten sie Rom, wo sie dem Papst einen Tribut abpressten. Ihr Einfluss auf Italien war niemals sehr stark, aber sie hielten Sizilien bis zum Jahre 1091. Dann wurden sie von den Normannen vertrieben.

In Spanien wurde die Herrschaft der Muslime durch die Reconquista allmählich beendet. Im Jahre 1492 hatten die Christen das Land wieder vollkommen in ihrer Hand. Während die Kämpfe in Spanien jedoch noch andauerten, bedrohten die Muslime bereits die östliche Flanke Europas. Im Jahre 1071 besiegten die türkischen Seldschuken die Truppen des byzantinischen Reiches nahe der armenischen Stadt Manzikert. Dadurch konnten sie praktisch das gesamte Kleinasien in ihre Gewalt bringen. Damit gingen einige der wichtigsten Länder des Christentums verloren. Von nun an „genossen" die Christen in den großen, ehemals christlichen, Städten, in denen Paulus viele seiner kanonischen Episteln geschrieben hatte, nur noch den zweitklassigen Dhimmi-Status. Dies war, wie wir noch sehen werden, der Grund für den Aufruf von Papst Urban dem Zweiten zum ersten Kreuzzug im Jahre 1095.

Ebenso wie heute: Der Islam muss durch Gewalt verbreitet werden

Einige der modernen islamischen Denker, die von den Terroristen des Dschihad am meisten verehrt werden, lehren (auf unmissverständliche Art und Weise), dass der Islam den Nichtmuslimen durch Gewalt aufgezwungen werden muss – nicht als Religion, denn das würde der Lehre des Koran „Zwinget keinen zum Glauben" (3:257) widersprechen – sondern als Rechtssystem und soziale Norm. Sie lehren, dass Muslime dafür zu kämpfen haben, die nichtmuslimischen Staaten dem islamischen Recht zu unterwerfen und deren Bürger in den Status der Dhimmi oder schlimmeres zu zwingen.

Nicht nur der Westen, auch der Osten

Die Muslime stürmten nicht nur gen Westen, sondern auch in Richtung Osten. In Indien drangen sie bereits 634 über See ein. Anfang des achten Jahrhunderts eroberten sie das heutige Afghanistan, Pakistan und Indien, wobei sie nur langsam aber stetig vorwärts kamen. Der Historiker Sita Ram Goel sagte, dass die muslimischen Eindringlinge bis 1206 „den Pundschab, Sindh, Delhi und den Doab bis nach Kanauj erobert hatten."[200] Später drangen sie bis zum Ganges vor und darüber hinaus.

Da die Muslime die Hindus als Heiden ansahen, die nicht einmal Anspruch auf den „Schutz" des Dhimmi-Status hatten, behandelten sie sie mit besonderer Brutalität. Sita Ram Goel sagte, dass die muslimischen Eindringlinge sich keinen Deut um den kriegerischen Ehrenkodex kümmerten, den man dort seit Jahrhunderten einzuhalten pflegte:

❑ Die islamischen Eroberer kamen mit einem ganz anderen Kodex – der Sunnah (Tradition) des Propheten. Diese schrieb vor, dass die Krieger nach einem entscheidenden Sieg das Recht hätten, sich über die Zivilbevölkerung herzumachen. Sie schrieb vor, Dörfer und Städte zu plündern und niederzubrennen, nachdem die Verteidiger gefallen oder geflohen waren. Die Kühe, die Brahmanen und die Bhikshus waren besonders beliebte Opfer von Massenabschlachtungen. Die Tempel und Klöster waren Ziele einer Orgie von Plünderung und Brandstiftung. Diejenigen, die nicht getötet wurden, verschleppte man als Sklaven. Die Beute, die man noch den Toten abnahm, war ein Maß für den Erfolg der militärischen Mission. Und all dies taten sie als Mujahids (heilige Krieger) und Ghazis (Töter der Kuffar [Ungläubigen]) im Dienste Allahs und seines Letzten Propheten.[201]

Was wollten die Muslime?

Was war das eigentliche Ziel dieser scheinbar endlosen Kriege? Das geht ganz eindeutig aus den Geboten des Korans und des Propheten Mohammed hervor, der seinen Anhängern erzählte, dass Allah ihm befohlen hätte, „gegen die Völker zu kämpfen, bis sie bezeugen würden, dass niemand das Recht habe, angebetet zu werden, als Allah, und dass Mohammed der Bote Gottes sei."[202] Keine isla-

---

[200] Sita Ram Goel, The Story of Islamic Imperialism in India (Voice of India, überarbeitete Ausgabe, 1994), S. 70-71.

[201] Ebd. S. 44.

[202] Bukhari, Band 1, Buch 2, Nr. 25. Der Einfachheit halber wurde das transliterierte Arabisch des muslimischen Glaubensbekenntnisses aus der Übersetzung weggelassen. Dieselbe Aussage wird in Bukhari, Band 1, Buch 8, Nr. 392, Band 4, Buch 56, Nr. 2946; Band 9, Buch 88, Nr. 6924 sowie Band 9, Buch 96, Nr. 7284-7285 sowie in anderen Hadithen wiederholt.

mische Sekte hat jemals bestritten, dass das islamische Recht in der gesamten Welt allein gültig wäre, und dass die Muslime unter bestimmten Umständen dafür zu den Waffen greifen müssten. Nach 1683 wurden die großen Glaubenskriege unterbrochen – nicht etwa weil die Lehren Mohammeds reformiert oder abgeschafft worden waren, sondern weil die islamische Welt einfach zu schwach geworden war, um die Kriege fortzusetzen. Diese Situation hat sich erst kürzlich mit der Entdeckung des Öls im Nahen Osten wieder geändert.

Der ägyptische Korankommentator und Theoretiker der Muslimischen Bruderschaft Sayyid Qutb (1906-1966) drückte dies ziemlich unmissverständlich aus:

❑ Es ist nicht die Aufgabe des Islam, mit den Vorstellungen der Jahiliyya [der Gemeinschaft der Ungläubigen] Kompromisse zu schließen oder mit dem Jahili-System in demselben Land friedlich zusammenzuleben. ... Der Islam kann keine Vermischung mit den Jahiliyyah akzeptieren. Entweder bleibt der Islam oder die Jahiliyyah – beides zusammen ist nicht möglich. Die Macht gehört entweder Allah oder den Jahiliyyah. Allahs Shari'ah [Gesetz] wird obsiegen: „Wenn sie dir darauf nicht antworten, so wisse, dass sie nur ihren eigenen Begierden zu folgen wünschen. Wer aber irrt mehr als der, welcher ohne Leitung von Allah nur seinen Begierden folgt? Wahrlich, Allah leitet ein frevelhaftes Volk nicht!" (Sure 28:51). ... *Die oberste Pflicht des Islam besteht darin, den Jahiliyyah die Macht aus den Händen zu nehmen* und die Menschheit in die hohe Position zu heben, die Allah für sie vorgesehen hat.[203] (Meine Hervorhebung)

Ebenso erklärte Sayyid Abul Ala Maududi (1903-1979), der Gründer der pakistanischen Partei Jamaat-e-Islami, dass Nichtmuslime „absolut kein Recht hätten, in irgendeinem Teil der Erde die Zügel der Macht an sich zu reißen oder die Angelegenheiten der Menschen in die Hand zu nehmen und sie entsprechend ihrer eigenen falschen Lehren zu lenken." Falls sie dies tun, „haben die Gläubigen die Pflicht, ihr Äußerstes zu tun, um ihnen die Macht zu entreißen und sie der islamischen Lebensart zu unterwerfen."[204]

Ihr Äußerstes zu tun also, einschließlich sich als Selbstmordattentäter zusammen mit Unschuldigen in überfüllten Bussen oder Restaurants in die Luft zu sprengen oder Flugzeuge zu entführen und diese in Hochhäuser stürzen zu lassen.

---

[203] Paul Sperry, „Airline denied Atta paradise wedding suit", WorldNetDaily.com, 11. September 2002.
[204] Sayyid Abul A'la Maududi [hier Mawdudi], Towards Understanding the Qur'an, übersetzt vonZafar Ishaw Ansari, (The Islamic Foundation, überarbeitete Ausgabe, Band 3, 1999), S. 202.

Politisch korrekter Mythos: Das Christentum und der Islam haben sich mehr oder weniger auf dieselbe Art und Weise verbreitet

Dies ist einer von vielen Vergleichen, die heutzutage angestellt werden – und dieses Argument ist so weit verbreitet, dass es einige Leute anscheinend nicht über sich bringen können, anzuerkennen, dass irgend etwas Negatives am Islam sein könnte, ohne sogleich darauf hinzuweisen, dass dies auch für das Christentum gilt. Und es ist ja tatsächlich so, dass keine religiöse oder politische Gruppe das Monopol auf Mord und Verbrechen hat – aber daraus folgt doch wohl nicht, dass alle religiösen Traditionen gleichwertig sind, was ihre Lehren betrifft oder deren Neigung, Gewalt zu propagieren und zu praktizieren?

Während der ersten drei Jahrhunderte seiner Existenz war das Christentum Verfolgungen durch die römischen Behörden ausgesetzt. Nicht nur wurde diese Religion nicht durch Gewalt verbreitet, sondern die Liste der Märtyrer weist eine endlose Reihe von Personen auf, die Gewalt zu erleiden hatten, weil sie Christen wurden. Im Gegensatz dazu gab es gegen den Islam nach Mohammeds Tod keinen organisierten Widerstand mehr. Und dennoch kämpften die Muslime weiterhin mit Gewalt für die Verbreitung ihres Glaubens.

In den frühen Tagen des Christentums schickte die Kirche Missionare, um die Heiden von der Wahrheit ihres Glaubens zu überzeugen. Die alten christlichen Nationen Europas erinnern sich an die christlichen Missionare, die ihnen den Glauben brachten: Sankt Patrick in Irland, Sankt Augustinus von Canterbury in England, Sankt Kyrill und Sankt Methodius in Mittel- und Osteuropa und andere. Sie waren Priester und Mönche – keine Krieger. Die Muslime stellten im Gegensatz dazu Heere auf und ließen ihren Opfern nur die Wahl zwischen Unterwerfung, Bekehrung oder Tod. Die größte Zahl der Konvertiten stammte aus den Völkern der Dhimmi, die die einzige Möglichkeit, ein erträgliches Leben zu führen darin sahen, sich zum Islam zu bekehren. Wenn man die schrecklichen Umstände bedenkt, unter denen die Dhimmis unter dem Islam zu leben hatten, dann ist es kaum ein Wunder, dass viele von ihnen Muslime wurden.

Heutzutage leugnen viele Muslime vehement, dass der Islam mit Gewalt verbreitet wurde, und weisen darauf hin, dass der Islam Gewalt untersagt. Und das ist absolut wahr: Was durch Gewalt verbreitet wurde, ist die soziale und politische Vorherrschaft des islamischen Systems. Die Bekehrungen zum Islam kamen erst später, als das Leben unter diesem System für die „Ungläubigen" absolut unerträglich wurde.

Teil II
Die Kreuzzüge

Kapitel 10
Wie kam es zu den Kreuzzügen?

Wussten Sie schon?

♦ *Bei den Kreuzzügen handelte es sich nicht um nicht provozierte Akte europäischer Aggression gegen die islamische Welt, sondern um eine verzögerte Reaktion auf die Jahrhunderte langen Angriffe der Muslime, die im 11. Jahrhundert stärker waren als je zuvor.*

♦ *Es handelte sich um Kriege zur Rückeroberung christlicher Länder und zum Schutz der Christen. Sie hatten nichts mit religiösem Imperialismus zu tun.*

♦ *Die Kreuzzüge wurden nicht durchgeführt, um Muslime oder andere religiöse Gruppen durch Zwang zum Christentum zu bekehren.*

Die Zerstörung Jerusalems durch die Kreuzfahrer im Jahre 1099 war, so schrieb der Journalist Amin Maalouf in seinem Buch *The Crusades Through Arab Eyes* (Die Kreuzzüge in den Augen der Araber), die „Ursache für die über tausend Jahre alte Feindschaft zwischen dem Islam und dem Westen."[205] Der islamische Gelehrte und Apologet John Esposito wird da noch ein wenig deutlicher – er macht die Kreuzzüge (die „sogenannten heiligen Kriege") für die Zerstörung einer pluralistischen Zivilisation verantwortlich: „Fünf Jahrhunderte lang hatte eine friedliche Koexistenz bestanden, bevor die politischen Ereignisse und ein imperialistisch-päpstliches Machtspiel zu einer Jahrhunderte währenden langen Reihe sogenannter heiliger Kriege führte, und das Christentum gegen den Islam aufhetzte, um ein dauerhaftes Erbe von Missverständnis und Misstrauen zu hinterlassen."[206]

Maalouf scheint überhaupt nicht die Möglichkeit in Betracht zu ziehen, dass die „über tausend Jahre alte Feindschaft" möglicherweise auf die kaum verhohlene Drohung des Propheten zurückzuführen sein könnte, die er über 450 Jahre vor dem Eindringen der Kreuzfahrer in Jerusalem gegenüber den nichtmuslimischen Nachbarvölkern ausstieß: „Nehmt den Islam an, und ihr werdet sicher sein."[207] Noch erwähnt er die Möglichkeit, dass die Muslime diese „über tausend Jahre alte Feindschaft" vielleicht dadurch erzeugt haben könn-

---

[205] Amin Maalouf, The Crusades Through Arab Eyes (New York: Schocken Books, 1984), xvi.
[206] John Esposito, Islam: The Straight Path, dritte Ausgabe (Oxford: Oxford University Press, 1998), S. 58.
[207] Bukhari, Band 4 Buch 56, Nr. 2941.

ten, dass sie christliche Länder eroberten – insgesamt zwei Drittel der damaligen christlichen Welt – und zwar Jahrhunderte vor den Kreuzzügen. Espositos „fünf Jahrhunderte der friedlichen Koexistenz" wurden, wie er behauptet, durch die Eroberung Jerusalems durch die Muslime im Jahre 638 bewiesen: „Die Kirche und die christliche Bevölkerung wurden in Ruhe gelassen."[208] Aber er erwähnt mit keinem Wort Sophronius' Weihnachtspredigt von 634, in der er sich über das „wilde, barbarische und blutige Schwert" beklagte, und darüber, wie hart das Leben für die Christen geworden sei.[209]

Politisch korrekter Mythos: Bei den Kreuzzügen handelte es sich um nicht provozierte Angriffe Europas auf die muslimische Welt

Falsch! Die Eroberung Jerusalems im Jahre 638 steht am Beginn einer langen Reihe muslimischer Angriffe, und die Christen im Heiligen Land wurden immer härteren Verfolgungen ausgesetzt. Hier einige Beispiele: Anfang des 8. Jahrhunderts wurden sechzig christliche Pilger aus Amorium gekreuzigt. Etwa um dieselbe Zeit ließ der muslimische Gouverneur von Cäsarea eine Gruppe Pilger aus Iconium festnehmen und alle als Spione hinrichten – außer einer kleinen Zahl, die sich zum Islam bekehrte. Die Muslime erpressten Geld von den Pilgern. Sie drohten damit, die Kirche der Wiederauferstehung zu zerstören, falls sie nicht zahlten. Ende des 8. Jahrhunderts verbot ein muslimischer Herrscher in Jerusalem die öffentliche Zurschaustellung des Kreuzes. Er erhöhte ebenfalls die religiöse Strafsteuer (Jizya), die die Christen zu zahlen hatten und verbot ihnen die religiöse Unterweisung anderer Personen, sogar ihrer Kinder.

Mohammed gegen Jesus

„Glückselig, die reinen Herzens sind, denn sie werden Gott schauen. Glückselig die Friedensstifter, denn sie werden Söhne Gottes heißen. Glückselig die um Gerechtigkeit willen Verfolgten, denn ihrer ist das Reich der Himmel."
Jesus (Matthäus 5,8-10)

„Allah verspricht der Person, die am heiligen Krieg für Allah teilnimmt und dies ausschließlich aufgrund ihres Glaubens an Allah und Seinen Boten tut, dass sie entweder eine Belohnung oder Beute erhält, falls sie überlebt, oder ins Paradies aufgenommen wird, falls sie während der Schlacht als Märtyrer stirbt."[210]

---

[208] Esposito, S. 58
[209] Zitiert in Bat Ye'or, Der Niedergang des orientalischen Christentums (Madison, NJ: Fairleigh Dickinson University Press, 1998), S. 44.
[210] Bukhari, Band 1, Buch 2, Nr. 36.

Teil II: Die Kreuzzüge

Brutale Unterdrückung und Gewalt wurden für die Christen im Heiligen Land zu einer alltäglichen Erfahrung. Im Jahre 772 ordnete der Kalif al-Mansur an, dass die Hände der Christen und Juden in Jerusalem mit einem deutlich sichtbaren Zeichen versehen sein mussten. Bekehrungen zum Christentum wurden besonders hart bestraft. Im Jahre 789 wurde ein Mönch enthauptet, der zum Christentum konvertiert war. Und sie plünderten das Kloster des Heiligen Theodosius in Bethlehem und brachten dabei eine Reihe von Mönchen um. Andere Klöster in der Gegend erlitten dasselbe Schicksal. Anfang des 9. Jahrhunderts wurden die Verfolgungen so unerträglich, dass eine große Zahl von Christen nach Konstantinopel und in andere christliche Städte flüchtete. Bei weiteren Verfolgungen im Jahre 923 wurden zahlreiche Kirchen zerstört, und im Jahre 937 veranstalteten die Muslime an einem Palmsonntag in Jerusalem ein Gemetzel, in dessen Verlauf sie die Golgathakirche und die Kirche der Wiederauferstehung zerstörten.[211]

Als Reaktion auf diese Christenverfolgungen gingen die Byzantiner von einer defensiven Politik gegenüber den Muslimen zu einer offensiven Politik über. Sie versuchten, einige ihrer verloren Gebiete wieder zurückzuerobern. Zwischen 960 und 970 führte General Nicephorus Phocas (ein zukünftiger byzantinischer Kaiser) eine Reihe erfolgreicher Feldzüge gegen die Muslime durch. Er eroberte Kreta, Sizilien, Zypern und sogar Teile Syriens wieder zurück. Im Jahre 969 eroberte er die alte christliche Stadt Antiochien zurück. Etwa ab 970 dehnten die Byzantiner ihre Feldzüge nach Syrien aus.[212]

Nach der islamischen Theologie gehört ein Gebiet, das einmal zum „Haus des Islam" gehörte, für immer den Muslimen, und die Muslime müssen Krieg führen, um es zurückzuerobern. Im Jahre 974 erklärte der abbasidische (sunnitische) Kalif von Bagdad, der durch die Byzantiner eine Reihe von Niederlagen einstecken musste, den Dschihad. Dies folgte jährlichen Feldzügen gegen die Byzantiner, kommandiert von Saif al-Dawla, der von 944 bis 967 Herrscher der shiitischen Hamdanid-Dynastie in Aleppo war. Saif al-Dawla appellierte an die Muslime, gegen die Byzantiner zu kämpfen, weil diese Länder gestohlen hätten, die zum Haus des Islam gehört hatten. Dieser Appell war so erfolgreich, dass sich sogar Muslime aus Zentralasien dem Dschihad anschlossen.[213]

Jedoch wurde der Dschihad durch die ständigen Streitereien zwischen den Schiiten und Sunniten vereitalt, und im Jahre 1001 vereinbarte der byzantini-

---

[211] Moshe Gil, A History of Palestine 634-1099 (Cambridge: Cambridge University Press, 1992), S. 473-476. Man muss dem Kalifen al-Muqtadir zugute halten, dass er nach den Verfolgungen von 923 anordnete, dass die Kirche wiederaufgebaut wurde.

[212] Steven Runciman, A History of the Crusades, Band I (Cambridge: Cambridge University Press, 1951), S. 30-32.

[213] Carole Hillenbrand, The Crusades: Islamic Perspectives (Oxford: Routledge, 2000), S. 101.

sche Kaiser Basil der Zweite einen zehnjährigen Waffenstillstand mit dem fatimidischen (schiitischen) Kalifen.[214]

Basil musste jedoch schon bald erfahren, dass es zwecklos war, solche Verträge abzuschließen. Im Jahre 1004 wurde der sechste fatimidische Kalif Abu Ali al-Mansur al-Hakim (985-1021) gewalttätig gegen seine Mutter und seine Onkel, die alle Christen waren. Zwei seiner Onkel waren christliche Patriarchen. Er befahl die Zerstörung von Kirchen, das Verbrennen von Kreuzen und die Beschlagnahmung von Kircheneigentum. Gegen die Juden ging er mit ähnlicher Gewalt vor. Während der nächsten zehn Jahre wurden dreißigtausend Kirchen zerstört, und unzählige Christen bekehrten sich zum Islam, um ihr Leben zu retten. Im Jahre 1009 erteilte al-Hakim seinen spektakulärsten antichristlichen Befehl: Er ordnete die Zerstörung der Kirche des Heiligen Grabmahls in Jerusalem und mehrerer anderer Kirchen (einschließlich der Kirche der Wiederauferstehung) an. Die Kirche des Heiligen Grabmals, die im siebten Jahrhundert von den Byzantinern wiederaufgebaut wurde, nachdem die Perser sie niedergebrannt hatten, kennzeichnet den überlieferten Ort der Beisetzung Christi. Sie diente auch als Modell für die Al-Akscha-Moschee. Al-Hakim ordnete an, das Grab bis auf den Fels zu schleifen. Er befahl den Christen, schwere Kreuze um den Hals zu tragen, und den Juden, schwere Holzblöcke in Form eines Kalbes. Er erließ eine demütigende Anordnung nach der anderen. Schließlich befahl er allen Ungläubigen, den Islam zu akzeptieren oder seinen Herrschaftsbereich zu verlassen.[215]

Schließlich beendete der unberechenbare Kalif die Verfolgung der Nichtmuslime und gab sogar einen großen Teil des Vermögens zurück, das er der Kirche abgenommen hatte.[216] Eine der Ursachen für al-Hakims Sinneswandel war wahrscheinlich sein zunehmend gespanntes Verhältnis zur islamischen Orthodoxie. Im Jahre 1021 verschwand er unter mysteriösen Umständen von der Bildfläche. Einige seiner Anhänger erklärten ihn zum Gott und gründeten auf der Grundlage dieses Mysteriums und anderer esoterischer Lehren eines muslimischen Geistlichen namens Muhammad ibn Isma'il al-Darazi (von dem die Bezeichnung „Druse" abgeleitet ist) eine Sekte.[217] Dank des Gesinnungswechsels von al-Hakim, dessen Politik auch nach seinem Tod noch weitergeführt wurde, wurde den Byzantinern im Jahre 1027 gestattet, die Kirche des Heiligen Grabmals wieder aufzubauen.[218]

Trotzdem befanden sich die Christen in einer prekären Situation, und die Pilger lebten in ständiger Gefahr. Im Jahre 1056 wiesen die Muslime dreihundert

---

[214] Runciman, S. 33.

[215] Gil, S. 376.

[216] Runciman, S. 35-36; Hillenbrand, S. 16-17; Jonathan Riley-Smith, The Crusades: A Short History (New Haven, CT: Yale University Press, 1987), S. 44.

[217] Bernard Lewis, The Assassins (New York: Basic Books, 2002), S. 33.

[218] Runciman, S. 36.

Teil II: Die Kreuzzüge

Christen aus Jerusalem aus und untersagten den europäischen Christen den Zutritt zur Kirche des Heiligen Grabmals.[219] Als die wilden und fanatischen Seldschuken aus Zentralasien heranstürmten, führten sie eine neue islamische Strenge ein, die das Leben für die ansässigen Christen und die Pilger (deren Pilgerfahrten verboten wurden) zunehmend schwieriger machte. Nachdem sie die Byzantiner bei Manzikert 1071 vernichtend geschlagen und den byzantinischen Kaiser Romanus IV. gefangen genommen hatten, war ihnen ganz Kleinasien hilflos ausgeliefert, und ihr Vormarsch praktisch nicht mehr aufzuhalten. Im Jahre 1076 eroberten sie Syrien, und 1077 Jerusalem. Der Emir der Seldschuken, Atsiz bin Uwaq, versprach, den Einwohnern Jerusalems, ihnen kein Haar zu krümmen. Aber sobald seine Soldaten in die Stadt eingedrungen waren, ermordeten sie dreitausend ihrer Bürger.[220] Die Seldschuken errichteten im selben Jahr in Nicäa das Sultanat von Rum (Rom, eine Anspielung auf das „neue Rom" – Konstantinopel) – in gefährlicher Nähe Konstantinopels. Von dort aus bedrohten sie die Byzantiner und schikanierten die Christen in ihrem gesamten Herrschaftsbereich.

Das christliche Reich Byzanz, das vor den Eroberungskriegen des Islam eine Riesenfläche beherrscht hatte, zu der Süditalien, Nordafrika, der Mittlere Osten und Arabien gehörten, wurde praktisch auf das Gebiet Griechenlands reduziert. Es schien, dass die Vernichtung durch die Seldschuken unmittelbar bevorstünde. Die Kirche von Konstantinopel betrachtete die Päpste als Schismatiker, und hatte sich Jahrhunderte lang mit ihnen herumgestritten. Aber der neue Kaiser Alexius I. Comnenus (1081-1118) überwand seinen Stolz und bat den Papst um Hilfe. Und so kam es zum ersten Kreuzzug. Dieser war eine Reaktion auf den Hilferuf des byzantinischen Kaisers.

Politisch korrekter Mythos: Die Kreuzzüge waren ein frühes Beispiel für den gierigen Imperialismus des Westens

Gieriger Imperialismus? Wohl kaum. Papst Urban II, der beim Konzil von Clermont 1095 zum ersten Kreuzzug aufgerufen hatte, verlangte eine defensive Maßnahme – eine Maßnahme, die schon längst überfällig war. Wie er erklärte, rief er zum Kreuzzug auf, weil ohne defensive Maßnahmen „die Gläubigen von den Türken und anderen Muslimen noch viel härter bedrängt würden." Nachdem er die Christen dazu ermahnt hatte, gut miteinander auszukommen, lenkte er ihre Aufmerksamkeit auf den Osten:

❑ Denn eure Brüder, die im Osten leben, benötigen dringend eure Unterstützung, und ihr müsst ihnen die Hilfe gewähren, die ihnen so oft versprochen wurde. Denn, wie die meisten von euch wohl gehört haben, haben die Türken und die Araber sie angegriffen und das Gebiet von Romania (das griechische Reich) bis zum Mit-

---

[219] Ebd. S. 44.
[220] Gil, S. 412.

telmeer und dem Hellespont, den Arm St. Georgs, erobert. Sie haben immer mehr Gebiete der Christenheit an sich gerissen und sie in sieben Schlachten besiegt. Sie haben viele gefangen genommen oder umgebracht, die Kirchen zerstört und das Reich verwüstet. Wenn wir sie so weiter machen lassen, ohne ihnen in den Arm zu fallen, werden die Gläubigen Gottes vernichtet werden. Aufgrund dieser Tatsache bitte ich, oder vielmehr der Herr, euch als christliche Herolde, dies überall bekannt zu machen und alle Menschen, welchen Rang sie auch einnehmen – gemeine Soldaten oder Ritter, Reiche und Arme – euren Brüdern zu Hilfe zu eilen und diese gottlose Rasse aus den Ländern unserer Freunde zu vertreiben ... Christus will es so.[221]

Der Papst verlor kein einziges Wort über Eroberung oder Bekehrung. Die Aufforderung, „diese gottlose Rasse aus den Ländern unserer Freunde zu vertreiben" klingt in unseren modernen Ohren ein wenig hart. Es handelte sich jedoch nicht um eine Aufforderung zum Massenmord. Es ging ausschließlich darum, die islamische Herrschaft in den ehemals christlichen Ländern zu beenden. In einer anderen Wiedergabe der Rede steht, dass Urban von einer „unmittelbaren Gefahr" sprach, „die uns und allen Gläubigen droht, und die uns hierher geführt hat."

Ebenso wie heute: Verteidiger des Islam?

Im islamischen Recht ist der Dschihad vorgeschrieben, wann immer ein Territorium der Muslime bedroht ist: „Falls Nichtmuslime in ein muslimisches Land eindringen oder sich ihm nähern ... dann ist der Dschihad für die Bewohner dieses Landes eine Pflicht. Sie haben die Nichtmuslime mit allen Kräften, die ihnen zur Verfügung stehen, zurückzuschlagen."[222]

Während der gesamten Geschichte des Islam wurde zum Dschihad, zum Heiligen Krieg, aufgerufen. Als der hamdanidische Herrscher Seyf al-Dawla Mitte des zehnten Jahrhunderts jährlich einen Dschihad gegen das Byzantinische Reich veranstaltete, kamen Muslime von nah und fern, um daran teilzunehmen. Sie kamen, weil aus ihrer Sicht die Byzantiner Angriffskriege führten, um Länder der Muslime zu erobern. Später, während des Ersten Kreuzzugs, ermahnte ein Dichter die Muslime, darauf zu reagieren: „Seid ihr es nicht Allah und dem Islam schuldig und den Jungen und den Alten? Gehorcht Gott! Wehe euch, ge-

---

[221] Papst Urban II, „Rede vor dem Rat von Clermont, 1095, nach Fulcher von Chartres", zitiert in Bongars, Gesta Dei per Francos, S. 1, 382 ff, Übersetzt in Oliver J. Thatcher und Edgar Holmes McNeal, Herausgeber, A Source Book for Medieval History (New York: Scribners, 1905), S. 513-517, nachgedruckt in Medieval Sourcebook, http:/www.fordham.edu/halsall/source/urban2-fulcher.html.
[222] „Umdat al-Salik", o9.1.

Teil II: Die Kreuzzüge

horcht ihm!"²²³ Der bei den heutigen Dschihadisten beliebteste und verehrteste islamische Rechtsgelehrte, Ibn Taymiyya (Taqi al-Din Ahmad Ibn Taymiyya, 1263-1328), sah den Dschihad als absolute Pflicht an: „Wenn der Feind die Muslime angreifen will, dann ist es für die, die angegriffen werden, eine Pflicht, ihn zurückzuschlagen, und für alle anderen, ihnen zu helfen."²²⁴

Hier einige weitere Beispiele für Aufrufe zum Dschihad während der letzten hundert Jahre: Im Jahre 1914, zu Beginn des Ersten Weltkrieges, erließ der osmanische Kalif Sultan Mehmet V. eine Fatwa (einen religiösen Befehl) zum Dschihad. Im Jahre 2003 verkündete eine tschetschenische Dschihadistengruppe: „Wenn der Feind in ein Gebiet, eine Stadt oder ein Dorf eindringt, in dem Muslime leben, dann ist jeder verpflichtet, in den Krieg zu ziehen."²²⁵ Im Jahr 2003 gab das Islamische Forschungszentrum an der Al-Azhar-Universität in Kairo eine Erklärung heraus: „Es entspricht der Logik und dem islamischen Recht, dass, falls der Feind das Land der Muslime überfällt, der Dschihad zur Pflicht jedes Einzelnen wird. Das gilt für jeden einzelnen Muslim, sei er Mann oder Frau, denn unsere muslimische Nation ist Ziel einer neuen Invasion der Kreuzfahrer, die unser Land, unsere Ehre, unseren Glauben und unsere Heimat bedrohen."²²⁶ Ende 2002 sagte der berüchtigte Londoner Dschihadist Scheich Omar Bakri Muhammad: „Wenn der Feind in ein muslimisches Land, z.B. Palästina, Tschetschenien, den Kosovo (sic) oder Kaschmir eindringt, müssen alle Muslime, die in der Nähe dieser Länder wohnen, ihnen zu Hilfe eilen, mit aller möglichen Unterstützung von Muslimen weltweit."²²⁷

❑ Aus Jerusalem und Konstantinopel sind uns schreckliche Berichte zu Ohren gekommen, nämlich dass ein Volk aus dem Königreich der Perser, ein verfluchtes Volk, ein Volk, das sich vollkommen von Gott abgewandt hat, „ein Volk, dessen Herz verstockt und dessen Geist nicht von Gott erfüllt ist", in die Länder der Christen eingefallen ist und sie durch Feuer und Schwert entvölkert hat. Es hat einen Teil seiner Gefangenen in sein eigenes Land entführt und einen anderen Teil durch schreckliche Folter umgebracht. Es hat die

---

²²³ Zitiert in Hillenbrand, S. 71.

²²⁴ Ibn Taymiyya, „The Religious and Moral Doctrine of Jihad", in Rudolph Peters, Jihad in Classical and Modern Islam: A Reader (Princeton, NJ: Markus Wiener Publishers, 1996), S. 53.

²²⁵ Shariah Council of State Defense Council „Majlis al-Shura" der tschetschenischen Republik von Ichkeria, „Jihad And Its Solution Today", Jihad Today, Nr. 7, nachgedruckt unter http://kavkazcenter.com/eng/content/2003/11/26/2028.shtml, 26. November 2003.

²²⁶ Middle East Media ‚Research Institute (MEMRI), „Jihad Against the U.S.: Al-Azhar's Conflicting Fatwas", MEMRI Special Dispatch Nr. 480, 16. März 2003, www.memri.org.

²²⁷ Middle East Media Research Institute (MEMRI), „Islamist Leader in London: No Universal Jihad As Long As There Is No Caliphate" MEMRI Special Dispatch No. 435, 30. Oktober 2002, www.memri.org.

christlichen Kirchen entweder zerstört oder sie für die Riten seiner eigenen Religion missbraucht. Es zerstört die Altäre, nachdem es sie mit seiner Unreinheit entweiht hat ... Das Königreich der Griechen ist jetzt zerteilt. Man hat ihnen Land gestohlen, das so groß war, dass man es nicht in zwei Monaten durchqueren könnte. ... Die königliche Stadt, die sich im Zentrum der Welt befindet, wird nun von den Feinden Gottes besetzt und von jenen beherrscht, die Gott nicht ehren, und die sich zum Heidentum bekehren. Sie fleht euch an, ihr zu Hilfe zu eilen und sie zu befreien. Sie fleht euch um Beistand an, denn, wie wir bereits sagten, hat Gott euch vor allen Ländern mit großer Stärke ausgerüstet.[228]

Ebenso wie heute: Dschihadisten aus der ganzen Welt

„Schon immer sind die muslimischen Krieger weite Strecken gereist, um am Dschihad teilzunehmen. Während der Neunziger Jahre des zwanzigsten Jahrhunderts wurde der Balkan zu einem bevorzugten Ziel für Veteranen aus den Glaubenskämpfen in Afghanistan und Tschetschenien. Ein prominenter Kommandant in Bosnien, Abu Abdel Aziz, erklärte, dass er dorthin ging, nachdem er sich mit mehreren islamischen Gelehrten in Saudi-Arabien beraten hatte. Er sagte, dass ‚sie alle die Überzeugung teilen, dass der Krieg in Bosnien dazu dient, die Lehre Allahs zu verbreiten und die Reinheit der Muslime zu bewahren', denn Allah sagte (in seinem heiligen Buch): ‚Wenn sie aber der Religion wegen um Beistand bitten, so habt ihr Hilfe zu leisten.' (Sure 8:73). Dann ist es unsere religiöse Pflicht, unsere muslimischen Brüder zu verteidigen, wo immer sie auch seien, solange sie verfolgt werden, weil sie Muslime sind, und nicht aus irgendeinem anderen Grund."[229]

Vor, während und nach dem Krieg im Irak strömten Gotteskämpfer aus der ganzen Welt ins Land – auch aus Ländern, von denen man es absolut nicht vermutet hätte. Ende 2003 bemerkte ein deutscher Sicherheitsbeamter, dass „es seit dem Ende des Krieges eine große Menge von Leuten gibt, die durch islamische Extremisten aus Deutschland und dem übrigen Europa motiviert wurden, in den Irak zu gehen."[230]

---

[228] James Harvey Robinson, Herausg., Readings in European History: Band I (Boston, MA: Ginn and Co., 1904), S. 312-316, nachgedruckt in Medieval Sourcebook, http://www.fordham.edu/halsal/source/urban2a.html.
[229] Tawfiq Tabib, „Interview with Sheikh al-Mujahideen Abu Abdel Aziz", Al-Sirat Al-Mustaqueem (The Straight Path), August 1994, nachgedruckt unter http://www.seprin.com/laden/barbaros.html.
[230] Stephen Graham, „Muslim Militants From Europe Drawn to Iraq", Associated Press, 3. November 2003.

Teil II: Die Kreuzzüge

Der Aufruf des Papstes provozierte die Zerstörung der Kirche des Heiligen Grabmals durch die Muslime: „Lasst das heilige Grabmal unseres Herrn und Heilands, das von unreinen Völkern besetzt ist, und die heiligen Orte, die jetzt mit Schmach und Schande behandelt und mit dem Schmutz der Unreinen besudelt werden, euch ein besonderer Ansporn sein."[231]

Die Kreuzfahrer kamen als Pilger zusammen. Christen aus ganz Europa machten sich aus religiösen Gründen auf den Weg ins Heilige Land. Sie waren bereit, sich zu verteidigen, wenn sie angegriffen würden. Viele leisteten ein Gelübde. Besonders am Anfang waren viele Soldaten unter ihnen – und die meisten Teilnehmer an diesem „Volkskreuzzug" wurden im August 1096 im westlichen Kleinasien von den Türken umgebracht.

Politisch korrekter Mythos: Die Kreuzzüge wurden aus Habgier durchgeführt

Natürlich waren nicht alle Kreuzfahrer von lauteren und reinen Motiven erfüllt. Häufig vergaßen viele von ihnen die hohen Ideale der christlichen Pilger. Aber das Dogma, dass es sich bei den Kreuzzügen um nicht provozierte imperialistische Angriffe gegen friedliche Muslime handelte, ist historisch einfach falsch und eher ein Zeichen für eine allgemeine Abneigung gegen die westliche Zivilisation als für eine ernsthafte historische Forschung.

Papst Urban hatte nicht zum Kreuzzug aufgerufen, weil er darin eine Chance sah, Profit zu machen. Er erklärte, dass die Länder, die man den Muslimen wieder abnehmen wollte, zu Lexius Comnenus und dem Byzantinischen Reich gehören würden. Der Papst sah die Kreuzzüge eher als ein Opfer denn als eine Chance zur Eroberung.[232]

Die Kreuzzüge waren auch extrem teuer. Die Kreuzfahrer verkauften ihr gesamtes Eigentum, um Geld für ihre lange Reise ins Heilige Land aufzubringen. Und sie taten dies in dem Bewusstsein, dass sie möglicherweise überhaupt nicht zurückkommen würden.

Ein typisches Beispiel für einen Kreuzfahrer war Gottfried von Bouillon, der Herzog von Unterlothringen und einer der bekanntesten europäischen Ritter, die „das Kreuz auf sich nahmen" (d.h. am Kreuzzug teilnahmen). Er verkaufte viele seiner Ländereien und Besitztümer, um seine Reise zu finanzieren, aber er hatte auch die Absicht, wieder heimzukehren, anstatt sich im Mittleren Osten niederzulassen, denn er gab nicht den Anspruch auf seine Ländereien auf.[233]

---

[231] Ebd.
[232] Ebd.
[233] Thomas Madden, The New Concise History of the Crusades (Lanham, MD: Rowman & Littlefield, 2005), S. 19-20.

Jüngste Untersuchungen der Dokumente der Kreuzfahrer haben ergeben, dass die große Mehrheit von ihnen keine „zweiten Söhne" waren, die auf Gewinn und Eroberung im Mittleren Osten aus waren. Die meisten von ihnen waren, wie Gottfried, Herren ihrer eigenen Ländereien, Männer also, die eine Menge zu verlieren hatten.[234] Natürlich ging es einigen von ihnen nach dem Ersten Kreuzzug ziemlich gut. Fulcher von Chartres schreibt dazu: „Jene, die dort arm waren, macht Gott hier reich. Jene, die dort nur wenige Münzen besaßen, werden hier zahllose Besants besitzen; und jene, die dort kein Herrenhaus besaßen, besitzen hier bereits eine Stadt."[235] Aber die meisten von ihnen kehrten nach Europa zurück, ohne irgendetwas Materielles vorweisen zu können.

Politisch korrekter Mythos: Die Kreuzzüge wurden geführt, um die Muslime durch Zwang zum Christentum zu bekehren

Von vielen dieser politisch korrekten Gutmenschen hört man häufig, dass die Kreuzfahrer mit dem Schwert in der Hand über den Mittleren Osten herfielen und jeden „Ungläubigen" umbrachten, den sie erwischen konnten, außer jene natürlich, die sich zum christlichen Glauben bekehrten. Aber das ist eine politisch motivierte Fantasiegeschichte. Nirgendwo in der Rede von Papst Urban findet sich auch nur der geringste Hinweis darauf, dass Muslime bekehrt werden sollten. Die einzige Sorge des Papstes bestand darin, die christlichen Pilger zu beschützen und die von den Muslimen geraubten Gebiete zurückzuerobern. Erst über einhundert Jahre nach dem Ersten Kreuzzug (im dreizehnten Jahrhundert) bemühten sich europäische Christen, Muslime zum christlichen Glauben zu bekehren. Damals fingen die Franziskaner mit ihrer Missionsarbeit in den von den Kreuzfahrern eroberten Gebieten an. Diese Bemühungen blieben aber zum großen Teil ohne Erfolg.

Als die Kreuzfahrer siegreich waren und Königreiche und Fürstentümer im Mittleren Osten errichteten, ließen sie die Muslime in ihrem Herrschaftsbereich meist in Frieden. Diese durften ihre eigene Religion praktizieren, neue Moscheen und Schulen bauen und ihre eigenen Religionsgerichte betreiben. Einige haben ihren Status mit dem der Dhimmis in den muslimischen Ländern verglichen, in denen man den Ungläubigen eine gewisse Autonomie gewährte, sie jedoch ungerechten Steuergesetzen und anderen Einschränkungen unterwarf. Es ist wahrscheinlich, dass die Kreuzfahrer einige der bereits bestehenden Dhimmi-Gesetze übernahmen, aber sie schrieben den Muslimen und Juden nicht vor, welche Kleidung sie tragen durften. Die Juden und Muslime waren also keinen alltäglichen Schikanen und Diskriminierungen ausgesetzt.[236] Das

---

[234] Ebd. S. 12.
[235] Zitiert in August C. Krey, The First Crusade: The Accounts of Eyewitnesses and Participants, (Princeton, NJ: 1921), S. 280-281, nachgedruckt in Medieval Sourcebook, http://www.fordham.edu/halsall/source/fulcher-cde.html.
[236] Jonathan Riley-Smith, The Oxford Illustrated History of the Crusades (Oxford: Oxford University Press, 1995), S. 116.

Teil II: Die Kreuzzüge

war das genaue Gegenteil von dem, was die Muslime den Christen und Juden zumuteten. Der wichtigste Unterschied ist der, dass die Dhimma niemals Bestandteil der christlichen Lehre war, so wie es noch heute beim Islam der Fall ist.

Der spanische Muslim Ibn Jubayr (1145-1217), der etwa 1180 auf seinem Weg nach Mekka das Mittelmeer überquerte, stellte fest, dass die Muslime es in den von den christlichen Kreuzfahrern kontrollierten Gebieten besser hatten als in den islamischen Ländern. Diese Länder waren geordneter und sicherer als die unter muslimischer Herrschaft, so dass sogar Muslime es vorzogen, in den Ländern der Kreuzfahrer zu leben:

❑ Nachdem wir Tibnin (in der Nähe von Tyros) hinter uns gelassen hatten, kamen wir an einer endlosen Reihe von Bauernhöfen und Dörfern vorbei. Die Felder sind ordentlich bestellt. Die Bewohner sind alle Muslime, aber sie leben in Eintracht mit den Franj (Franken oder Kreuzfahrern). Möge Gott sie vor der Versuchung bewahren! Ihre Häuser gehören ihnen, und ihr Eigentum wird nicht in Frage gestellt. Alle Gebiete in Syrien, die von den Franj kontrolliert werden, sind demselben System unterworfen: der Grundbesitz, die Dörfer und Bauernhöfe sind im Besitz der Muslime geblieben. Jetzt hegen viele von ihnen Zweifel im Herzen, wenn sie ihr Los mit dem ihrer Brüder in den muslimischen Ländern vergleichen. Tatsächlich leiden letztere unter der Ungerechtigkeit ihrer Glaubensbrüder, während die Franj sie gerecht behandeln.[237]

So viel zu der Behauptung, dass die Kreuzfahrer Barbaren waren, die eine höhere und fortschrittlichere Zivilisation überfallen hatten.

---

[237] Zitiert in Maalouf, The Crusades Through Arab Eyes, S. 263

Kapitel 11
Die Kreuzzüge: Mythos und Realität

Wussten Sie schon?

♦ Die Kreuzzüge waren keine frühe Manifestationen der europäischen Kolonisation des Mittleren Ostens.

♦ Das Massaker der Kreuzritter an Juden und Muslimen in Jerusalem im Jahre 1099 war ein schreckliches Verbrechen, aber im Rahmen der damaligen Kriegführung war es nichts Ungewöhnliches.

♦ Die Kreuzfahrer wurden nicht dazu aufgerufen, Juden ebenso wie Muslime zu bekämpfen.

Es wird oft gesagt: „Die Kreuzfahrer marschierten durch ganz Europa in den Mittleren Osten. Dort plünderten sie und brachten massenhaft muslimische und jüdische Männer, Frauen und Kinder um. Die Überlebenden wurden gezwungen, sich zum Christentum zu bekennen. Während sie durch Ströme von Blut wateten, gründeten sie europäische Protokolonien in der Levante und gaben ein Beispiel für Legionen späterer Kolonisten. Sie führten Massenmorde durch und waren ein Schandmal für die katholische Kirche, Europa und die westliche Zivilisation. Sie wüteten so schrecklich, dass Papst Johannes Paul II sich bei der islamischen Welt für die Kreuzzüge entschuldigte."

Ist das alles auch wahr?

Eigentlich nicht. Fast alle Aussagen in diesem Abschnitt sind, obwohl sie von zahlreichen Experten ständig wiederholt werden, falsch.

Politisch korrekter Mythos: Die Kreuzfahrer gründeten Kolonien im Mittleren Osten

Während die Kreuzfahrer dem Aufruf von Papst Urban folgten und nach Osten marschierten, trafen sich ihre wichtigsten Führer mit dem byzantinischen Kaiser Alexius Comnenus. Er überredete jeden einzelnen von ihnen, gemäß den Wünschen von Urban alle Ländereien, die sie eroberten, dem Byzantinischen Reich zurückzugeben. Nach der Belagerung von Antiochien im Jahre 1098 überlegten die Kreuzfahrer es sich anders. Während sich die Belagerung durch den ganzen Winter hinzog und sich die muslimischen Truppen aus Jerusalem von Norden her näherten, warteten die Kreuzfahrer auf die Truppen des byzantinischen Kaisers. Dieser hatte jedoch eine Nachricht erhalten, dass die Lage der Kreuzfahrer in Antiochien hoffnungslos sei, und zog daraufhin seine Truppen zurück. Die Kreuzfahrer fühlten sich verraten und schäumten vor Wut. Nachdem sie gegen unvorstellbare Widerstände Antiochien erobert hat-

Teil II: Die Kreuzzüge

ten, erklärten sie alle Abmachungen mit Alexius für gegenstandslos und gründeten ihre eigene Regierung.

Hier handelte es sich jedoch nicht um koloniale Bestrebungen. Jemand, der mit der Geschichte der späteren Kolonien Virginia, Australien oder Holländisch Ostindien vertraut ist, würde die Staaten der Kreuzfahrer niemals als Kolonien ansehen. Allgemein gesagt ist eine Kolonie ein Land, das von einer weit entfernten Macht regiert wird. Aber die Staaten der Kreuzfahrer wurden nicht von Westeuropa aus regiert. Die Regierungen, die sie aufstellten, waren keiner westlichen Macht gegenüber verantwortlich. Auch beuteten die Herrscher nicht den Reichtum dieser Länder aus, um ihn nach Europa zu schicken. Sie hatten keine Wirtschaftsvereinbarungen mit irgendeinem europäischen Land unterzeichnet. Die Kreuzfahrer hatten diese Staaten lediglich gegründet, um die Christen im Heiligen Land zu schützen.

Tatsächlich hörten viele Kreuzfahrer bald auf, sich als Europäer zu betrachten. Der Chronist Fulcher von Chartres schrieb:

❑ Seht, wie in unserer Zeit Gott den Westen in den Osten verwandelt hat. Denn wir, die wir westliche Menschen waren, sind jetzt zu östlichen Menschen geworden. Jener, der Römer oder Franke war, ist jetzt Galiläer oder Bewohner Palästinas. Und der, der Bürger von Reims oder Chartres war, ist jetzt Bürger von Tyros oder Antiochien. Wir haben die Stätten unserer Geburt bereits vergessen. Vielen von uns sind sie fremd geworden. Oder zumindest werden sie nicht mehr erwähnt. Einige von uns besitzen hier bereits Häuser und Diener, die sie durch Erbschaft erworben haben. Einige haben sich Frauen genommen – nicht nur von ihrem eigenen Volk, sondern syrische oder armenische Frauen oder sogar Sarazeninnen, die die Gnade der Taufe empfangen haben. Einige von uns haben fremde Schwiegerväter oder Schwiegertöchter oder Schwiegersöhne oder Stiefsöhne oder Stiefväter oder sogar Enkel oder Urenkel. Einer besitzt Weinberge, der andere bestellt Felder. Der eine oder andere benutzt nur noch die Sprache seines Gastlandes. Unterschiedliche Sprachen sind jetzt zu einer geworden, und der Glaube vereint jene, deren Vorväter Fremde waren. Wie es geschrieben steht: „Der Löwe und der Ochse werden gemeinsam Stroh fressen." Jene, die Fremde waren, sind jetzt Einheimische, und jene, die als Gäste kamen, sind jetzt Einwohner.[238]

Außerdem fehlte ein weiteres wichtiges Element der Kolonisation: Es gab keine Masseneinwanderung aus den Heimatländern. Es kam kein Strom von Siedlern aus Europa, die sich in den Ländern der Kreuzfahrer niederließen.

---

[238] Zitiert in August C. Krey, The First Crusade: The Accounts of Eyewitnesses and Participants (Princeton, NJ: 1921), S. 280-281, nachgedruckt in Medieval Sourcebook http://www.fordham.edu/halsall/source/fulcher-cde.html.

Politisch korrekter Mythos: Die Eroberung Jerusalems war einzigartig in der Geschichte des Mittelalters und die eigentliche Ursache für das Misstrauen der Muslime gegenüber dem Westen.

Nach einer fünfwöchigen Belagerung marschierten die Kreuzfahrer am 15. Juli 1099 in Jerusalem ein. Ein anonymer zeitgenössischer Bericht eines Christen hat der Welt die Erinnerung daran, was dann passierte, eingebrannt:

❑ Einer unserer Ritter, ein Mann namens Letholdus, erklomm die Stadtmauer. Als er oben angekommen war, zogen sich die Verteidiger schnell zurück. Unsere Männer verfolgten sie und töten viele von ihnen, bis sie den Tempel Salomons erreichten. Es gab ein solches Gemetzel, dass sie bis zu den Knöcheln im Blut des Feindes wateten.

❑ Der Emir, der den Turm Davis kommandierte, ergab sich dem Grafen [von St. Gilles] und öffnete das Tor, wo die Pilger immer ihren Tribut entrichten mussten. Als sie die Stadt betraten, verfolgten und töteten unsere Pilger die Sarazenen bis zum Tempel Salomons. Dort sammelten sich die Sarazenen und leisteten den ganzen Tag über erbitterten Widerstand, so dass der ganze Tempel in ihrem Blut schwamm. Schließlich wurden die Heiden überwältigt, und unsere Männer ergriffen viele Männer und Frauen im Tempel und töteten sie oder ließen sie am leben, wie es ihnen gerade beliebte. Auf dem Dach des Tempels befand sich eine große Menge Heiden beiderlei Geschlechts, denen Tankred und Gaston de Beert ihre Banner gaben [um ihnen Schutz zu gewähren]. Dann verteilten sich die Kreuzfahrer in der Stadt und nahmen sich Gold und Silber, Pferde und Maultiere und raubten die Häuser aus. Danach schmückten sie das Grabmal unseres Herrn Jesus Christus und dankten ihm für seine Hilfe.[239]

Für uns ist es schon schrecklich, einen positiven Bericht über solch ein willkürliches Massaker zu lesen. Aber es gibt einen gewaltigen Unterschied zwischen unserer heutigen Einstellung und der Mentalität der Menschen von damals. Drei hochrangige Kreuzritter, Erzbischof Daimbert, Gottfried, Herzog von Bouillon und Raymond, Graf von Toulouse, rühmten im September 1099 gegenüber Papst Paschal dem Zweiten die Heldentaten der Kreuzfahrer in Jerusalem: „Und wenn ihr zu wissen wünscht, was wir mit den Feinden taten, die wir dort vorfanden, wisset, dass unsere Männer im Tempel Salomons bis zu den Knien ihrer Pferde im Blut ihrer Feinde ritten."[240] Bezeichnenderweise beteiligte sich Gottfried, einer der angesehensten Führer der Kreuzfahrer, nicht

---

[239] R. G. D. Laffan, Herausgeber und Übersetzer, Selected Documents of European History 800-1492, Band I, Henry Holt 1929. Siehe auch „The Crusaders Capture Jerusalem, 1099", EyeWitness to History, www.eyewitnesstohistory.com (2009).

[240] Erzbischof Daimbert, Herzog Godfrey und Graf Raymond, „Letter to Pope Paschal II, September 1099)", in Colman J. Barry, Herausg., „Readings In Church History" (Christian Classics, 1985), S. 328.

an dem Gemetzel. Vielleicht war er sich mehr als jeder andere bewusst, welchen Verrat dieser Massenmord an den Werten der Kreuzfahrer darstellte.

Balderich, ein Bischof, der im frühen zwölften Jahrhundert die Geschichte Jerusalems schrieb, berichtet, dass die Kreuzfahrer zwischen zwanzig- und dreißigtausend Menschen in der Stadt umbrachten.[241] Das ist wahrscheinlich übertrieben, aber nach muslimischen Quellen lag die Zahl noch höher. Obwohl die frühesten muslimischen Quellen keine genaue Zahl von Toten angeben, schrieb Ibn al-Jawzi etwa einhundert Jahre nach dem Ereignis, dass die Kreuzfahrer in Jerusalem „mehr als siebzigtausend Muslime umbrachten". Ibn al-Athir, ein Zeitgenosse Saladins, des muslimischen Führers, der Ende des zwölften Jahrhunderts beeindruckende Siege über die Kreuzfahrer errang, gibt dieselbe Zahl an.[242] Ibn Taghribirdi, ein Historiker aus dem fünfzehnten Jahrhundert, redet von einhunderttausend Opfern. Die Geschichte des Massakers hat im Laufe der Jahrhunderte also ziemliche Ausmaße angenommen, sodass der ehemalige Präsident der Vereinigten Staaten, Bill Clinton, im November 2001 bei einem Vortrag in einer führenden katholischen Universität in Georgetown sagte, dass die Kreuzfahrer nicht nur jeden männlichen Muslim umbrachten, sondern „jede Frau und jedes Kind auf dem Tempelberg ermordeten", bis das Blut ihnen nicht nur bis zu den Knöcheln reichte, wie es der christliche Chronist berichtete, sondern, wie Daimbert, Gottfried und Raymond sich brüsteten, „bis zu den Knien."[243]

Dieser ungeheuerliche Massenmord war, wie man es uns immer wieder eintrichtert – „der Anfang einer Jahrhunderte andauernden Feindschaft zwischen dem Islam und dem Westen."[244] Es wäre korrekter zu sagen, dass es der Anfang einer Jahrhunderte andauernden antiwestlichen Propaganda war. Die Plünderung und Zerstörung Jerusalems durch die Kreuzfahrer war in der Tat ein schreckliches Verbrechen – insbesondere angesichts der hohen moralischen und religiösen Werte, die zu vertreten sie vorgaben. Aber entsprechend der militärischen Normen und Sitten der damaligen Zeit war diese Tat wirklich nichts Außergewöhnliches. Zu jener Zeit war es ein allgemein akzeptiertes Prinzip, dass, falls eine belagerte Stadt sich nicht ergab, sie zerstört wurde. Bei einer freiwilligen Übergabe kamen die Bewohner im Allgemeinen glimpflich davon. Einigen Berichten zufolge hatten die Kreuzfahrer den Bewohnern der Stadt Schonung zugesagt, ihr Versprechen aber dann nicht gehalten. Andere berichteten, dass man vielen Juden und Muslimen der Stadt sicheres Geleit

---

[241] Moshe Gil, A History of Palestine 634-1099 (Cambridge: Cambridge University Press, 1992), S. 827.

[242] Francesco Gabrieli, Herausgeber und Übersetzer, Arab Historians of the Crusades (Berkeley, CA: University of California Press, 1957), S. 11.

[243] Bill Clinton, „Remarks as delivered by President William Jefferson Clinton", Georgetown University, 7. November 2001, Georgetown University Office of Protocol and Events, www.georgetown.edu

[244] Amin Maalouf, The Crusades Through Arab Eyes (New York: Schocken Books, 1984), xvi

gab. Graf Raymond gab dem fatimidischen Gouverneur von Jerusalem, Iftikar al-Daulah, eine persönliche Sicherheitsgarantie.[245] Im Denken der damaligen Zeit mussten die Leute, die nach einer solchen Garantie immer noch in der Stadt blieben, unbedingt als Kämpfer angesehen werden, die Widerstand leisten wollten. Ihr Leben war also verwirkt.[246]

Und was ist mit den Blutströmen, in denen die Kreuzfahrer bis zu ihren Knöcheln oder Knien wateten? Das war eine rhetorische zurschaustellung. Als der christliche Chronist und die Führer der Kreuzfahrer dies so schilderten, war sich jeder darüber klar, dass das nur eine Ausschmückung war. In Wirklichkeit war so etwas praktisch überhaupt nicht möglich. Es gab nicht genug Menschen in Jerusalem, selbst wenn man bedenkt, dass die Bevölkerung der Stadt durch die Flüchtlinge aus der Umgebung ziemlich angewachsen war. Die Tatsache, dass die Zerstörung Jerusalems nicht so außergewöhnlich war, erklärt wahrscheinlich die lakonische Art der Schilderung einiger muslimischer Berichte über den Vorfall. Etwa um 1160 berichteten zwei syrische Chronisten, al-Azimi und Ibn al-Qalanisi, unabhängig voneinander über diesen Vorfall. Keiner von ihnen gab eine Schätzung über die Zahl der Getöteten ab. Al-Azimi sagte nur, dass die Kreuzfahrer „Jerusalem eroberten und es den Ägyptern abnahmen. Godfrey nahm sie an sich. Sie brannten die Kirche der Juden nieder." Ibn al-Qalanisi ging etwas mehr ins Detail: „Die Franken stürmten in die Stadt und nahmen sie in Besitz. Viele Stadtbewohner flohen ins Heiligtum, und eine Menge von ihnen wurde getötet. Die Juden versammelten sich in der Synagoge, und die Franken steckten sie über ihren Köpfen in Brand. Das Heiligtum wurde ihnen nach einer Sicherheitsgarantie vom 22. Sha'ban (14. Juli) des Jahres übergeben, und sie zerstörten die Schreine und das Grab Abrahams."[247] Erst später wurden sich die Muslime darüber klar, welchen Propagandawert es haben würde, die Zahl der Toten anzugeben und maßlos zu übertreiben.

Auf jeden Fall ist bewiesen, dass die Muslime sich ebenso benahmen, wenn sie in eine eroberte Stadt einmarschierten. Man kann natürlich nicht das Verhalten der Kreuzfahrer damit entschuldigen, indem man darauf hinweist, dass „es doch schließlich jeder so macht", wie islamische Apologeten dies heutzutage häufig tun, wenn sie mit der Realität des modernen Dschihad-Terrorismus konfrontiert werden. Eine Grausamkeit entschuldigt nicht die andere. Aber es zeigt doch, dass das Verhalten der Kreuzfahrer zu jener Zeit mit dem anderer Armeen übereinstimmte. Alle Staaten hatten dieselben ungeschriebenen Gesetze, was die Belagerung und den Widerstand betraf.

---

[245] Warren Carroll, The Building of Christendom (Front Royal, VA: Christendom College Press, 1987), S. 545.
[246] Siehe Gill, S. 827 und Thomas F. Madden, The New Concise History of the Crusades (Lanham, MD: Rowman & Littlefield, 2005), S. 34.
[247] Zitiert in Hillenbrand, The Crusades: Islamic Perspectives (Oxford: Routledge, 2000), S. 64-65.

Teil II: Die Kreuzzüge

Im Jahre 1148 zögerte der muslimische Kommandant Nur ed-Din keinen Augenblick, die Ermordung jedes einzelnen Christen in Aleppo zu befehlen. Im Jahre 1268, als die Streitkräfte des mamelukischen Sultans Baybars den Kreuzfahrern Antiochien abnahmen, war Baybars sehr wütend darüber, dass der Herrscher der Kreuzfahrer, Graf Bohemmond VI., die Stadt bereits verlassen hatte. Er schrieb an Bohemmond, um sicherzugehen, dass dieser erfuhr, was seine Leute in Antiochien getan hatten:

> ❑ Du hättest sehen sollen, wie deine Ritter von den Hufen der Pferde zertrampelt und eure Häuser von den Soldaten gestürmt und von den Plünderern ausgeraubt wurden, wie euer Reichtum abgewogen, wie eure Frauen zu viert verkauft und für einen Dinar eures eigenen Geldes erworben wurden. Du hättest sehen sollen, wie die Kreuze in euren Kirchen zerschlagen, die Seiten eures falschen Testaments zerrissen und verstreut und die Gräber eurer Patriarchen zerstört wurden. Du hättest sehen sollen, wie die Muslime auf dem Platz herumtrampelten, auf dem ihr eure Messen gefeiert habt. Wir haben die Kehlen eurer Mönche, Priester und Diakone auf den Altären durchgeschnitten. Wir haben den Patriarchen einen schnellen Tod bereitet und die königlichen Prinzen in die Sklaverei verkauft. Du hättest sehen sollen, wie das Feuer deine Paläste ergriff, und die Leiber der Toten hier verbrannt wurden, bevor ihre Seelen in der Hölle brennen. Dein Palast ist nicht mehr zu erkennen. Die Kirche des Heiligen Paulus und die Kathedrale des Heiligen Petrus sind niedergerissen. Dann hättest du gesagt: „Ich wollte, ich wäre Staub, und dass kein Brief mir jemals so schreckliche Nachrichten gebracht hätte!"[248]

Das schrecklichste Ereignis war wohl die Eroberung Konstantinopels durch die Dschihadisten am 29. Mai 1453, als diese – ebenso wie die Kreuzfahrer 1099 in Jerusalem – die Stadt nach längerem Widerstand schließlich einnahmen. Hier flossen wieder Ströme von Blut, wie der Historiker Steven Runciman bemerkte. Die muslimischen Soldaten „brachten jeden um, den sie auf den Straßen antrafen – Männer, Frauen und Kinder, ohne jede Rücksicht. Das Blut lief in Strömen die steilen Straßen von den Höhen von Petra zum Goldenen Horn hinunter. Aber schon bald hörten die Soldaten auf, die Menschen umzubringen. Es fiel ihnen noch rechtzeitig ein, dass Sklaven ihnen mehr Profit bringen würden."[249]

Ebenso wie die Kreuzfahrer, die die Synagogen und Moscheen zerstörten, drangen die Muslime in die christlichen Klöster ein, brachten die Mönche und Nonnen um und plünderten die Privathäuser. Sie stürmten die Hagia Sophia,

---

[248] Zitiert in Madden, S. 181-182.
[249] Steven Runciman, The Fall of Constantinople 1453 (Cambridge: Cambridge University Press, 1965), S. 145.

die nahezu tausend Jahre lang die größte Kirche des Christentums gewesen war. Die Gläubigen hatten sich in der Kirche versammelt, um zu beten, während die Stadt in den letzten Zügen lag. Die Muslime unterbrachen die Orthros-Zeremonie, das Morgengebet, während die Priester der Legende nach die heiligen Gefäße nahmen und damit in der östlichen Wand der Kathedrale verschwanden, durch die sie eines Tages wieder erscheinen sollen, um den Gottesdienst wieder aufzunehmen. Die Muslime brachten die Alten und Schwachen um und führten die Übrigen in die Sklaverei.

Als das Gemetzel und das Plündern schließlich vorbei waren, befahl der osmanische Sultan Mehmet II einem islamischen Gelehrten, auf die Hochkanzel der Hagia Sophia zu steigen und zu erklären, dass es keinen Gott außer Allah gäbe, und dass Mohammed sein Prophet wäre. Die wunderschöne alte Kirche wurde in eine Moschee umgewandelt. Hunderte von anderen Kirchen in Konstantinopel und anderswo erlitten dasselbe Schicksal. Millionen von Christen waren von nun an in dem elenden Stand der Dhimmis. Andere wurden versklavt, viele ermordet.

Politisch korrekter Mythos: Der muslimische Führer Saladin war gnädiger und großzügiger als die Kreuzfahrer

Eine der berühmtesten Gestalten der Kreuzzüge ist der muslimische Krieger Saladin, der einen großen Teil der islamischen Welt vereinte und den Kreuzfahrern sehr zu schaffen machte. In unserer Zeit ist Saladin zu einem Prototyp des toleranten, großmütigen muslimischen Kriegers geworden, ein historischer „Beweis" für die Erhabenheit, ja Überlegenheit des Islam gegenüber dem bösartigen westlichen Kolonialismus des Christentums. In seinem Buch *„Der Heilige Krieg der Barbaren: Die Kreuzzüge aus der Sicht der Araber"* schildert Amin Maalouf die Kreuzfahrer als Wilde, die sogar das Fleisch der von ihnen ermordeten Menschen fraßen. Ganz anders Saladin: „Er war immer sehr freundlich zu seinen Besuchern. Er bestand darauf, dass sie zum Essen blieben, und er ehrte sie, selbst dann, wenn sie Ungläubige waren, und erfüllte alle ihre Wünsche. Er konnte es nicht ertragen, wenn jemand, der zu ihm kam, unzufrieden wieder von ihm ging. Und da gab es jene, die nicht zögerten, diese seine Eigenschaften für sich zu missbrauchen. Eines Tages, während eines Waffenstillstands mit den Franj (Franken), kam unerwartet der „Brins"*, der Herr von Antiochien, zu Saladins Zelt und verlangte, dass dieser einen Bezirk zurückgeben solle, den der Sultan vier Jahre zuvor erobert hatte. Und er stimmte zu!"[250] Oh, dieser wunderbare, edle Mensch! Wenn man ihn nur gefragt hätte, dann hätte er vielleicht das gesamte Heilige Land wieder zurückgegeben!

---

* Es handelte sich um Renaud von Chatillon – der Übersetzer.
[250] Maalouf, S. 179.

Teil II: Die Kreuzzüge 127

> **Ebenso wie heute: Doppelte Moral**
>
> Bill Clinton behauptete, dass die Zerstörung Jerusalems im Jahre 1099 die eigentliche Ursache für den 11. September 2001 gewesen sei. An die Zerstörung Konstantinopels durch die Muslime 1453 scheint sich niemand mehr zu erinnern. Kein Präsident hat jemals behauptet, dass sie die Ursache für den modernen Terrorismus sei. Tatsächlich wissen heutzutage weniger Leute darüber Bescheid als über die Zerstörung Konstantinopels durch einige missgeleitete Kreuzfahrer im Jahre 1204.
>
> Dies ist nur ein Beispiel für die seltsame Doppelmoral, mit der uns politisch korrekte Gutmenschen kommen, wenn sie das Verhalten des Westens kritisieren. Nichteuropäern, Nichtamerikanern und Nichtchristen wird jedes Massaker, jede Grausamkeit vergeben, aber die Untaten der Christen (oder nichtchristlichen Menschen aus dem Westen) bleiben fest im kollektiven Bewusstsein haften. Der Abu Ghraib-Skandal wurde 2004 und 2005 von denselben Leuten aufgebauscht, die die viel schlimmeren Verbrechen von Saddam Hussein, Osama bin Laden und der Hamas verschweigen oder beschönigen. Es handelt sich um das stillschweigende Eingeständnis einer Tatsache, die das politisch korrekte Establishment in jedem anderen Fall vehement ableugnet: Das Christentum lehrt eine höhere Moral als der Islam, und man erwartet nicht nur von den gläubigen Christen ein besseres Verhalten, sondern auch von jenen, die diese hehren Prinzipien verinnerlicht haben, weil sie in Gesellschaften leben, die durch das Christentum bestimmt werden.

In gewissem Sinne ist diese Geschichte wahr: Saladin machte sich 1187 auf, Jerusalem zu erobern, denn die Kreuzfahrer unter Renaud de Chattillon hatten sich an den Muslimen ein Beispiel genommen und Karawanen – muslimische Karawanen – überfallen. Die christlichen Führer von Jerusalem forderten Renaud auf, damit aufzuhören, denn sie wussten, dass solche Aktionen das Überleben ihres Königreiches gefährden würde. Aber er machte einfach weiter. Und Saladin, der nach einem Grund für einen Krieg gegen die Christen suchte, hatte jetzt endlich einen gefunden.[251]

Man macht viel Aufhebens um die Tatsache, dass Saladin, als er im Oktober 1187 Jerusalem für die Muslime eroberte, die Christen mit Großmut behandelte – ganz anders als das Benehmen der Kreuzfahrer 1099. Der wahre Saladin war jedoch nicht das Muster an Toleranz – eine frühe Version von Nelson Mandela – zu dem man ihn inzwischen erklärt hat. Als seine Truppen die Kreuzfahrer am 4. Juli 1187 bei Hattin entscheidend geschlagen hatten, ordnete er eine Massenhinrichtung seiner christlichen Feinde an. Nach Berichten seines Sekretärs Imad ed-Din „befahl Saladin, sie alle zu enthaupten, entsprechend den Vorschriften des Koran (Sure 47:5): ‚Wenn ihr im Kriege mit den

---

[251] Madden, S. 74.

Ungläubigen zusammentrefft, dann schlagt ihnen die Köpfe ab, bis ihr eine große Niederlage unter ihnen angerichtet habt.' Bei ihm befanden sich eine ganze Reihe von Gelehrten und Sufis und eine große Zahl frommer Männer und Asketen. Sie alle baten ihn, einen der Ungläubigen umbringen zu dürfen. Sie zogen ihr Schwert und krempelten die Ärmel hoch. Saladin, der einen sehr glücklichen Eindruck machte, saß auf seinem Podium. Die Ungläubigen standen da, in dumpfer Verzweiflung."[252]

Als Saladin und seine Leute später in demselben Jahr in Jerusalem einmarschierten, war sein Großmut nur Pragmatismus. Eigentlich hatte er geplant, sämtliche Christen der Stadt umzubringen. Als jedoch der christliche Kommandant Jerusalems, Balian von Ibelin, damit drohte, die Stadt zu zerstören und sämtliche Muslime umzubringen, bevor Saladin in die Stadt eindringen könnte, gab dieser nach. Als er die Stadt jedoch erobert hatte, versklavte er viele Christen, die es sich nicht leisten konnten, sich freizukaufen.[253]

Politisch korrekter Mythos: Die Kreuzzüge wurden nicht nur gegen die Muslime, sondern auch gegen die Juden geführt

Es ist leider wahr, dass während der Kreuzzüge auch viele Juden umgebracht wurden. Einige Gruppen von Kreuzfahrern vergaßen die Aufgabe, mit der Papst Urban sie betraut hatte. Aufgehetzt von antisemitischen Predigern terrorisierte eine Gruppe von Männern die Juden in Europa, anstatt sich in den Osten zu begeben, um an dem Ersten Kreuzzug teilzunehmen. Graf Emicho von Leinigen und seine Gefolgsleute marschierten durch das Rheinland und töteten zahlreiche Juden in fünf deutschen Städten: Speyer, Worms, Mainz, Trier und Köln. Einige der Bischöfe in diesen Städten versuchten, dem Morden Einhalt zu gebieten, und Graf Emicho und seine Bande von Kriminellen fanden schließlich ihr Ende, als sie versuchten, die Pogrome nach Ungarn auszuweiten. Der Schaden war jedoch bereits angerichtet. Nachrichten über die Verbrechen erreichten den Mittleren Osten und veranlassten viele Juden, sich mit den Muslimen gegen die Kreuzfahrer zu verbünden, als diese eintrafen. Fünfzig Jahre später begann das Morden erneut. Eine Gruppe von Kreuzfahrern startete eine weitere Terrorwelle gegen die Juden im Rheinland.

Mohammed gegen Jesus

„Glückselig die Barmherzigen, denn ihnen wird Barmherzigkeit widerfahren. ... Denn wenn ihr liebt, die euch lieben, welchen Lohn habt ihr? Tun nicht auch die Zöllner dasselbe? Und wenn ihr allein eure Brüder grüßt, was tut ihr Besonderes? Tun nicht auch die von den Nationen dasselbe?"

Jesus (Matthäus 5,7.46-47)

---

[252] Zitiert in ebd. S. 76.
[253] Ebd. S. 78.

Teil II: Die Kreuzzüge

> *Mohammed ist der Gesandte Allahs, und die es mit ihm halten, sind streng gegen die Ungläubigen, aber voll Güte untereinander.*
>
> Sure 48:30

All dies war nicht nur ein unentschuldbares Verbrechen, sondern auch eine unglaubliche Dummheit. Die Kreuzfahrer hätten die Juden, die von den Muslimen ebenfalls als Dhimmis angesehen wurden, besser als ihre natürlichen Verbündeten im Kampf gegen den islamischen Dschihad behandeln sollen. Die Muslime behandelten die Christen und die Juden nämlich mehr oder weniger gleich schlecht. Es ist tragisch, dass keine der beiden Gruppen die andere als Mitkämpfer gegen die Unterdrückung durch die Muslime betrachtete. Aber selbst heute, achthundert Jahre nach den Kreuzzügen, ist eine solche Weisheit schwer zu finden. Es wäre also vielleicht ungerecht, diese ausgerechnet von den Kreuzfahrern zu erwarten.

War die Misshandlung von Juden jedoch allgemein ein typisches Verhalten der Kreuzfahrer? Nicht, wenn wir der historischen Überlieferung Glauben schenken wollen. Papst Urbans Aufruf zum Ersten Kreuzzug beim Konzil von Claremont sagt nichts über die Juden, und die Männer der Kirche waren Emichos erbittertste Gegner. Tatsächlich verurteilte der Papst selbst die Aktionen von Emicho. Bernard von Clairvaux, einer der Hauptorganisatoren des Zweiten Kreuzzuges, begab sich ins Rheinland und unterband persönlich die Verfolgungen der Juden. Er erklärte: „Fragt jeden, der die Heilige Schrift kennt, was diese über die Juden voraussagt: ,Nicht für ihre Zerstörung bete ich.' heißt es da."[254] Päpste und Bischöfe riefen wiederholt dazu auf, die Morde an den Juden zu einzustellen.

Dennoch zogen es nach der Zerstörung Jerusalems und den Massakern an den Juden während der Kreuzzüge viele Juden vor, in Gebieten zu leben, die von den Franken kontrolliert wurden, und das trotz der unleugbaren Feindschaft, die die Christen aus Europa ihnen entgegenbrachten.[255] Sie wussten nur zu gut, dass es ihnen unter der Herrschaft des Islam weit schlechter ergehen würde.

Politisch korrekter Mythos: Die Kreuzzüge waren blutiger als der islamische Dschihad

Die Kreuzfahrer begingen Massenmorde in Jerusalem. Saladin und seine muslimischen Truppen taten dies nicht. Das ist zu einer unverrückbaren absoluten Wahrheit geworden: Ja, die Muslime haben erobert, aber die Bewohner der Länder, die sie eroberten, haben sie willkommen geheißen. Sie waren gerecht und großmütig gegenüber den religiösen Minderheiten in diesen Ländern. Die Kreuzfahrer hingegen waren blutgierig, raffgierig und erbarmungslos.

---

[254] Ebd. S. 54.
[255] Jonathan Riley-Smith, The Oxford Illustrated History of the Crusades (Oxford: Oxford University Press, 1997), S. 116.

Wir haben bereits gesehen, dass diese konventionelle Weisheit nichts mit der Wahrheit zu tun hat. Saladin sah ausschließlich aus pragmatischen Gründen davon ab, die Einwohner von Jerusalem zu massakrieren, und was die Grausamkeit anging, nahmen es die Muslime leicht mit den Kreuzfahrern auf und übertrafen sie sogar oft. Die Eroberer waren niemals willkommen. Man leistete erbitterten Widerstand, und diesem Widerstand wurde mit extremer Brutalität begegnet. Und sobald sie an der Macht waren, unterdrückten sie die religiösen Minderheiten auf eine unglaubliche Art und Weise.

Hat sich der Papst für die Kreuzzüge entschuldigt?

„Na schön," werden Sie jetzt vielleicht sagen, „aber trotz allem sind die Kreuzzüge immer noch ein Schandfleck für die westliche Zivilisation. Denn schließlich hat sich selbst Papst Johannes Paul der Zweite für sie entschuldigt. Warum hätte er das tun sollen, wenn man sie heute nicht als negativ empfinden würde?

Es besteht kein Zweifel, dass die Ansicht, dass Papst Johannes Paul der Zweite sich für die Kreuzzüge entschuldigte, weit verbreitet ist. Als er starb, erinnerte die Washington Post ihre Leser daran, „dass sich Johannes Paul der Zweite während seiner langen Amtszeit bei den Muslimen für die Kreuzzüge entschuldigte, bei den Juden für den Antisemitismus, bei den orthodoxen Christen für die Zerstörung Konstantinopels, bei den Italienern für die Verbindungen des Vatikans mit der Mafia und bei den Wissenschaftlern für die Verfolgung Galileis."[256]

Eine lange Liste. Aber Johannes Paul hat sich niemals für die Kreuzzüge entschuldigt. Das, was einer Entschuldigung am nächsten kam, war seine Aussage am 12. März 2000, dem „Tag der Vergebung": „…… können wir nicht umhin, die Untreue gegenüber dem Evangelium anzuerkennen, deren sich einige unserer Brüder besonders während des zweiten Jahrtausends schuldig gemacht haben. Wir bitten um Vergebung für die Spaltungen, die unter den Christen entstanden sind, für den Gebrauch der Gewalt, zu dem einige von ihnen im Dienst an der Wahrheit geschritten sind, und für die bisweilen eingenommenen Haltungen des Misstrauens und der Feindseligkeit gegenüber den Anhängern der anderen Religionen."[257] Das kann man wohl kaum als eine eindeutige Entschuldigung für die Kreuzzüge bezeichnen. Und angesichts der wahren Geschichte der Kreuzzüge wäre eine solche Entschuldigung auch wohl kaum gerechtfertigt gewesen.

Die Kreuzzüge verdienen nicht die Verurteilung durch die Welt, sondern – wie wir noch sehen werden – ihre Dankbarkeit.

---

[256] Allan Cooperman, „For Victims, Strong Words Were Not Enough", Washington Post, 3. April 2005.
[257] Papst Johannes Paul II, „Predigt des Heiligen Vaters: 'Tag der Vergebung'", 12. März 2000, http://www.vatican.va/holy_father/john_paul_ii/homilies/2000/documents/hf_jp-ii_hom_20000312_pardon_en_html.

Kapitel 12
Was mit den Kreuzzügen erreicht wurde, und was nicht

Wussten Sie schon?

- *Nach den Kreuzzügen versuchten die Muslime erneut, Europa durch den Dschihad zu erobern.*

- *Christen waren ebenso wie die Muslime für die Eroberung Osteuropas durch den Islam verantwortlich. Sie gingen kurzsichtige und letztendlich katastrophale Allianzen mit den Kräften des Dschihad ein.*

- *Westliche Politiker, die glauben, dass man „die Herzen der dschihadistischen Muslime erobern kann", sind genauso naiv und weltfremd.*

Es gab viele Kreuzzüge, aber wenn die Historiker von „den Kreuzzügen" reden, dann meinen sie eine Reihe von sieben Feldzügen Westeuropas gegen die Muslime im Heiligen Land. Zum ersten Kreuzzug wurde im Jahre 1095 aufgerufen. Er begann im Jahre 1099. Der siebte Kreuzzug endete 1250. Die letzten Städte der Kreuzfahrer fielen 1291 an die Muslime.

1. Der Erste Kreuzzug (1098-1099) war der erfolgreichste. Die Kreuzfahrer eroberten Jerusalem und gründeten mehrere Staaten im Mittleren Osten.

2. Der Zweite Kreuzzug (1146-1148) war nicht sehr erfolgreich. Im Gegenteil, er war ein katastrophaler Versuch, einen Kreuzfahrerstaat, Edessa, der von den Muslimen 1144 erobert worden war, wieder zurückzuerobern. Zuerst waren die Kreuzfahrer sehr erfolgreich. Im Jahre 1147 gelang es ihnen, Lissabon zu befreien. Als sie jedoch im Dezember 1147 im Osten eintrafen, wurde der größte Teil des Kreuzfahrerheers in Kleinasien vernichtet, noch bevor es das Heilige Land erreichen konnte.

3. Papst Gregor der Achte. rief zum Dritten Kreuzzug (1188-1192) auf, nachdem Saladin Jerusalem erobert und 1187 bei Hattin die Truppen der Kreuzfahrer vernichtet hatte. Dieser Kreuzzug wurde von starken Persönlichkeiten geführt, die jedoch nicht sehr gut miteinander auskamen: Kaiser Friedrich Barbarossa, König Richard Löwenherz von England und König Philip von Frankreich. Es gelang ihnen nicht, Jerusalem wiederzuerobern, aber sie stärkten Outremer, den Kreuzfahrerstaat, der sich entlang der Küste der Levante erstreckte.

4. Der Vierte Kreuzzug (1201-1204) wurde durch einen Anwärter auf den byzantinischen Thron katastrophal abgelenkt, der die Kreuzfahrer dazu überredete, nach Konstantinopel zu kommen, um ihn bei der Durchsetzung seiner Ansprüche zu unterstützen. Die Kreuzfahrer plünderten schließlich die Stadt, was ein großer Schock für die christliche Welt war. Sie errichteten ein lateinisches Königreich in Konstantinopel und erwarben sich die ewige Feindschaft der Byzantiner. Dadurch wurde das bereits zerbrechliche Byzantinische Reich weiter geschwächt.

5. Beim Fünften Kreuzzug (1218-1221) konzentrierte man sich auf Ägypten. Durch die Zerschlagung Ägyptens, so hofften die Kreuzfahrer, würde es ihnen gelingen, Jerusalem zurückzuerobern. Sie belagerten Damietta, eine Stadt im Nildelta, die das Zugangstor zu den größten Städten Ägyptens, Kairo und Alexandria, darstellte. Während sich die Belagerung hinzog, wurde der ägyptische Sultan al-Kamil zunehmend besorgt und bot den Kreuzfahrern zweimal ein wiederhergestelltes Königreich von Jerusalem an, falls sie Ägypten verlassen würden. Die Kreuzfahrer lehnten das Angebot ab und eroberten schließlich Damietta. Interne Streitigkeiten und Uneinigkeit ließen diesen Kreuzzug jedoch schließlich scheitern. Die Kreuzritter schlossen einen acht Jahre dauernden Waffenstillstand mit al-Kamil und gaben Damietta im Austausch für das Wahre Kreuz (einem Stück vom Kreuz von Golgatha) auf, das von Saladin erbeutet worden war.

6. Der Sechste Kreuzzug (1228-1229) war eigentlich nur eine Fortsetzung des fünften. Nachdem sich der römische Kaiser Friedrich II. jahrelang geweigert hatte, den Eid als Kreuzfahrer zu leisten, wurde er vom Papst exkommuniziert. Jedoch begab er sich trotzdem ins Heilige Land. Die bloße Aussicht auf einen weiteren Kreuzzug schien al-Kamil Angst einzujagen. Außerdem hielt er ihn von seinen Plänen ab, Damaskus zu erobern. Also bot er den Kreuzfahrern einen zehnjährigen Waffenstillstand an. Während dieser Zeit konnten sie Jerusalem, Bethlehem und Nazareth zurückerobern. Jedoch erklärte sich Friedrich einverstanden, Jerusalem schutzlos zurückzulassen und gestattete den Muslimen, dort weiter ungestört zu leben. Dies machte es fast unvermeidlich, dass die Muslime die Stadt schließlich zurückeroberten. Und das taten sie dann auch im Jahre 1244. Sie brachten zahlreiche Christen um und verbrannten die Kirchen, unter anderem auch die Kirche des Heiligen Grabmals.

7. Der Siebte Kreuzzug (1248-1250) war der am besten ausgerüstete und organisierte aller Kreuzzüge. Er wurde von dem frommen französischen König Ludwig IX angeführt. Dieser wandte sich wiederum nach Ägypten und eroberte Damietta. Als die Kreuzfahrer jedoch versuchten, Kairo einzunehmen, wurden sie bei Mansourah besiegt. Ludwig selbst wurde gefangengenommen. Schließlich ließ man ihn gegen ein

Teil II: Die Kreuzzüge

Lösegeld wieder frei, und er kehrte nach Europa zurück, nachdem er eine kurze Zeit im Zentrum der Kreuzfahrer in Akre verbracht hatte. Später versuchte er sogar, einen neuen Kreuzzug zu organisieren, kam damit aber nicht sehr weit.

Das Reich der Kreuzfahrer überdauerte nur noch wenige Jahrzehnte. Antiochien, wo die Kreuzfahrer 1098 ihr erstes Reich aufbauten, fiel 1268 an die Armeen des Islam. Im Jahre 1291 eroberten die Muslime Akra und vernichteten das Heer der Kreuzfahrer. Die übrigen christlichen Städte Outremers fielen kurz danach. Es gab weitere Versuche, Kreuzzüge durchzuführen, aber sie führten zu nichts. Die Präsenz der Kreuzfahrer im Nahen Osten gehörte der Vergangenheit an. Sie sollten nie wieder dorthin zurückkehren.

Pakt mit den Mongolen

Zu der Zeit, als gerade die letzte Stadt Outremers zerstört wurde, kam ein Hilfsangebot von unerwarteter Seite. Arghun, der mongolische Herrscher Persiens und Verbündeten des berühmt-berüchtigten Kublai Khan, schickte 1287 einen Unterhändler nach Europa. Arghun war kein einfacher Exzentriker. Die Mongolen lagen schon seit längerer Zeit im Streit mit den Muslimen. Im Jahre 1258 stürzte Hulagu Khan, der Bruder von Kublai Khan, den abbasidischen Kalifen. Zwei Jahre später eroberte ein christlicher Mongole namens Kithuka Damaskus und Aleppo für die Mongolen. Arghun wollte die christlichen Könige Europas für eine gemeinsame Sache gewinnen, nämlich den Muslimen das Heilige Land ein für alle mal zu entreißen. Arghun war Buddhist. Sein bester Freund war der Katholikos, der Führer der Nestorianischen Kirche, einer christlichen Sekte, die sich im Jahre 431 von der großen Kirche des römischen Reiches abgespalten hatte. Sein eigener Wesir hatte sich mittlerweile zum jüdischen Glauben bekannt. Arghun schien jede Religion zu respektieren, außer den Islam. Er wurde zu einer Macht im Mittleren Osten, indem er den muslimischen Führer Ahmed stürzte (einen Konvertiten von der Nestorianischen Kirche), nachdem dieser versucht hatte, mit den Mameluken in Kairo gemeinsame Sache zu machen.

Ahmed hatte 1285 an Papst Honorius IV geschrieben und ihm eine Allianz vorgeschlagen. Als er keine Antwort erhielt, sandte er Rabban Sauma, einen Nestorianischen Christen aus dem Herzen Zentralasiens, nach Europa, um die Angelegenheit mit dem Papst und den christlichen Königen persönlich zu besprechen. Saumas Reise war eine der bemerkenswertesten in der Geschichte. Er startete von Trebizond und reiste den ganzen Weg nach Bordeaux, um sich mit König Edward I. von England zu treffen. Auf der ersten Etappe seiner Reise traf er sich mit dem byzantinischen Kaiser Andronicus in Konstantinopel (den er „König Basileus", „König König" nannte, was beweist, dass die Übersetzer des 13. Jahrhunderts nicht gerade unfehlbar waren). Von dort aus reiste er nach Neapel und Rom (wo Honorius IV. gerade gestorben und ein neuer Papst noch nicht gewählt worden war). Über Genua reiste er dann nach Paris, wo er mit König Philip IV. von Frankreich zu Abend aß. In Bordeaux traf er sich mit Edward I. Dann kehrte er zu einem triumphalen Treffen mit Papst Nikolaus IV. wieder nach Rom zurück.

Alle europäischen Führer waren von Rabban Saumas Vorschlag hinsichtlich einer mongolisch-christlichen Allianz zur Befreiung des heiligen Landes sehr angetan. Philip IV. bot an, persönlich eine Kreuzfahrerarmee nach Jerusalem zu führen. Auch Edward I. war begeistert: Sauma bot hier ja schließlich eine Allianz an, die der König in der Vergangenheit selbst gefordert hatte. Papst Nikolaus überschüttete Sauma, Arghun und die nestorianischen Katholiken mit Geschenken. Aber worauf sich keiner dieser Männer oder sonst jemand in Europa einigen konnte, war ein Termin für diesen großen neuen Kreuzzug. Ihre Begeisterung blieb vage, ihre Versprechungen unspezifisch.

Die gekrönten Häupter Europas waren zu sehr zerstritten und zu sehr mit eigenen Problemen in Anspruch genommen, um sich mit dem Angebot des Mongolen zu beschäftigen. Vielleicht waren sie aber auch zu misstrauisch gegenüber einem nichtchristlichen König, der einen Krieg führen wollte, um das Heilige Land der Christen zu befreien. Vielleicht hatten sie Angst, dass, sobald sie erst einmal dem Wolf dabei geholfen hatten, die Muslime zu verschlingen, er sich ihnen zuwenden würde. Aber auf alle Fälle war das eine echte Chance, die verpasst wurde. Arghun, der mit Rabban Saumas Mission unzufrieden war, schickte 1289 einen weiteren Unterhändler namens Buscarel von Gisolf nach Europa. Er bat Philip IV. und Edward I. um Hilfe und schlug vor, gemeinsam mit Soldaten, die die christlichen Könige schicken sollten, Jerusalem einzunehmen. Dann würde er die Stadt den Kreuzfahrern übergeben. Edwards Antwort, die einzige, die überliefert wurde, war höflich, aber unverbindlich. Arghun war bestürzt und versuchte es 1291 noch einmal, aber bis zu diesem Zeitpunkt war Outremer schon gefallen. Und als der Unterhändler zurückkehrte, war Arghun bereits tot.[258]

Hätten der Papst und die christlichen Könige eine Allianz mit Arghun geschlossen, dann wäre es den Kreuzfahrern wahrscheinlich gelungen, Jerusalem zurückzuerobern und eine starke Präsenz im Heiligen Land aufzubauen. Dies hätte den Ansturm der Muslime auf Osteuropa, der ein Jahrhundert nach dem Fall von Outremer begann, zumindest verzögert. Aber die Führer Europas waren beschränkt und kurzsichtig. Sie waren so mit relativ unwichtigen Dingen daheim beschäftigt, dass sie überhaupt nicht merkten, was da auf dem Spiel stand. Hätten sie die Absichten der islamischen Gotteskrieger nur rechtzeitig erkannt, dann wären sie gegenüber dem Bündnisangebot Arghuns sicher offener gewesen.

Aber es gibt genügend Beispiele dafür, dass sie überhaupt keine Ahnung von diesen Absichten hatten.

---

[258] Steven Runciman, A History of the Crusades, Band III (Cambridge: Cambridge University Press, 1951), S. 398-402.

Teil II: Die Kreuzzüge

Vereinbarungen mit den Muslimen

Der Dschihad war jetzt ein siebenhundert Jahre altes Projekt, das mit der Stärke der Muslime zunahm und vorübergehend wieder vergessen wurde, wenn diese schwächer wurden. Aber es wurde niemals aufgegeben, weder von einem der Führer noch einer der Sekten des Islam. Das hieß natürlich nicht, dass sie nicht bereit waren, mit den Christen Vereinbarungen abzuschließen. Der englische Historiker Matthew Paris berichtete, dass muslimische Abgesandte im Jahre 1238 nach Frankreich und England reisten und versuchten, dort Unterstützung gegen die Mongolen zu gewinnen – eine Tatsache, die im Zusammenhang mit der politisch korrekten Lehre, dass die Christen nichts anderes taten, als ständig muslimische Länder zu unterjochen, doch sehr interessant ist.[259]

Mit dem Abzug der Kreuzfahrer aus dem Heiligen Land gewann der Dschihad neue Energie. Einen Beitrag dazu leisteten einige kurzsichtige Christen: Im Jahre 1345 bat der byzantinische Kaiser Johannes VI. Cantacuzenus die Türken um Beistand bei einem dynastischen Streit.

Dies war keineswegs das erste Mal, dass Christen Vereinbarungen mit den Muslimen abschlossen. Bereits vor Johannes VI. hatten dies einige Leute getan. Einer der Hauptgründe für die Feindschaft zwischen den Christen des Ostens und des Westens während der ersten Kreuzzüge war der, dass die Byzantiner bereit waren, Verträge mit den Feinden des Christentums abzuschließen. Alexius I. Commenus verärgerte die ersten Kreuzfahrer damit, dass er Verhandlungen mit den Ägyptern führte. Ein weiterer byzantinischer Kaiser, Manuel I. Commenus (1143-1180) zog sich die Verachtung der Kreuzfahrer, weil er mit den Türken verhandelte, und viele gaben ihm die Schuld für den katastrophalen Ausgang des Zweiten Kreuzzugs. Später schlossen Kaiser Friedrich II. und andere Kreuzfahrer selbst Verträge mit den Kriegern des Dschihad ab. Aber nach dem islamischen Gesetz dürfen Muslime nur dann Verträge mit Nichtmuslimen abschließen, wenn sie sich in einer Position der Schwäche befinden und Zeit benötigen, um Kräfte für einen erneuten Kampf zu sammeln. Jene, die mit den Christen Verträge abschlossen, haben dies niemals aus dem Auge verloren und sind auch niemals auf Verträge eingegangen, die die Position der Muslime schwächten.

Die Einladung von Johannes VI. war ein gutes Beispiel für christliche Kurzsichtigkeit. Die Muslime kamen nach Europa, um ihm zu helfen. Sie überquerten 1348 die Dardanellen und besetzten 1354 Gallipoli . 1357 eroberten sie die beeindruckende byzantinische Festung von Adrianopel. Im Jahre 1359 gründete Sultan Murad I. das Korps der Janitscharen, eine Elitetruppe junger Männer, die als Kinder von ihren christlichen Familien geraubt, versklavt und zwangs-

---

[259] Bernard Lewis, The Assassins (New York: Basic Books, 1967), S. 5. Für die Kreuzzüge als Vergewaltigung siehe Amin Maalouf, The Crusades Through Arab Eyes (New York: Schocken, 1989), S. 266.

weise zum Islam bekehrt wurden. Der Historiker Godfrey Goodwin sagte dazu: „Kein Junge wurde rekrutiert, der sich nicht durch freie Entscheidung zum Islam bekannt hatte – falls man mit freier Entscheidung die Wahl zwischen Leben und Tod meint."[260]

Die Janitscharen wurden zur schlagkräftigsten Truppe des Osmanischen Reiches gegen das Christentum. An einigen Orten wurde die Zwangsrekrutierung von Jungen zu einem jährlichen Ereignis: Die christlichen Väter wurden gezwungen, mit ihren Söhnen auf dem Marktplatz zu erscheinen. Die Muslime wählten die stärksten und intelligentesten Jungen aus. Diese sahen ihre Eltern nie wieder, es sei denn, dass sie als Kämpfer wieder in die Gebiete ihrer ehemaligen Heimat zurückgeschickt wurden.

Ebenso wie heute: Herz und Verstand gewinnen

Als im Dezember 2004 Südasien von dem katastrophalen Tsunami heimgesucht wurde, gab Außenminister Colin Powell seiner Hoffnung Ausdruck, dass die Hilfe, die die Vereinigten Staaten den betroffenen Ländern zukommen lassen würde, die antiamerikanische Stimmung in der muslimischen Welt möglicherweise beseitigen könnte.

Jedoch hatte bereits mehr als anderthalb Jahre vor Powells Rede der südafrikanische Mufti Ebrahim Desai, der Imam einer „Frag-den-Imam"-Webseite im Internet, Dinge geäußert, die, hätte Powell davon gewusst, seinen Optimismus bezüglich der positiven Wirkung der Unterstützung durch die USA ein wenig gedämpft hätte. Jemand fragte den Imam, ob der Westen dafür gelobt werden sollte, dass er Truppen nach Bosnien geschickt und die Ermordung von Muslimen in anderen Teilen der Welt verurteilt hätte. Desais Antwort war kurz und bündig: „Man kann den Kuffar (Ungläubigen) niemals trauen. Sie haben immer nur ihren eigenen Vorteil im Auge."[261]

Nur die Meinung eines Einzelnen? Sicher. Aber es ist eine Meinung, die tief in der islamischen Tradition verwurzelt ist, und es wäre deshalb naiv, sie einfach als persönliche Meinung und Beschränktheit Desais abzutun. Der Koran schreibt den Gläubigen vor: „O Gläubige, nehmt euch keine Ungläubigen zu Freunden, wenn Gläubige vorhanden sind. Wer aber so tut, der hat von Allah in nichts Beistand zu erhoffen, oder er müsste Gefahr von ihnen befürchten." (Sure 3:28). Kannten Johannes VI. Cantacuzenes oder Powell diese Sure des Korans?

---

[260] Godfrey Goodwin, The Janissaries (London: Saqi Books, 1997), S. 34.
[261] Mufti Ebrahim Desai, Ask the Imam Question 1394, „Der Westen wird von Muslimen aus vielen Gründen kritisiert, z.B. weil er den Frauen erlaubt, zu arbeiten", 25. Oktober 2000. http://islam.tc/ask-imam/view.php?q=1394.

Die Muslime setzten sich in Europa fest, und in den folgenden Jahren nahmen sie den Dschihad wieder auf. Da Europa völlig zerstritten und durch eigene Probleme abgelenkt war, waren sie in der Lage, riesige Gebiete zu erobern: Griechenland, Bulgarien, Serbien, Mazedonien, Albanien und Kroatien. Am 15. Juni 1389 kam es zur Begegnung mit christlichen Truppen im Kosovo. Am Abend vor der Schlacht öffnete der Großwesir den Koran, um dort Inspiration zu suchen. Sein Auge fiel auf den Vers: „Oh Prophet, kämpfe gegen die Heuchler und Ungläubigen." „Diese christlichen Hunde sind Ungläubige und Heuchler", sagte er. „Also werden wir sie vernichten."[262]

Mohammed gegen Jesus

„...es kommt sogar die Stunde, daß jeder, der euch tötet, meinen wird, Gott einen Dienst zu tun."

Jesus (Johannes 16,2)

„Bekämpft diejenigen der Schriftbesitzer, welche nicht an Allah und den Jüngsten Tag glauben und die das nicht verbieten, was Allah und sein Gesandter verboten haben, und sich nicht zur wahren Religion bekennen, so lange, bis sie ihren Tribut in Demut entrichten und sich unterwerfen."

Sure 9:29

Sie kämpfen also und siegten gegen eine stärkere und größere Streitmacht. Der 15. Juni ist seitdem für die Serben ein Tag der Trauer.

Der Vormarsch nach Osteuropa war nur der Anfang. Es war die Kurzsichtigkeit von Johannes VI., die dem Islam die Tür geöffnet hatte. Was wusste Johannes über die Motive und die Ziele der Türken? Was wusste er über die Vorschriften des Dschihad, die sie dazu veranlasst hatten, seiner Bitte um Unterstützung stattzugeben und dann, sobald sie einmal in Europa waren, den Krieg gegen die Christen fortzusetzen? Vielleicht dachte er, dass die Theologie und der juristische Überbau des Dschihad nur eine reine Theorie wäre, und dass die Muslime Männer wären, mit denen man verhandeln konnte? Wahrscheinlich hatte er geglaubt, dass gebildete Männer über alle kulturellen und religiösen Grenzen hinweg miteinander auskommen könnten. Vielleicht hatte er sich sogar eingebildet, dass seine Einladung an die Muslime seinen guten Willen bekunden und ihre Herzen gewinnen könnte, sodass sie ihre Angriffe gegen den Westen einstellen würden.

Er war nicht der erste europäische Staatsmann, der sich solche Illusionen machte, und leider auch nicht der letzte.

---

[262] Paul Fregosi, Jihad (New York: Prometheus Books, 1998), S. 225.

Der Dschihad in Osteuropa

Was unternahmen die Europäer nun gegen den Ansturm des Islam? Sie riefen immer noch zu Kreuzzügen auf, aber anstatt um Jerusalem oder Damietta zu kämpfen, mussten sie sich immer näher ihrer Heimat und schließlich in Europa selbst mit den Gotteskriegern auseinandersetzen, wobei sie immer mehr mit dem Rücken an die Wand gedrückt wurden. Aus dem Königreich Jerusalem wurde das Königreich von Zypern, dessen Könige den Titel „König von Jerusalem" beibehielten. Aber dieser Titel war nur noch eine Farce. Ein König von Zypern, Peter I. (1359-1369), versuchte, in Europa Unterstützung für einen neuen Kreuzzug zu gewinnen, und eroberte 1365 Alexandria. Aber da er von dem durch interne Probleme zerstrittenen Europa keinerlei Unterstützung erhielt, musste er sich schließlich zurückziehen. Im Jahre 1426 fiel Zypern selbst dem Dschihad der ägyptischen Mameluken zum Opfer.

Die Kreuzfahrer wurden unbarmherzig nach Westen abgedrängt. Eine große Streitmacht wurde 1395 bei Nikopolis, einer kleinen Stadt an der Donau, besiegt. Ganz Europa war nun den Türken ausgeliefert. Zwischen ihnen und Rom, Paris und sogar London stand praktisch kein Hindernis mehr. Es schien, dass die Muslime jetzt endgültig den Sieg davontragen würden. Der erste Versuch, Europa zu erobern, lag bereits 700 Jahre zurück. Damals belagerten die Armeen des Dschihad die Stadt Konstantinopel und eroberten Spanien. All die Jahrhunderte waren ihre Raub- und Eroberungsgelüste durch die Theologie und den juristischen Überbau des Koran und durch die Worte und Taten des Propheten Mohammed bestimmt. Zum ersten Mal seit über tausend Jahren, noch bevor der römische Kaiser Konstantin sich zum Christen erklärt und das Christentum legalisiert hatte, sah nun alles so aus, als ob das Christentum völlig ausgerottet und praktisch jeder Christ in den Dhimmi-Status versetzt würde.

Hilfe von unerwarteter Seite

Aber dann erhielten die Christen Hilfe von einer Seite, von der sie es am wenigsten erwartet hätten: von den Mongolen. Es handelte sich hier nicht mehr um die heidnischen Mongolen von vor einem Jahrhundert zuvor, die gehofft hatten, mit den Christen gemeinsame Sache gegen die Muslime zu machen. Diese Mongolen waren Muslime. Tamerlan („Timur der Lahme") (1336-1405), der blutrünstige Eroberer Zentralasiens, war wahrscheinlich ein Mitglied der Sufisekte der Naqshbandi.[263] Das ist sehr bemerkenswert, denn die Sufis werden heute oft als eine tolerante und friedliche Sekte des Islam dargestellt. Ihre Geschichte ist jedoch vom Dschihad bestimmt (z.B. in Tschetschenien).

---

[263] Beatrice Farbes Manz, The Rise and Rule of Tamerlane (Cambridge: Cambridge University Press, 1989), S. 17.

Teil II: Die Kreuzzüge

Tamerlan, der ein direkter Nachfahre von Dschingis Khan war, griff die muslimischen Länder im Mittleren Osten an. Die Mameluken und Osmanen, die schwere Verluste erleiden mussten, waren gezwungen ihre Aufmerksamkeit von Europa abzuwenden. Aber Tamerlan schien selbst gar nicht so sehr an Europa interessiert zu sein, obwohl seine Siege so groß waren, dass sie den byzantinischen Kaiser Johannes I. zwangen ihm Tribut zu zahlen. Nachdem er 1402 die Osmanen bei Ankara vernichtend geschlagen hatte, wandte Tamerlan seine Aufmerksamkeit China zu. Die Muslime im Westen waren jetzt zu schwach, um ihre Eroberungszüge gegen Europa fortzusetzen. Tatsächlich hatte nun ein Muslim das Christentum vor dem Islam gerettet.

Europa war jedoch nur eine kurze Atempause vergönnt. Der Blick des osmanischen Sultans Murad II. (1421-1451) fiel auf das Juwel der Christenheit, Konstantinopel. 1422 begann er mit der Belagerung. Gegen die Mauern der Stadt konnte er jedoch nichts ausrichten. Aber er gab nicht auf. 1430 eroberte er Thessaloniki und schnitt Konstantinopel von den Handelsrouten ab. Der byzantinische Kaiser Johannes VIII. wandte sich an Rom um Hilfe und stimmte beim Konzil von Florenz sogar einer Wiedervereinigung der katholischen und der orthodoxen Kirche zu, und zwar zu den Bedingungen der katholischen Kirche. Er hoffte, dass der Westen dem geschwächten Kaiserreich zu Hilfe eilen würde. Papst Eugenius IV. rief auch zu einem Kreuzzug auf, und es gelang, eine große Armee aus Polen, der Walachei und Ungarn aufzustellen. Jedoch zerschlugen sich die letzten Hoffnungen Konstantinopels, als Murad im November 1444 bei Varna in Ungarn ein Kreuzfahrerheer von dreißigtausend Mann vernichtete. Obwohl die Kreuzfahrer bei Varna eigentlich muslimisches Territorium erreicht hatten (die Muslime hatten die Stadt im Jahre 1391 erobert), waren die Zeiten, da die Kreuzfahrer ihre eigenen Königreiche in Antiochien und Jerusalem errichteten und dem Sultan in Kairo einen gehörigen Schrecken einjagten, längst vorbei.

Nach der Katastrophe von Varna war es nur noch eine Frage der Zeit, bis Konstantinopel fiel. Das Ende kam am Dienstag dem 29. Mai 1453. Nach Wochen des erbitterten Widerstands unterlag die Stadt einer überwältigenden muslimischen Übermacht. Ihre Bewohner wurden, wie wir gesehen haben, brutal ermordet.

Aber damit war der Vormarsch des Islam noch nicht vorbei. Die Türken belagerten 1456 Belgrad und versuchten sogar Rom zu erobern, aber dann wurden sie zurückgeschlagen. Endlich hatte sich das Blatt gewendet. Die Muslime wurden im sechzehnten Jahrhundert von Malta vertrieben, und auch ihre erste Belagerung Wiens 1529 war ein Fehlschlag. Später, 1672, besiegten sie die Polen und eroberten große Teile der Ukraine. Aber sie verloren das, was sie nur zehn Jahre zuvor erobert hatten. Schließlich belagerten sie noch einmal Wien. Dort wurden sie vom polnischen König Jan III. Sobieski und dreißigtausend polnischen Husaren besiegt. Dieser Tag, der 11. September 1683, markierte den Höhepunkt der muslimischen Expansion in Europa.

Mit den Kreuzzügen wurde keines der ursprünglich angestrebten Ziele erreicht. Sie gingen als eine der größten Fehlschläge des Abendlandes in die Geschichte ein.

Aber waren sie wirklich ein totaler Fehlschlag?

Kapitel 13
Was wäre, wenn es die Kreuzzüge nie gegeben hätte?

Wussten Sie schon?

- Obwohl die Kreuzfahrer ihr wichtigstes Ziel niemals erreichten, verhinderten sie die Eroberung Europas durch den Islam.

- Die nichtislamischen Völker, die in den „toleranten und pluralistischen islamischen Ländern" lebten, schrumpften zu einer winzigen, unterdrückten und verhassten Minderheit.

- Der Hass der Mohammedaner gegen die Ungläubigen bestand während der gesamten Geschichte des Islam und geht bis heute weiter.

In was für einer Welt würden wir heute leben, wenn die Kreuzzüge niemals stattgefunden hätten? Würde Frieden, gegenseitiges Verständnis und guter Wille zwischen den Christen und Muslimen herrschen? Wäre die islamische Welt frei von der schrecklichen Paranoia, mit der so vieles, was aus dem Westen kommt, betrachtet wird? Schließlich hat Amin Maalouf gesagt: „Es kann überhaupt kein Zweifel daran bestehen, dass der Bruch zwischen diesen beiden Welten auf die Kreuzzüge zurückzuführen ist, die von den Arabern noch heute als ein Akt der Vergewaltigung empfunden werden."[264]

Oder wäre die Welt heute auf eine ganz andere, völlig unerwartete Art anders? Wie klingt das in Ihren Ohren: „Petersmoschee in Rom"?

Politisch korrekter Mythos: Die Kreuzzüge haben überhaupt nichts bewirkt

Durch die ständigen Angriffe der Muslime, die bis ins Herz Europas vordrangen, und die Unfähigkeit der Kreuzfahrer, sich endgültig im Heiligen Land festzusetzen, sowie die Feindschaft, die die Kreuzfahrer nicht nur zwischen Christen und Muslimen, sondern auch zwischen Ost- und Westeuropa säten, kamen die Historiker zu der Ansicht, dass die Kreuzzüge ein totaler Fehlschlag waren.

Letztlich bestand ihr Ziel ja darin, die christlichen Pilger im Heiligen Land zu beschützen. Ursprünglich wurden die Kreuzfahrerstaaten zu diesem Zweck gegründet. Aber nach dem Zweiten Kreuzzug schrumpften diese Staaten sehr schnell zusammen, und nach 1291 waren sie völlig verschwunden. Auch ver-

---

[264] Amin Maalouf, The Crusades Through Arab Eyes (New York: Schocken, 1989), S. 266.

hinderten die Kreuzfahrer nicht, dass die islamischen Armeen in Europa einfielen.

Es ist jedoch interessant, dass die islamischen Angriffe auf Europa während der Zeit der Kreuzzüge dramatisch nachließen. Die Eroberung Spaniens, des Mittleren Ostens und Nordafrikas und die erste Belagerung von Konstantinopel fanden lange vor dem ersten Kreuzzug statt. Die Schlachten im Kosovo und bei Varna, die ein erneutes Eindringen der Muslime in Osteuropa einleiteten, fanden nach dem Fall der letzten Kreuzfahrerfestungen im Mittleren Osten statt.

Was haben die Kreuzfahrer also erreicht? Sie verschafften Europa eine Atempause – und die hat wahrscheinlich den Unterschied zwischen Untergang und Sklaverei oder Aufstieg und Erfolg bedeutet. Wenn Gottfried von Bouillon, Richard Löwenherz und zahllose andere Ritter nicht ihr Leben riskiert hätten, um Tausende von Meilen von zuhause entfernt für das Christentum zu kämpfen, hätten die Dschihadisten Europa mit Sicherheit schon lange vorher überrannt. Diese wurden von den Kreuzfahrern während einer sehr kritischen Zeit nicht nur festgenagelt (sie kämpften schließlich in Antiochien und Ascalon, statt in Varna oder Wien). Sie brachten auch Armeen zusammen, die andernfalls überhaupt nicht existiert hätten. Papst Urbans Aufruf vereinigte die unterschiedlichsten Menschen für ein gemeinsames Ziel. Hätte dieses Ziel nicht existiert, und wäre es nicht in ganz Europa verkündet worden, wären viele dieser Menschen überhaupt nie Soldaten geworden. So wäre das Abendland auf einen Ansturm des Islam schlecht vorbereitet gewesen.

Die Kreuzzüge haben also letztlich dafür gesorgt, dass uns die Zukunftsvision Edward Gibbons über „die Auslegung des Koran in den Schulen von Oxford" dann doch noch erspart blieb.

Und das ist keine unwichtige Sache. Denn obwohl es das politisch korrekte Establishment so ungern zugibt, stammen die meisten philosophischen und wissenschaftlichen Erkenntnisse und technologischen Errungenschaften aus dem christlichen Europa. Ich bin bereits auf einen der wichtigsten Gründe dafür eingegangen, warum die Wissenschaft sich in der christlichen und nicht in der muslimischen Welt entwickeln konnte: Die Christen glaubten an ein kohärentes und logisches Universum, das von einem gütigen Gott gelenkt wird. Die Muslime hingegen glauben an ein Universum, das von einem Gott regiert wird, dessen Wille so absolut ist, dass dies jede Kohärenz und Logik ausschließt.

Aber dieser so grundlegende Unterschied in der Weltanschauung hätte sich ohne Freiheit nicht entwickeln können. Diese Freiheit stand den Christen oder anderen Nichtmuslimen, die das Pech hatten, unter muslimischer Herrschaft zu leben, nicht zu. Auf alle Fälle wurden die Menschen, die unter muslimische Herrschaft fielen, am Ende zu winzigen und kulturell abgeleiteten Minderheiten reduziert – gleichgültig wie groß ihre Zahl und wie großartig ihre Leistungen waren, bevor sie von den Muslimen unterjocht wurden. Natürlich sind nur wenige eroberte Völker einem solchen Schicksal entgangen. Die einzigen

Völker, denen das Schicksal des Dhimmi-Status erspart blieb, waren jene, die dem islamischen Dschihad erfolgreich Widerstand leisteten: die Christen Europas und die Hindus in Indien.

Andere hatten da weniger Glück.

Fallstudie: Die Zoroastrer

Wäre es wirklich so schlimm gewesen, wenn die Muslime Europa erobert hätten? Schließlich hätten die Christen doch weiterhin ihre Religion ausüben können. Sie hätten sich lediglich mit ein wenig Diskriminierung abzufinden gehabt, oder?

Obwohl „ein wenig Diskriminierung" alles ist, was islamische Apologeten im Zusammenhang mit dem Dhimmitum zugeben würden, waren die langfristigen Folgen für die Nichtmuslime katastrophal. Noch Jahrhunderte nach der Eroberung Ägyptens durch die Muslime bildeten die koptischen Christen dort eine überwältigende Mehrheit. Aber heute machen sie höchstens noch 10% der ägyptischen Bevölkerung aus.

Dasselbe gilt für jede nichtmuslimische Gruppe, die völlig unter die Herrschaft des Islam fiel.

Die Zoroastrer oder Parsen sind Anhänger des persischen Priesters und Propheten Zoroaster oder Zarathustra (628-551 vor Chr.). Vor dem Eintreffen des Islam war das Zoroastrertum über einen langen Zeitraum die offizielle Religion Persiens (des heutigen Iran) und die vorherrschende Religion in den Gebieten, in denen sich das persische Reich ausbreitete – von der Ägäis bis zum Indus. Zoroastrer traf man in Persien ebenso an wie in China. Nach der Eroberung Persiens durch den Islam wurden die Zoroastrer auf den Dhimmi-Status reduziert und grausamen Verfolgungen ausgesetzt. Und dazu gehörte häufig die erzwungene oder erpresste Bekehrung zum Islam. Viele flohen nach Indien, nur um dann den islamischen Kriegern wieder in die Hände zu fallen, als diese in Indien eindrangen.

Das Leiden der Zoroastrer unter dem Islam war nicht geringer als das der Christen und Juden weiter westlich. Und so ging das bis in die Neuzeit weiter. Unter der Herrschaft der Mullahs im Iran hat sich das bis heute nicht geändert. Im Jahre 1905 veröffentlichte ein Missionar namens Napier Malcolm ein Buch, in dem er über das erbärmliche Leben der Zoroastrer in der persischen Stadt Yezd berichtete.

❑ Bis 1895 war es keinem Parsen (Zoroastrer) erlaubt, einen Regenschirm zu tragen. Selbst während der Zeit, da ich mich in Yazd befand, durften sie in der Stadt keinen tragen. Bis 1895 gab es ein strenges Verbot, Brillen zu benutzen. Bis 1885 durften sie keine Ringe tragen. Ihre Gürtel mussten aus rauem Segeltuch bestehen, aber nach 1885 war jedes weiße Material zulässig. Bis 1896 waren die Parsen gezwungen, ihre Turbane zu drehen, anstatt sie zu falten.

Bis 1898 waren für den Qaba [das äußere Gewand] und den Arkhaluq [das untere Gewand] nur die Farben braun, grau und gelb erlaubt. Danach wurden alle Farben gestattet, mit Ausnahme von blau, schwarz, hellrot oder grün. Es gab auch ein Verbot gegen weiße Strümpfe, und bis etwa 1880 mussten die Parsen eine besondere Art hässlicher Schuhe tragen, mit breiten, nach oben gerichteten Spitzen. Bis 1885 mussten sie eine zerrissene Kappe tragen. Bis 1880 mussten sie statt Hosen enge, selbst gefärbte lange Unterhosen tragen. Bis 1891 mussten alle Zoroastrer in der Stadt zu Fuß laufen, und selbst in der Wüste mussten sie von ihren Pferden oder Kamelen steigen, wenn sie einen Muslim trafen, gleichgültig welchen Stand dieser einnahm. Während der Zeit, da ich in Yezd war, durften sie in der Wüste reiten, und mussten nur absteigen, wenn sie einen wirklich wichtigen Muslim trafen. Es gab noch andere ähnliche Bekleidungsvorschriften, aber die sind zu kleinlich und zu zahlreich, um sie hier alle aufzuzählen.

❏ Die Häuser sowohl der Parsen als auch der Juden mussten so niedrig gebaut sein, dass ein Muslim mit ausgestreckter Hand ans Dach reichen konnte. Sie durften jedoch unter Bodenhöhe bauen. ... Bis etwa 1860 durften die Parsen keinen Handel treiben. Sie versteckten Waren im Keller und verkauften sie heimlich. Heute dürfen sie in den Karawansereien und Herbergen Handel treiben, aber nicht auf den Basaren. Sie dürfen auch nicht mit Wäsche und Textilien handeln. Bis 1870 durften sie ihre Kinder nicht in die Schule schicken.

❏ Der Betrag der Jazziya, der „Ungläubigensteuer", hing vom Wohlstand des einzelnen Parsen ab, aber sie betrug niemals weniger als zwei Toman [10.000 Dinare]. Ein Toman ist heute drei Schilling und acht Pence wert, aber früher lag sein Wert viel höher. Selbst heute, da das Geld weniger wert ist, macht er immer noch den Lohn eines Arbeiters für zehn Tage aus. Das Geld muss unverzüglich bezahlt werden, wenn der Farrash [wörtlich Teppichklopfer. Es handelt sich um einen Amtsdiener, der meist draußen arbeitet.], der als Steuereintreiber dient, den Mann aufsucht. Der Farrash konnte während der Einziehung der Jaziya tun, was ihm beliebte. Dem Schuldner wurde nicht einmal gestattet, nach Haus zu gehen, um das Geld zu holen. Er wurde geschlagen, bis er mit dem Geld herausrückte. Etwa 1865 band ein Farrash, der diese Steuer eintreiben wollte, einen Mann mit einem Hund zusammen und gab beiden abwechselnd Fußtritte.

❏ Etwa 1891 erwischte ein Mudschahedin einen Zoroastrer, einen Händler, der auf einem der öffentlichen Plätze der Stadt weiße Strümpfe trug. Er befahl, den Mann zu verprügeln und ihm seine Strümpfe auszuziehen. Etwa 1860 ging ein Mann von siebzig Jahren in weißen Hosen aus rauem Segeltuch auf den Markt. Man

Teil II: Die Kreuzzüge

schlug ihn zusammen, nahm ihm die Hose ab und schickte ihn wieder heim, wobei er die Hose auf dem Arm tragen musste. Manchmal mussten Parsen im Haus eines Mudschahedin auf einem Bein stehen, bis sie einwilligten, eine bedeutende Geldsumme zu zahlen.[265]

Welche Wirkung hat es, wenn Menschen gezwungen sind, lange Zeit unter solchen Umständen zu leben? Die Antwort kann man in Zahlen ausdrücken: Nach etwa 1400 Jahren des Dhimmitums, während der sie die wahre Natur der islamischen Toleranz kennengelernt haben, machen die Zoroastrer heute nur noch etwa 2% der Gesamtbevölkerung des Iran aus (in Indien, wohin sie flohen um Zuflucht zu finden, ist der Anteil noch geringer). In Afghanistan, wo die Zoroastrer einst eine starke Gruppe bildeten, sind sie praktisch ausgestorben. Das ist keine Überraschung. Der Übertritt zum Islam war für diese Leute oft die einzige Hoffnung auf ein halbwegs erträgliches Leben.

Hätten die Kreuzzüge die Muslime nicht aufgehalten, und hätten die islamischen „Gotteskrieger" das Christentum besiegt, wären dann die Christen in Europa zu einer winzigen Minderheit geworden, wie ihre Glaubensbrüder im Mittleren Osten (wo das Christentum einst die vorherrschende Religion war) und wie die Zoroastrer? Hätte man die Errungenschaften der europäischen christlichen Zivilisation dann auch wie Abfall behandelt, wie man das in islamischen Gesellschaften allgemein so tut? Die „vorislamische Zeit" wird dort allgemein als eine Zeit der Unwissenheit angesehen.

Ebenso wie heute: Sistani vergleicht Ungläubige mit Exkrementen

Der Hass, den die Muslime gegenüber den Ungläubigen empfinden, die sie als die „schlechtesten Geschöpfe" bezeichnen, gehört nicht der Vergangenheit an. Der irakische schiitische Führer Ayatollah Sayyid Ali Husayni Sistani, der von vielen Leuten im Westen als großer Reformator, Gemäßigter und Hoffnung auf Demokratie im Irak und im gesamten Mittleren Osten gefeiert wird, lässt überhaupt keinen Zweifel an der Tatsache, dass sich an der Verachtung der Muslime gegenüber den Ungläubigen absolut nichts geändert hat. Und das ist genau die Einstellung, die die Zoroastrer von einer starken Mehrheit zu einer unbedeutenden Minderheit gemacht hat. Unter den zahlreichen Vorschriften Sistanis in Bezug auf alle Fragen des islamischen Rechts ist die folgende Liste besonders aufschlussreich.

---

[265] Napier Malcolm, Five Years in a Persian Town (New York: E. P. Dutton, 1905), S. 45-50, zitiert in Andrew G. Bostom, „The Islamization of Europe", FrontPageMagazine.com, 31. Dezember 2004.

Die folgenden zehn Dinge sind essentiell najis (unrein):

1. Urin	6. Hunde
2. Kot	7. Schweine
3. Samen	8. Kuffar (Ungläubige)
4. Leichen	9. Alkoholische Getränke
5. Blut	10. Der Schweiß eines Tieres, das ständig najasat (unreine Dinge) frisst[266]

Sistani fügt hinzu: „Der gesamte Körper eines Kafirs, einschließlich seiner Haare und Nägel, und alle seine Körpersäfte sind najis."

Doppelmoral-Alarm: Sistani wird in der gesamten westlichen Welt respektiert. Aber stellen Sie sich einmal den internationalen Aufschrei vor, wenn zum Beispiel ein Pfarrer im „Wort zum Sonntag" behaupten würde, dass sich Nichtchristen auf dem Niveau von Schweinen, Kot oder Tierschweiß befänden.

Wäre das Konzept der Gleichberechtigung und der Würde aller Menschen, das aus dem Christentum entstanden ist, und das mit dem islamischen Recht nicht in Einklang zu bringen ist, in Europa und Amerika heute überhaupt bekannt?

Fallstudie: Die Assyrer

Die assyrische Kirche des Ostens ist ein weiteres Beispiel. Es handelt sich hierbei um die alte Kirche von Edessa, der Stadt, die zum Zentrum des von den Kreuzfahrern gegründeten ersten lateinischen Reiches werden sollte. Im vierten und fünften Jahrhundert wurde das Verhältnis dieser Kirche mit den Kirchen im Westen zunehmend gespannter. Im Jahre 424 erklärte die Kirche des Ostens schließlich in einer Synode, dass ihr Führer, der Katholicos von Seleucia-Ctesiphon (der persischen Hauptstadt) kein Untertan der Kirche von Rom oder Antiochien wäre, sondern dieselbe Autorität besäße wie sie. Später übernahmen die Assyrer die von Nestorius, dem Patriarchen von Konstantinopel, verkündete Sicht Christi. Nestorius war beim dritten Ökumenischen Konzil in Ephesus im Jahre 431 zum Ketzer erklärt worden. Dies führte zu einer weiteren Entfremdung der Assyrer sowohl von den Byzantinern als auch von der römischen Kirche. Nach dem Jahr 424 hatten die Assyrer Jahrhunderte lang kaum noch Kontakt zu den großen Kirchen in Konstantinopel und Rom.

---

[266] Von Sistanis Webseite www.sistani.org.

Ebenso wie heute: Verfolgung der Christen im Irak

Im Jahre 775 wurde der Sitz der assyrischen Kirche von der persischen Stadt Seleucia-Ctesiphon nach Bagdad verlegt. Seitdem befindet sie sich dort. Jedoch hat die zunehmend christenfeindliche Haltung im Nahen Osten und das Wiederaufleben des militanten Islam dazu geführt, dass der gegenwärtige Katholico, Mar Dinkha IV., seit 1980 in Chicago lebt. Der Patriarch Emmanuel Delly, Führer der chaldäischen Katholiken (einer Gruppe von Assyrern, die bereits vor Jahrhunderten die Verbindung mit der katholischen Kirche wieder herstellten) ist in Bagdad geblieben – nur um mit ansehen zu müssen, wie die Christen nach dem Fall von Saddam Hussein jetzt verfolgt werden. Saddams Regierung war relativ weltlich eingestellt. Die Dschihadisten hingegen hoffen jetzt, eine Regierung durchzusetzen, unter der das Gesetz der Scharia wieder konsequent durchgesetzt wird. Christen, die alkoholische Getränke verkaufen, werden zum Ziel von Anschlägen. Die Dhimmi-Gesetze untersagen das „Ausstellen" von Wein oder den Verkauf an Orten, wo Muslime ihn möglicherweise kaufen könnten.[267] Christliche Frauen werden bedroht, weil sie nicht den Hijab, die islamische Kopfbedeckung tragen.[268] Viele Christen wurden umgebracht, und Tausende von ihnen haben das Land verlassen. Im September 2004 schrieb der irakische Journalist Majid Aziza, dass „es schwierig ist, sich an eine Zeit zu erinnern, in der christliche Araber in größerer Gefahr waren als heute."[269]

Wenn man an Tamerlan denkt, dann ist das wirklich schlimm.

Während dieser Zeit erwiesen sich die Assyrer als einige der effektivsten und energischsten Missionare, die die Christenheit jemals kannte. Für eine gewisse Zeit erstreckte sich die Nestorianische Kirche vom Mittelmeer bis hin zum Pazifischen Ozean. Nestorianische Christen traf man in ganz Zentralasien und im Byzantinischen Reich, besonders aber im Mittleren Osten und Ägypten. Während ihrer Blütezeit verfügten sie über Erzdiözesen in Asserbaidschan, Syrien, Jerusalem, Peking, Tibet, Indien, Samarkand, Edessa und Arabien (in Sana, Jemen), sowie über Kirchen von Aden bis Bombay und Schanghai. Der nestorianische Missionar Alopen brachte 635 das Evangelium nach China. Die erste chinesische Kirche wurde drei Jahre später fertiggestellt. Bis zum achten Jahrhundert gab es so viele Christen in China, dass dort mehrere Diözesen gegründet werden konnten. Ein chinesischer Kaiser nannte das Christentum „die leuchtende Lehre" und unterstützte seine Verbreitung.

---

[267] „Umdat al-Salik", o11.5(6).
[268] „Fundamentalists vow to kill female students without head cover", AsiaNews, 22. Oktober 2004.
[269] „Iraqui Columnist: ‚It is Difficult to Recall a Period in Which Christian Arabs Were in Greater Danger Than Today'", Middle East Media Research Institute, Special Dispatch No. 789, 24. September 2004.

Dann jedoch tauchten Sturmwolken am Horizont auf. Ende des siebten Jahrhunderts begann Kalif Muawiya der Zweite (683-684) mit der Verfolgung der Nestorianer und zerstörte viele ihrer Kirchen, nachdem der Katholico sich geweigert hatte, ihm Gold auszuliefern. Die Verfolgungen setzten sich unter dem Kalifen Abd al-Malik (685-705) fort. Der abbasidische Kalif al-Mahdi (775-786) bemerkte, dass die Assyrer noch nach der Eroberung durch die Muslime Kirchen gebaut und damit gegen die Dhimmi-Gesetze verstoßen hatten. Er befahl also, sie zu zerstören. Offensichtlich war er der Meinung, dass die Christen die Bestimmungen der Dhimma, den „Schutzvertrag", verletzt hätten. Also wurden 5000 Christen in Syrien vor die Wahl gestellt, sich entweder zum Islam zu bekennen oder zu sterben. Al-Mahdis Nachfolger Harun al-Rashid (786-809) befahl die Zerstörung weiterer Kirchen. Ein halbes Jahrhundert später begann der Kalif al-Mutawakkil (847-861) eine aktive Verfolgung der Christen. Während des neunten und zehnten Jahrhunderts wurden die Christen in Bagdad und Umgebung mehrmals von Räubern und Plünderern ausgeraubt. Viele der getöteten Christen waren Assyrer. In China begann inzwischen ein neuer Kaiser mit einer Verfolgung, die so schrecklich war, dass nestorianische Missionare, die im Jahre 981 China besuchten, nur noch Überreste ihrer Kirchen vorfanden. Trotzdem zog die nestorianische Kirche immer noch große Mengen von Konvertiten unter den Türken und anderen Völkern an, und war auch in China noch sehr aktiv. Ende des dreizehnten Jahrhunderts diente ein Nestorianer als Gouverneur in der chinesischen Provinz Gansu.

Das Leiden der Assyrer begann erneut, als Antiochien 1268 von den Muslimen eingenommen wurde. Viele Assyrer wurden versklavt, und ihre Kirchen zerstört. Ein assyrischer Bischof wurde gesteinigt und seine Leiche als Abschreckung für die Christen vor den Stadttoren aufgehängt. Bei weiteren Angriffen der Araber, Kurden und Mongolen während des zwölften und dreizehnten Jahrhunderts wurden unzählige Assyrer getötet oder versklavt. Aber das Schlimmste kam von dem Mongolen Tamerlan, einem fanatischen Muslim, der mehrere schreckliche Dschihads gegen die Nestorianer durchführte und ihre Städte und Kirchen zerstörte. Es handelte sich um einen totalen Krieg gegen die assyrischen Christen: Tamerlan bot ihnen an, sich zum Islam zu bekennen, das Dhimmitum zu akzeptieren oder zu sterben. Bis zum Jahre 1400 gab es die großen nestorianischen Gebiete nicht mehr. Das Christentum war in Persien, Zentralasien und China fast völlig ausgerottet.[270]

---

[270] E. A. Wallis Budge, Übers., The Monks of Kublai Khan, Emperor of China, (The Religious Tract Society, 1928), nachgedruckt auf http://www.aina.org/books/mokkmokk.htm#c72.

> **Mohammed gegen Jesus**
>
> *„Und ihr werdet von allen gehaßt werden um meines Namens willen; wer aber ausharrt bis ans Ende, der wird errettet werden."*
>
> *Jesus (Markus 13,13)*
>
> *„Ihr habt ein herrliches Vorbild an Abraham und an denen, welche es mit ihm hielten. Diese sagten zu ihrem Volke: ‚Wir sprechen uns los von euch und von den Götzen, welche ihr statt Allah verehrt. Wir verwerfen das. Wir entsagen euch, und auf immer sei zwischen uns und euch Feindschaft und Hass, wenigstens so lange, bis ihr an den einzigen Gott glaubt.'"*
>
> *Sure 60:5*

Danach lebten fast alle Nestorianer als Dhimmis unter muslimischer Herrschaft. Und ebenso wie bei den Zoroastrern reduzierte sich ihre Gemeinde unter der staatlichen Terrorherrschaft auf eine verschwindend kleine Minderheit.

Hätte die Christen in Europa dasselbe Schicksal ereilt, hätte die Welt die Werke von Dante Alighieri, Michelangelo, Leonardo da Vinci, Mozart oder Bach wahrscheinlich niemals kennengelernt. Es hätte vermutlich niemals einen El Greco oder einen Giotto oder Olivier Messaien gegeben. Eine Gemeinschaft, die ausschließlich mit dem Überleben beschäftigt ist, hat keine Energie, um sich noch zusätzlich mit Kunst und Musik zu beschäftigen.

Wahrscheinlich hat Europa seine Entwicklung letztlich den Kreuzfahrern zu verdanken.

Kapitel 14
Der Islam und das Christentum: gleichwertige Traditionen?

Wussten Sie schon?

- *Das meiste, was heute über die Kreuzzüge behauptet wird, ist politisch motivierter historischer Unsinn.*

- *Das Problem, mit dem es die Welt heute zu tun hat, ist nicht der „religiöse Fundamentalismus" im Allgemeinen, sondern der islamische Dschihad.*

- *Wir werden dem Dschihad nicht widerstehen können, ohne den Stolz auf die westliche Zivilisation wiederzubeleben.*

„Er ist nicht wie einer dieser dümmlichen Hollywoodfilme." sagte die französische Schauspielerin Eva Green über den Kreuzfahrerfilm *Das Königreich der Himmel* des englischen Regisseurs Sir Ridley Scott.

Und das stimmt. Es handelt sich wohl eher um einen dieser dümmlichen englischen Filme.

„Die Muslime" schrieb die New York Times nach einer Vorauffführung dieses Films, „werden als friedlich dargestellt. Sie wollen nichts als ein friedliches Nebeneinander, bis die christlichen Extremisten alles kaputt machen. Und selbst als die Christen bereits besiegt worden sind, gewähren die Muslime ihnen noch sicheres Geleit nach Europa." Sir Ridley, so schrieb die Times, „hoffte damit zu demonstrieren, dass Christen, Muslime und Juden friedlich und in Harmonie miteinander leben könnten – wenn es nur gelänge, den Fanatismus zu besiegen." Außerdem beabsichtigte man, wie Green es ausdrückte, die Menschen dazu zu bewegen, „toleranter und offener gegenüber den Arabern zu sein."[271]

Aber inzwischen sollte klar geworden sein: „Die Idee, dass die Muslime an einer Koexistenz mit den Nichtmuslimen interessiert waren, bis die Kreuzfahrer kamen und alles verdarben, ist historisch absolut unhaltbar." Es sei denn, Ridley Scott meint mit Koexistenz die Koexistenz von Unterdrückern und Unterdrückten, also die Dhimma. Er und Eva Green lassen keinen Zweifel an der politisch korrekten Motivation, die hinter dem Film steckt: Es soll bewiesen werden, dass die friedliche Koexistenz zwischen Muslimen und Nichtmus-

---

[271] Alan Riding, „The Crusades as a Lesson in Harmony?" New York Times, 24. April 2005.

limen ausschließlich durch den Fanatismus gestört wurde, nicht durch irgendein Element irgendeiner religiösen Tradition. Der Film soll uns intolerante westliche Rassisten lehren, freundlicher zu den Arabern zu sein.

Aber dieser Film ist nur ein kleiner Teil einer viel größeren Kampagne, die den Westen davon überzeugen soll, dass die islamische Zivilisation der westlichen ebenbürtig oder sogar überlegen ist.

Die Beschönigung in „Königreich der Himmel"

Königreich der Himmel ist ein klassischer Cowboy-und-Indianer-Film, in dem die Muslime erhaben und heldenhaft sind, und die Christen gewalttätig und korrupt. Er ist voller politisch korrekter Klischees und Phantasien von islamischer Toleranz. Der Aspekt der Dhimmi wird überhaupt nicht berücksichtigt. Vermutlich hat Ridley Scott niemals etwas davon gehört. Er erfindet eine Friedensgruppe, die sogenannte „Bruderschaft der Muslime, Juden und Christen". Aber natürlich verderben die Christen dann wieder alles. Ein Publizist erklärte zu diesem Film: „Sie arbeiteten zusammen. Es bestand ein starkes Band zwischen ihnen, bis die Templer dann Streit anfingen." Ach ja, die gehässigen „christlichen Extremisten".

Königreich der Himmel wurde für jene gemacht, die glauben, dass alle Probleme zwischen der islamischen Welt und dem Westen durch den Imperialismus, Rassismus und Kolonialismus des Westens verursacht wurden, und dass die vorbildliche Toleranz des Islam, die einst ein leuchtendes Beispiel für die Welt war, wieder hergestellt werden könnte, wenn die bösen weißen Völker Europas und der USA nur ein wenig toleranter wären. Ridley Scott und sein Team veranstalteten Voraufführungen für Organisationen wie den Council of American-Islamic Relations (Rat für amerikanisch-islamische Beziehungen), und achteten streng darauf, dass die sensiblen Gefühle der Muslime auf gar keinen Fall verletzt wurden. Für das politisch korrekte Establishment ist es wirklich der ideale Film. Er hat nur einen Makel: Er ist nicht wahr.

Professor Jonathan Riley-Smith, Autor von *Illustrierte Geschichte der Kreuzzüge* und einer der führenden Historiker auf diesem Gebiet, bezeichnet den Film als „Quatsch": „Der Film ist historisch absolut ungenau. Er zeigt die Muslime als fortgeschritten und zivilisiert und die Kreuzfahrer als brutal und barbarisch. Er hat absolut nichts mit der Realität zu tun." Übrigens „hat es niemals eine ‚Bruderschaft der Muslime, Juden und Christen' gegeben. Das ist absoluter Unsinn."

Bertrand Russell über den Islam:

„Der Bolschewismus verbindet die Eigenschaften der Französischen Revolution mit jenen des Islam. Marx hat gelehrt, dass der Aufstieg des Kommunismus unausweichlich sei. Dies erzeugt einen Geisteszustand, der sehr ähnlich jenem

> war, von dem die frühen Nachfolger von Mohammed beherrscht wurden. Unter den Religionen ist der Bolschewismus eher mit dem Islam als mit dem Christentum oder dem Buddhismus zu vergleichen. Bei dem Christentum und dem Buddhismus handelt es sich in erster Linie um persönliche Religionen mit mystischen Lehren und einer Neigung zur Kontemplation. Beim Mohammedanismus und Bolschewismus hingegen handelt es sich um praktische, soziale, nicht spirituelle Religionen, denen es um die Weltherrschaft geht."

Auch Professor Jonathan Philips, Autor von *The Fourth Crusade and the Sack of Constantinople* (Der vierte Kreuzzug und die Plünderung Konstantinopels), lehnte den Film als eine die Wahrheit verzerrende Beschönigung der damaligen Ereignisse ab. Ihn störte ganz besonders die Darstellung der Templer als Schurken: „Die Templer als Bösewichte – das ist nur aus der Perspektive der Muslime zulässig. Und der Ausdruck ‚Bösewichte' ist ohnehin fehl am Platze. Sie waren die größte Gefahr für die Muslime, und viele von ihnen wurden getötet, weil sie ihren Eid erfüllten, das Heilige Land zu verteidigen."[272] Einem Publizisten des Films zufolge ist Saladin ein „Held des Stücks". Natürlich wird das von ihm veranstaltete Massaker bei Hattin nicht erwähnt, ebenso wenig wie das, was er mit Jerusalem vorhatte.

Aber trotz aller positiven Verfälschungen der Geschichte und all der Bemühungen, die Muslime zur Zeit der Kreuzzüge in ein günstiges Licht zu rücken, ist der islamische Apologet Khaled Abou El Fadl, Professor für Islamisches Recht an der Universität von Kalifornien, sauer über den Film. „Nach meiner Ansicht" schäumte er, „ist es unvermeidlich – und ich bin bereit, meinen Ruf dafür aufs Spiel zu setzen – dass es Übergriffe auf Muslime geben wird, nachdem dieser Film gezeigt wurde. Die Leute werden sich diesen Film am Wochenende ansehen und dann beschließen, einem Turbanträger eine Lektion zu erteilen." Natürlich ist dies weniger eine Anklage gegen den Film als eine Verunglimpfung des amerikanischen Volkes.

Auf jeden Fall kostete *Königreich der Himmel* 150 Millionen Dollar, hat ein beeindruckendes Staraufgebot und soll uns eine „faszinierende Lektion in Geschichte" erteilen.

Vielleicht ist der Film ja faszinierend, aber nur dadurch, dass er zeigt, wie weit der Westen gehen kann, um sich selbst in die Tasche zu lügen.

Politisch korrekter Mythos: Das Problem, mit dem es die Welt heute zu tun hat, ist der religiöse Fundamentalismus.

Fördert jede religiöse Tradition in gleicher Weise die Gewalttätigkeit? So weit verbreitet diese Ansicht auch ist – sie wäre bedeutend glaubhafter, wenn Pat

---

[272] Charlotte Edwardes, „Historians say film ‚distorts' Crusades", London Sunday Telegraph, 18. Januar 2004.

Robertson und Jerry Falwell Artikel schreiben würden, in denen sie das Steinigen von Ehebrechern rechtfertigen (so wie das der in der Schweiz lebende muslimische Schriftsteller Hani Ramadan tat, der im September 2002 einen entsprechenden Artikel in dem französischen Journal Le Monde veröffentlichte), oder wenn sie zum Mord an Gotteslästerern aufrufen würden (Gotteslästerung ist in Pakistan und in anderen Ländern der islamischen Welt ein schweres Verbrechen), oder indem sie Flugzeuge in die ikonischen Gebäude jener Völker fliegen würden, die sie für Feinde halten.[273]

Mohammed gegen Jesus

„Als aber die, welche um ihn waren, sahen, was es werden würde, sprachen sie: Herr, sollen wir mit dem Schwert dreinschlagen? Und einer von ihnen schlug den Knecht des Hohenpriesters und hieb ihm das rechte Ohr ab. Jesus aber antwortete und sprach: Laßt es so weit! Und er rührte sein Ohr an und heilte ihn"

Jesus (Lukas 22,49-51)

„Abu Qilaba berichtete: Anas sagte: ‚Einige Leute vom Stamm der Ukl oder Uraina kamen nach Medina, und das Klima bekam ihnen nicht. Nachdem sie sich wieder erholt hatten, töteten sie den Hirten des Propheten und trieben alle Kamele fort. Die Nachricht erreichte den Propheten früh am Morgen, und er schickte ihnen Männer nach. Sie wurden gegen Mittag gefangen. Er befahl, ihnen die Hände und Füße abzuschneiden, und man tat es. Ihre Augen wurden ihnen mit glühenden Eisen ausgebrannt. Sie wurden in die Al-Harra gesteckt, und als sie um Wasser flehten, wurde ihnen keines gegeben.' Abu Qilaba fügte hinzu: ‚Diese Männer begingen Diebstahl und Mord, und sie wurden Ungläubige, nachdem sie den Islam bereits angenommen hatten, und sie kämpften gegen Allah und seinen Boten.'"[274]

Dass evangelische und fundamentalistische Christen solche Verbrechen nicht begehen, ist doch wohl ein klarer Hinweis darauf, dass nicht alle „Fundamentalisten" gleich sind. Im Gegensatz zu den dekonstruktionistischen Ansichten, die unsere heutigen Universitäten beherrschen, handelt es sich bei Religionen nicht einfach um ein Rohmaterial, das durch die Anhänger in praktisch alles Mögliche umgewandelt werden kann. Es gibt natürlich Übereinstimmungen im Verhalten religiöser Menschen in allen Traditionen. Sie treffen sich, beten zusammen und führen bestimmte Rituale durch. Manchmal begehen sie auch

---

[273] Hani Ramadan, „La charia incomprise", Le Monde, 10. September 2002. Für einen typischen Mord wegen Gotteslästerung siehe „Man Accused of Blasphemy Shot Dead", Reuters, 20. April 2005.

[274] Sahib Bukhari, Band 1, Buch 4, Nr. 233.

Verbrechen im Namen ihrer Religion. Aber die Häufigkeit und die Üblichkeit solcher gewalttätigen Akte – und wie sehr sie ihrer religiösen Hauptrichtung ähneln – hängt zum großen Teil davon ab, was ihre Religion eigentlich lehrt. Die islamischen Apologeten verweisen gern auf Timothy McVeigh und Eric Rudolph* als Beispiele für christlichen Terrorismus, aber es gibt drei Gründe, warum McVeigh und Rudolph nicht mit bin Laden und Zaraqawi zu vergleichen sind:

- ❏ Sie haben gar nicht erst versucht, ihre Aktionen mit der Bibel oder dem christlichen Glauben zu rechtfertigen.
- ❏ Sie handelten nicht in Übereinstimmung mit der christlichen Lehre.
- ❏ Es gibt keine größeren christlichen Gruppen auf der Welt, die versuchen, das Christentum mit Gewalt und Terror durchzusetzen.

Der Unterschied zwischen Osama bin Laden und Eric Rudolph ist der Unterschied zwischen kranken Handlungen und kranken Lehren. Jedes menschliche Wesen, das einem Glaubenssystem anhängt, kann schreckliche Verbrechen durchführen. Aber schreckliche Verbrechen sind wahrscheinlicher, wenn sie durch religiöse Lehren und durch Personen, die diese Lehren verbreiten, bestätigt werden.

Aber Sie wollen doch wohl nicht behaupten, dass der Islam das Problem ist?

Was ist die Alternative zu Ridley Scotts Ansicht, dass der „Fanatismus" all unsere heutigen Probleme verursacht? Es ist eine Ansicht, die unsere streng politisch korrekten Zeitgenossen einfach nicht verstehen können: Das Problem liegt im Islam selbst, und es wird erst dann verschwinden, wenn man diese Tatsache endlich anerkennt.

Wenn ich sage, dass das Problem im Islam selbst liegt, dann behaupte ich nicht, dass jeder Muslim ein Problem darstellt. Wie wir bereits gesehen haben, verfügen viele Muslime nur über eine sehr oberflächliche Kenntnis von dem, was der Islam lehrt. Nein, zuzugeben, dass der globale Dschihadismus auf ein Problem hinweist, das im Islam liegt, bedeutet nur, ehrlich zu sein: Es gibt Gruppen in der ganzen Welt, die davon überzeugt sind, dass sie Gott gegenüber verpflichtet sind, Krieg gegen Nichtmuslime zu führen und das islamische Recht in der ganzen Welt durchzusetzen, zuerst in den muslimischen und dann auch in den nichtmuslimischen Staaten. Das ist die Grundmotivation, die

---

* Timothy James McVeigh verübte 1995 den Bombenanschlag auf das Murrah Federal Building in Oklahoma City. Er wurde verurteilt und hingerichtet. Eric Robert Rudolph verübte den Bombenanschlag auf die Olympischen Spiele 1996 in Atlanta. Er wurde zu viermal lebenslänglich verurteilt. – d.Ü.

hinter allen islamischen terroristischen Aktionen steht, und sie ist in den Lehren des Koran und der Sunna, der islamischen Überlieferung, verwurzelt.

Einige Leute befürchten, dass, falls die westlichen Politiker zugeben, dass der Feind des Westens nicht ein Haufen von Terroristen und Flugzeugentführern ist, sondern Menschen, die darauf aus sind, die islamische Lehre zu verbreiten, wir uns bald in einen totalen Krieg gegen die islamische Welt verwickeln würden. Und dies würde die zweifelhaften Allianzen mit Ländern wie Saudi-Arabien, Pakistan und Ägypten natürlich in ein ganz anderes Licht rücken. Aber es würde es auch möglich machen, dass die Vereinigten Staaten diese vermeintlichen Verbündeten wegen ihrer Unterstützung des weltweiten Dschihad zur Rechenschaft ziehen. Und damit hätte die Aussage von Präsident Bush nach dem 11. September 2001 – „Ihr seid entweder für die Terroristen oder für uns" – ein wenig mehr Substanz.

Andere schrecken davor zurück, die tiefe Krise, in der sich der Islam befindet, zuzugeben, weil sie glauben, dass dadurch gemäßigte Muslime verärgert werden könnten. Wenn diese aber wirklich gemäßigt sind, dann gibt es keinen Grund, warum sie verärgert sein sollten. Kein Problem kann gelöst werden, ohne dass seine Ursache aufgedeckt wird. Ein Arzt, der ständige Kopfschmerzen, die durch einen Hirntumor verursacht werden, durch Aspirin behandelt, wird früher oder später vor Gericht stehen. Wenn sich der gemäßigte Islam durchsetzen soll, dann ist es unumgänglich, die Elemente innerhalb des Islam zu identifizieren, die die Gewalt und den Terrorismus verursachen. Diese Elemente müssen den Muslimen vor Augen geführt werden, damit es den Dschihadisten nicht länger gelingt, junge Männer dadurch für ihre Sache zu gewinnen, dass sie an ihren Wunsch appellieren, den „reinen Islam" zu leben.

Ob es die gemäßigten Muslime tatsächlich schaffen, das Verständnis von Millionen Menschen gegenüber dem Islam zu verändern, ist eine offene Frage. Aber sie haben überhaupt keine Chance, wenn sie nicht erkennen, warum der Islam Menschen wie bin Laden und Zaraqawi hervorgebracht hat.

Macht Sinn. Aber warum ist es so schwer, das zu akzeptieren?

Der Grund, warum das politisch korrekte Establishment dies so schwer akzeptieren kann, liegt zum Teil in der vereinfachenden und reduktionistischen Ansicht, dass die Leute im Westen „weiß" und die Muslime „braun" sind. Die braunen Menschen in der Welt, so lautet dieser Mythos, können nicht verantwortlich für Verbrechen sein, denn sie sind ja vielmehr ständig die Opfer von Verbrechen. Jedes Verbrechen, das sie begehen, ist nichts anderes als eine Reaktion auf die Provokation durch den weißen Mann.

Ein schlagendes Beispiel für diese Einstellung ist die radikale Anwältin Lynne Stewart, die im Februar 2005 verurteilt wurde, weil sie für Scheich Omar Abdel Rahman, der als Planer am Anschlag auf das World Trade Center von 1993 beteiligt war, Botschaften ins Gefängnis geschmuggelt hatte. Warum wurde Stewart zu einem Laufburschen für einen blutrünstigen Dschihad-Terroristen?

Sie erklärte das folgendermaßen: „Ich habe das getan, um uns von dem fest verwurzelten Kapitalismus zu befreien, der die Ursache für den Sexismus und Rassismus in unserem Land ist. Ich glaube nicht, dass man das ohne Gewalt schaffen kann."[275] Wie kam Stewart auf die Idee, dass Omar Abdel Rahman, ein traditioneller Muslim, der ohne Zweifel davon überzeugt ist, dass Frauen da sind, um dem Mann zu dienen, und dass ungehorsame Frauen geschlagen werden sollten (siehe Sure 4:34), ein Kämpfer gegen den Sexismus und den Rassismus sein könnte? Nun, er bekämpft ja schließlich den „weißen Mann" oder nicht?

Neuer Stolz auf die westliche Zivilisation

„Sehen Sie, Dr. Yeagley, ich sehe nichts an unserer Kultur, auf das ich stolz sein könnte. Meine Rasse ist eigentlich gar nichts ... Schauen Sie auf Ihre Kultur. Schauen Sie auf die Tradition der Indianer. Ich glaube, die ist wirklich großartig. Sie haben etwas, worauf Sie stolz sein können. Meine Kultur ist nichts."[276]

Eine weiße Studentin namens Rachel äußerte dies gegenüber dem indianischen Professor Dr. David Yeagley im Jahre 2001.

Anscheinend hatte Rachel die Worte von Jesse Jackson verinnerlicht, die dieser im Jahre 1985 geäußert hatte: „Hey! Hey! Ho! Ho! Western Civ has got to go!" (Die westliche Zivilisation muss verschwinden.) Und sie glaubt mit Sicherheit, dass die Kreuzfahrer ausnahmslos Mörder waren, und die Kreuzzüge ein unentschuldbares Beispiel für den westlichen Imperialismus, Rassismus und Massenmord. Würde sie eine Schule besuchen, die den Namen eines bekannten Kreuzfahrers tragen würde, dann wäre sie eine der ersten, die sich für eine Namensänderung einsetzen würde. Angesichts der Art und Weise wie die Kreuzzüge heutzutage in den meisten Schulen dargestellt werden, ist das vollkommen verständlich. Aber das meiste von dem, was ein Durchschnittsschüler heute über die Kreuzzüge und ähnliche Themen zu wissen glaubt, ist falsch. Jene, die solche Lügen verbreiten, haben ein ganz besonderes Interesse daran, junge Menschen heranzuziehen, die so denken wie Rachel. Sie glaubt an all diese Lügen, weil in unseren Schulen und auf unseren Universitäten seit Jahrzehnten eine antiamerikanische, antiwestliche und antichristliche Stimmung vorherrscht.

Warum die Wahrheit so wichtig ist

Deshalb ist es so wichtig, die Wahrheit über die Kreuzzüge und andere Aspekte der historischen Interaktion zwischen Christentum und Islam zu verbreiten.

---

[275] „Lawyer Convicted of Helping Terrorists", Associated Press, 10. Februar 2005.
[276] David A. Yeagley, „What's Up With White Women?", FrontPageMagazine.com, 18. Mai 2001.

Amerikaner und Europäer – ebenso wie die Christen im Nahen Osten und anderswo – müssen endlich aufhören, sich für vergangene Sünden zu entschuldigen und sich an die positiven Dinge erinnern, und anerkennen, was die jüdisch-christliche Zivilisation der Welt gegeben hat. Wir müssen sowohl das Christentum als auch den Islam nüchtern betrachten, und erkennen, inwiefern diese beiden Religionen voneinander abweichen. Die politisch korrekten Zensoren dürfen es nicht länger zu einem Tabu erklären, dass, obwohl die menschliche Natur überall dieselbe ist und Menschen Gewalt im Namen jeder Religion gerechtfertigt haben, die Religionen sich doch sehr voneinander unterscheiden.

Das Christentum ist die Grundlage der westlichen Zivilisation. Sie hat die Amerikaner geformt und noch viel länger die Europäer und viele andere Völker auf der Welt. Sie hat sogar die Leute beeinflusst, die den christlichen Glauben ablehnen, ob es ihnen nun gefällt oder nicht. Das Christentum stimmt in seinen wichtigen moralischen Prinzipien mit dem Judentum überein – Prinzipien, die den Westen bestimmen, jedoch im Islam keinen Platz haben. Diese Prinzipien sind die Grundlage, auf die die modernen Ethiker das Konzept der universellen Menschenrechte aufgebaut haben – die Grundlage der säkularen westlichen Kultur.

Yeagley bemerkte: „Das Volk der Cheyenne hat ein Sprichwort: ‚Eine Nation ist erst dann erobert, wenn die Herzen der Frauen auf dem Boden liegen...' Als Rachel ihre eigene Kultur in den Schmutz zog, tat sie das mit dem Eifer einer Hohepriesterin, die eine Liturgie zelebriert. Sie konnte frei sprechen, ohne Furcht vor Kritik und Zensur. Und sie wurde auch nicht kritisiert. Die anderen Schüler standen nur daneben und schwiegen. Ihre Augen schweiften nervös zwischen mir und Rachel hin und her, so als ob sie nicht sicher wären, wer von uns beiden die höhere Autorität darstellte ... Wer hat Rachels Volk erobert? Was hat sie dazu veranlasst, ihr eigenes Volk so zu hassen? Warum verhielt sie sich wie die Frau eines besiegten Volkes?"

Ja, warum? Das letztendliche Ergebnis ist, wie Yeagley bemerkte, die Niederlage: Menschen, die sich ihrer eigenen Kultur schämen, werden diese nicht verteidigen.

Deshalb ist es nicht nur kultureller Hurrapatriotismus oder religiöser Fanatismus, wenn wir die Wahrheit über die Kreuzzüge, das Christentum und das Abendland sagen. Es ist ein wichtiges Mittel zur Verteidigung der Zivilisation gegen den heutigen globalen Dschihadismus.

Teil III
Der heutige Dschihad

Kapitel 15
Der Dschihad geht weiter

Wussten Sie schon?

◆ *Der Islam wurde niemals reformiert. Die überlieferten Lehren des Dschihad sind niemals abgeändert worden.*

◆ *Die heutigen Kämpfer des Dschihad wollen das Kalifat wiederherstellen, um ihren Krieg gegen den Westen zu fördern.*

◆ *Diese Gruppen verabscheuen die Demokratie, weil sie im Widerspruch zum Kalifat und zur Scharia steht.*

Hier ist ein Test: Welche der folgenden Aussagen stammt aus dem elften Jahrhundert, und welche aus dem einundzwanzigsten?

❑ „O Gott, erhebe das Banner des Islam und seiner Helfershelfer und vernichte die Vielgötterei. Breche ihnen das Genick und schneide ihre Seile durch. Helfe jenen, die für den Dschihad kämpfen um deinetwillen; und die aus Gehorsam Dir gegenüber sich geopfert haben und ihre Seele Dir übergeben haben ... Denn sie beharren darauf, irre zu gehen. Mögen die Augäpfel der Götzendiener blind werden für den Weg der Rechtgläubigen."[277]

❑ „Wir bitten Allah, diesen Ramadan in einen Monat des Ruhms, des Sieges und der Macht zu verwandeln. Hissen wir das Banner des Glaubens, um den Islam und die Muslime zu stärken und die Vielgötterei und die Götzendiener zu demütigen. Schwenken wir das Banner des Glaubens an den einen Gott um das Banner des Dschihad zu festigen. Vernichten wir die Irregeführten und die Starsinnigen."[278]

Den ersten Abschnitt verfasste der Gelehrte Ibn al-Mawsilaya im 11. Jahrhundert. Der zweite wurde im Jahre 2004 von Scheich Aamer bin Abdallah al-Aamer geschrieben, einem Mitglied von al-Qaida.

Wenn Sie den Test nicht bestanden haben, dann machen Sie sich nichts daraus. Denn schließlich sind diese beiden Abschnitte ja sehr ähnlich – und das ist

---

[277] Zitiert in Carole Hillenbrand, The Crusades: Islamic Perspectives (Oxford: Routledge, 2000), S. 165.
[278] Middle East Media Research Institute, „Al-Qa'ida Internet Magazine Sawt Al-Jihad Calls to Intensify Fighting During Ramadan – the Month of Jihad", Special Dispatch No. 804, 22. Oktober 2004, www.memri.org.

kein Zufall. Die heutigen Bewegungen des Dschihad haben sich die Gotteskrieger von einst zum Vorbild genommen und beschwören ständig ihr Andenken. „Während des Ramadan" schrieb Dr. Fuad Mukheimar, Generalsekretär des Ägyptischen Scharia-Verbandes im Jahre 2001, „wurde unter der Führung von [Salah Al-Din] [Saladin] Al-Ayubi ein großer Sieg über die Kreuzfahrer errungen. Seine Berater rieten ihm, sich während des Fastenmonats auszuruhen, aber Saladin bestand auf einer Fortsetzung des Dschihad während des Ramadan, weil er wusste ... dass das Fasten dabei hilft, den Sieg zu erringen, weil die Muslime während dieses Monats sich durch das Fasten selbst überwinden. Somit wäre der Sieg über die Feinde sicher. Das Fasten würde ihnen Entschlossenheit und Willenskraft verleihen ... Saladin antwortete seinen Beratern: ‚Das Leben ist kurz.' Allah erfuhr von [Saladins] Treue und der Treue seiner Krieger und schenkte ihnen einen entscheidenden Sieg. Mitten im Fastenmonat eroberten sie die Festung in Safed, die größte Festung der Kreuzfahrer. [Saladin] eroberte die Länder von Al-Sham [Großsyrien] und befreite Jerusalem von der Tyrannei der Kreuzfahrer."[279] Mukheimar erwähnte auch die Schlacht von Badr und andere historische Schlachten, um die heutigen Muslime dazu aufzurufen, es Mohammed und Saladin nachzumachen und den Dschihad zu beginnen.

Das ist einer der Hauptgründe, warum die Terroristen des Dschihad die amerikanischen Truppen immer wieder als „Kreuzfahrer" bezeichnen. In ihrer Vorstellung ist der Krieg gegen den Terror, der für die Amerikaner am 11. September 2001 begann, nur die jüngste Phase eines Konflikts, der bereits seit über eintausend Jahren im Gange ist.

Wofür kämpfen sie eigentlich?

Der Konflikt wird ihrer Überzeugung nach damit enden, dass der Islam die Weltherrschaft übernimmt. In den Worten von Osama bin Laden kämpfen die Krieger des Dschihad in der ganzen Welt „damit Allahs Wort und seine Religion herrschen."[280] Das bedeutet die Wiederherstellung des islamischen Rechts in den muslimischen Ländern und vor allem die Wiederherstellung des Kalifats.

Wie wir bereits sahen, war der Kalif im sunnitischen Islam der Nachfolger von Mohammed und der Führer der muslimischen Gemeinschaft. Die türkische Regierung schaffte 1924 unter Kemal Atatürk das Kalifat ab. Die islamische Theologie macht keinen Unterschied zwischen dem Heiligen und dem Weltlichen, und für die Sunniten ist der Kalif so etwas wie Generalissimo und Papst in einer Person, obwohl er niemals eine mit dem Papst vergleichbare geistliche Autorität hatte. Michelangelos Gönner, Papst Julius der Zweite, ging mit dem

---

[279] Middle East Media Research Institute, „Egyptian Cleric: Ramadan the month of Jihad", Special Dispatch No. 308, 5. Dezember 2001.
[280] „Full text: bin Laden's ‚Letter to America'", Guardian, 24. November 2002.

Teil III: Der heutige Dschihad

zweifelhaften Titel „Kriegerpapst" in die Geschichte ein. Im Vergleich dazu war die überwältigende Mehrheit der Nachfolger des Propheten Kriegerkalife.

Viele der heutigen Gruppen des Dschihad führen alle Probleme der islamischen Welt auf den Verlust der Einheit der Muslime zurück, die, ihrer Überzeugung nach, wiederum auf den Verlust des Kalifats zurückgeht.

Und damit begannen unsere Probleme

Die folgende Aussage der internationalen Moslembruderschaft Hizb ut-Tahrir ist ein beredtes Zeichen für die Wut, die die Dschihadisten über den Verlust des Kalifats empfinden, und den sie Kemal Atatürk, einem „englischen Agenten" zuschreiben:

- ❑ Es war so ein Tag wie heute, aber vor 79 Jahren. Genauer gesagt am 3. März 1924, als die Kuffar (die Nichtgläubigen) endlich die Früchte ihrer unermüdlichen hinterhältigen Intrigen ernteten, die sie seit über hundert Jahren betrieben hatten. Dies geschah, als der verbrecherische englische Agent Mustafa Kemal (der so genannte Atatürk, „Vater der Türken") verkündete, dass die Nationalversammlung beschlossen hätte, das Khilafah (Kalifat) abzuschaffen und eine säkulare türkische Republik ausrief, nachdem er sich selbst von der Verantwortung für die übrigen islamischen Länder, die die Kuffar während des Ersten Weltkrieges besetzt hatten, praktisch freisprach.

- ❑ Seit der Zeit hatte die islamische Ummah praktisch ständig Schwierigkeiten: Sie wurde in winzige Ministaaten gespalten, die vom Feind des Islam total beherrscht wurden. Die Muslime in Kaschmir, auf den Philippinen, in Thailand, Tschetschenien, dem Irak, Bosnien-Herzegowina, Afghanistan, Palästina und den anderen Ländern, die zum Islam gehörten, wurden von den Kuffar unterdrückt und verachtet. Aber irgendwann fing man an, über das, was man mit den Muslimen machte, Untersuchungen und Statistiken durchzuführen. Tausende von ihnen wurden ermordet, Millionen ihres Besitzes und Zehntausende ihrer Ehre beraubt. Jeder, der die Berichte liest oder die Nachrichten hört, stellt fest, dass die Muslime sich in einem ständigen Zustand der Unterdrückung, Demütigung und Lebensgefahr befinden.

- ❑ Tatsächlich befindet sich die Ummah (die weltweite Gemeinschaft der Muslime) nicht mehr in der Situation, in der sie sich befand, als sie unter dem Banner des Islam kämpfte und von dem Khilafah regiert wurde, das die Muslime vereinigt hatte. Sie war damals nicht durch Grenzen aufgeteilt, die von den Kolonialisten gezogen worden waren, oder durch Staatsbürgerschaften zersplittert. Die Muslime konnten von einem Teil der muslimischen Welt in den anderen reisen, ohne dass man sie fragte, woher sie kämen, oder sie als Ausländer bezeichnete. Als es noch das Khilafah gab, sahen die Muslime die Macht des Islam durch die Macht des Khilafah. Sie verbreiteten das Wort des Islam unter dem Banner des Khilafah und brachten es der Welt als Botschaft, Anleitung und Licht für die Welt. Wo aber ist das Khilafah jetzt? Es existierte in der Vergangenheit, aber es wurde zerstört und ist als System verschwunden ...

❑ Es waren schreckliche Nächte, als die politische Einheit der Muslime zerstört wurde. Zu der Zeit hätte die islamische Ummah das Schwert gegen den verräterischen Agenten erheben sollen, der Dar al-Islam in Dar al-Kufr umwandelte und den Kuffar einen lang gehegten Wunsch erfüllte. Die islamische Ummah wurde überrumpelt und befand sich in einem Stadium des Niedergangs. Das Verbrechen fand also statt, und die Kuffar herrschten über die islamischen Länder und rissen sie in Stücke. Sie zersplitterten die Ummah in Nationalitäten, Rassen und Stämme. Sie spalteten das Land in kleine Gebiete auf, die sie durch Grenzen voneinander trennten. An die Stelle eines einzigen Khilafahs etablierten sie künstliche Staaten und Marionettenherrscher, die die Befehle ihrer ungläubigen Herren gehorsam ausführten. Sie entfernten die islamische Scharia aus der Verwaltung, der Wirtschaft, den internationalen Beziehungen, dem Binnenhandel und der Rechtsprechung. Sie haben die Religion vom Staat getrennt und die Pflichten der islamischen Geistlichen auf die Durchführung bestimmter Rituale beschränkt, so wie im Christentum. Sie haben alles getan, um die islamische Kultur und Religion zu zerstören und an ihre Stelle die westliche Kultur und ihren Unglauben zu setzen.

Es gibt nur eine Möglichkeit, dieses Problem zu lösen.

Ein neuer Kalif und die islamische Einheit sind die einzige Möglichkeit, die Ordnung wieder herzustellen. Allah will, sagt ein Dokument der Hizb ut-Tahrir (Partei der Befreiung), „dass die islamische Ummah wieder aufersteht, ihren Niedergang aufhält und erkennt, dass ihre Rettung ausschließlich in der Wiederherstellung des Khilafah liegt."[281]

Als im Jahre 2003 die Dschihad-Kämpfer in den Irak strömten und sich auf eine Kraftprobe mit den amerikanischen Truppen freuten, brachte Mullah Mustafa Kreikar, der Führer der muslimischen Terroristengruppe Ansar al-Islam, ihren Kampf in einen größeren religiösen Zusammenhang (aus seinem sicheren Zufluchtsort in Norwegen): „Der Widerstand ist nicht nur eine Reaktion auf die Invasion der Amerikaner, sondern ein Teil des Kampfes, der seit dem Zusammenbruch des Kalifat andauert. Alle Schlachten, die der Islam seit

---

[281] Hizb ut-Tabrir, „The Khilafah was destroyed in Turkey 79 years ago; so let the Righteous Khilafah be declared again in Turkey", www.islamic-state.org, 22. Februar 2003.

Teil III: Der heutige Dschihad

damals durchgeführt hat, sind Teil einer einzigen großen Anstrengung, das Kalifat wieder einzuführen."²⁸²

> **John Wesley über den Islam:**
>
> „Seit dem Augenblick, da diese Religion, der Islam, auf der Welt erschien, haben sich ihre Vertreter den anderen Nationen gegenüber wie Wölfe oder Tiger benommen. Sie zerrissen alles, was ihnen in die Klauen fiel, unbarmherzig mit ihren Zähnen. Zahllose Städte wurden zerstört, und nur ihre Namen sind geblieben. Viele Länder, die einst blühende Gärten waren, sind jetzt eine trostlose Wildnis. So viele einst zahlreiche und mächtige Nationen sind vom Erdboden verschwunden. So war, und ist bis zum heutigen Tag, die Wut und die Rache dieser Zerstörer der menschlichen Art."
>
> (aus: The Doctrine of Original Sin (Die Lehre von der Ursünde), Werke (1841), ix. 205)

Der geistige Vater der modernen islamischen Radikalen, der Ägypter Hasan al-Banna (1906-1949), beklagte das Ende des Kalifats, weil es „in einem Land, das bis vor Kurzem die Heimat des Befehlshabers der Gläubigen war, die Politik von der Religion trennt." Für Al-Banna war das Ende des Kalifats Teil einer größeren „westlichen Invasion, die von den zerstörerischen Kräften des Kapitals, des Reichtums, des Prestiges, der Arroganz, der Macht und der Propaganda ausgestattet war."²⁸³ Al-Banna gründete die erste moderne Terrororganisation des Dschihad, die Muslimische Bruderschaft.

Ein weiterer muslimischer Theoretiker, Sayyid Abul A'la Maududi (1903-1979), der Gründer der radikalen pakistanischen Partei Jamaat-e-Islami (Muslimische Partei), stellte sich einen vereinten islamischen Staat vor, der sich allmählich über den Subkontinent und darüber hinaus ausbreiten würde: „Die Muslimische Partei wird die Bürger der anderen Länder dazu einladen, jenen Glauben anzunehmen, der ihnen allein das Heil und das wahre Glück bringen wird. Sobald die Muslimische Partei über angemessene Mittel verfügt, wird sie die nichtmuslimischen Regierungen beseitigen und die Macht der islamischen Herrschaft an ihre Stelle setzen." Und das war genau das, was seiner Aussage nach Mohammed und die ersten Kalifen taten. „Es ist dieselbe Politik, die auch der Heilige Prophet (der Friede Allahs sei mit ihm) und seine glorreichen Nachfolger, die Kalifen (möge Allah Freude an ihnen haben) verfolgten. Ara-

---

²⁸² Neil MacFarquhar, „Rising Tide of Islamic Militants See Iraq as Ultimate Battlefield", New York Times, 13. August 2003.
²⁸³ Brynjar Lia, The Society of the Muslim Brothers in Egypt (Ithaca, NY: Ithaca Press, 1998), S. 28.

bien, wo die Muslimische Partei gegründet wurde, war das erste Land, das der Herrschaft des Islam unterworfen wurde."[284]

Die Wiederherstellung des Kalifats und die weltweite Ausbreitung des Islam und der Scharia waren ebenfalls die Ziele von Osama bin Laden und der Taliban. 1996 hüllte sich Mullah Omar in das Gewand Mohammeds, das in einem Schrein in Afghanistan aufbewahrt wird. Die Taliban erklärte ihn zum „neuen Kalifen" und *Emir ul-Momiteen*, Führer der Gläubigen. Im Mai 2002 stellte ein US-Beamter fest, dass sie beabsichtigten, „das gesamte Land Afghanistan zu übernehmen, und dann das Kalifat zu verbreiten."[285]

Träume von einem Kalifat in England und in den Vereinigten Staaten

Solche Träume sind schon seit längerer Zeit im Westen verbreitet. 1999 sprach Abu Hamza al-Masri, der damalige Imam der Londoner Finsbury Park-Moschee, bei einer Londoner Konferenz, die anlässlich des 75. Jahrestages der Zerstörung des Kalifats veranstaltet wurde. „Der Islam braucht das Schwert." sagte er vor vierhundert Muslimen, die ständig „Allahu Akbar" (Allah ist groß) brüllten. „Derjenige, der das Schwert besitzt, besitzt die Welt."[286]

Abu Hamza war ein enger Mitarbeiter von Omar Bakri und der inzwischen aufgelösten britischen muslimischen Gruppe Al-Muhajiroun. Bakri hat den Wunsch geäußert, die „schwarze Flagge des Islam", d.h. die Schlachtflagge des Dschihad, „über der Downing Street wehen zu sehen". Ebenso wie Bakri und Al-Muhajiroun in Großbritannien arbeitet die Islamische Befreiungspartei (Hizb ub-Tahrir) in Deutschland daran, das Kalifat und die Scharia einzuführen. Eines ihrer bekanntesten Mitglieder, Shaker Assem erklärte: „Die Menschen, die behaupten, dass die Scharia und die westliche Demokratie nicht vereinbar sind, haben Recht."[287]

Wie steht es nun mit den Vereinigten Staaten? Hören wir dazu direkt die führende muslimische Gruppe in den USA, den Rat für Amerikanisch-Islamische Beziehungen (Council on American-Islamic Relations = CAIR). Der Vorstandsvorsitzende von CAIR, Omar Ahmad, sagte 1998 vor einem muslimischen Publikum: „Der Islam strebt in den USA keine Gleichheit an, sondern die Vorherrschaft. Der Koran muss die höchste Autorität in Amerika werden,

---

[284] Syed Abul Ala Maududi, „Jihad in Islam", Rede im Rathaus von Lahore, 13. April 1939, nachgedruckt unter http://host06.ipowerweb.com/-ymofmdc/books/jihadinislam/.

[285] Craig Pyes, Josh Meyer und William C. Rempel, „Officials Reveal Bin Laden Plan", Los Angeles Times, 18. Mai 2002.

[286] Daniel Simpson, „British Moslem radicals urge Islamic fightback", Reuters, 6. März 1999.

[287] Steve Zwick, „The Thinker" in „The Many Faces of Islam", Time Europe, 16. Dezember 2002.

Teil III: Der heutige Dschihad

und der Islam die einzig zulässige Religion auf der Welt."[288] Ahmad hat inzwischen mehrmals behauptet, dass er falsch zitiert wurde, aber die Journalistin, die ihn hörte, bleibt bei ihrer Version.[289] Der Sprecher von CAIR, Ibrahim Hooper, war fast ebenso unverblümt wie Ahmad, als er der *Minneapolis Star Tribune* ein Interview gab: „Ich möchte nicht den Eindruck erwecken, dass ich es nicht gern sehen würde, dass die US-Regierung irgendwann in der Zukunft islamisch sein wird. Aber ich werde keine Gewalt anwenden, um das zu erreichen. Wir werden das durch Überzeugungsarbeit erreichen."[290]

Nur durch Überzeugungsarbeit, nicht durch Gewalt, Mr. Hooper? Vielen Dank. Jetzt fühlen wir uns schon sehr viel besser.

Khomeini in Dearborn und Dallas

Im November 2004 veranstalteten Muslime in Dearborn, Michigan eine antiamerikanische und anti-israelische Demonstration. Die Demonstranten trugen ein großes Modell der Jerusalemer Al-Aqsha-Moschee und schwenkten Plakate, auf denen stand: „USA! Hände weg von den islamischen Ländern." Aber das faszinierendste Bild war das von zwei Musliminnen, die große Plakate trugen, auf denen das Gesicht von Ayatollah Ruhollah Khomeini abgebildet war.

Im darauf folgenden Monat veranstaltete die „Metroplex Organization of Muslims" in Irving, einem Vorort von Dallas in Texas, einen „Tribut an den großen islamischen Visionär" Ayatollah Khomeini.[291]

Khomeini ein Held? In den Vereinigten Staaten? Es ist sehr aufschlussreich, dass Muslime in den USA Khomeini verehren, denn sein Triumph im Iran 1979 war für sie der Beweis dafür, dass das islamische Recht allen anderen überlegen ist und mit Gewalt durchgesetzt werden muss. Khomeini selbst drückte es ziemlich deutlich aus: „Der Islam verpflichtet alle erwachsenen Männer, wenn sie nicht gerade krank oder behindert sind, sich auf die Eroberung aller Länder vorzubereiten, damit die Gebote des Islam in jedem Land der Erde befolgt werden .... Aber jene, die am Heiligen Krieg teilnehmen, werden verstehen, warum der Islam die ganze Welt erobern will." Das Ziel dieser Eroberung besteht darin, die Vorherrschaft der Scharia, des islamischen Gesetzes, zu sichern. Khomeini verkündete: „Was sind wir (die Mullahs) wert, wenn wir nur darum bitten können, dass die Hand eines Diebes abgehackt oder eine Ehebrecherin gesteinigt wird, es aber nicht durchsetzen können?"

---

[288] Lisa Gardiner, „American Muslim leader urges faithful to spread Islam's message", San Ramon Valley Herald, 4. Juli 1998.
[289] Art Moore, „Should Muslim Quran be USA's top authority?", World-NetDaily.com, 1. Mai 2003.
[290] John Perazzo, „Hamas and Hizzoner", FrontPageMagazine.com, 5. März 2003.
[291] Siehe Dallas News blog, 17. Dezember 2004.

Dann erklärte er der Menge, dass der Islam alles andere als eine Religion des Friedens und der Toleranz sei: „Jene, die nichts über den Islam wissen, behaupten, dass der Islam gegen den Krieg wäre. Jene (die dies behaupten) sind dumm. Der Islam sagt: Tötet alle Ungläubigen, so wie sie euch alle töten würden! Soll das bedeuten, dass die Muslime einfach abwarten, bis sie von den Ungläubigen verschlungen werden? Der Islam sagt: Tötet sie, bringt sie durch das Schwert um und vernichtet ihre Armeen ... Der Islam sagt: Wie viel Gutes besteht dank des Schwertes und im Schatten des Schwertes! Die Menschen können nicht gehorsam gemacht werden ohne das Schwert. Das Schwert ist der Schlüssel zum Paradies, in das nur heilige Krieger eingehen können. Es gibt noch Hunderte anderer [kuranischer] Psalmen und Hadithe (Sprüche des Propheten), die die Muslime dazu auffordern, Krieg zu führen und zu kämpfen. Bedeutet das alles, dass der Islam eine Religion ist, die einen Menschen davon abhält, Krieg zu führen? Ich spucke auf die dummen Seelen, die eine solche Behauptung aufstellen."[292]

Der Staat der Scharia, der Khomeini vorschwebte, war keine Demokratie, in der alle Menschen die gleichen Rechte haben. Im Jahre 1985 erklärte Sa'id Raja'i'-Khorassani, der ständige Delegierte der Islamischen Republik des Iran bei der UNO, dass „das Konzept der Menschenrechte eine jüdisch-christliche Erfindung sei, und völlig unvereinbar mit dem Islam ... Nach Meinung von Ayatollah Khomeini war eine der ‚schrecklichsten Sünden' des Schahs die, dass der Iran eine der ursprünglichen Nationen war, die die Allgemeine Erklärung der Menschenrechte ausarbeitete und verabschiedete."[293]

Die Demonstrationen für Khomeini in Dearborn, Michigan und Dallas, Texas sind ein eindeutiger Hinweis darauf, dass Khomeinis Vision in den USA heute sehr lebendig ist – und dass es gefährlich naiv ist, anzunehmen, dass alle Muslime den Pluralismus und die Idee, dass der Staat nicht von religiösen Gesetzen bestimmt wird, einfach so übernehmen würden. Wie viele amerikanische Muslime mit den Lehren Khomeinis einverstanden sind – und wie viele sich aktiv dafür einsetzen – sind immer noch Fragen, die die großen Medien nicht stellen dürfen. Hätte der alte Mann von dem Plakat in Dearborn aus jedoch sprechen können, dann hätte er möglicherweise gesagt: „Es ist sehr gefährlich, mich zu ignorieren."

Eine winzige Minderheit von Extremisten?

Nach schön, es gibt also einige Muslime, die im Westen gern islamische Regierungen bilden würden. Aber sind die nicht eine winzige Minderheit? Die meisten Muslime fühlen sich in der westlichen Gesellschaft doch sehr wohl, oder nicht?

---

[292] Zitiert in Amir Taheri, Holy Terror: Inside the World of Islamic Terrorism (New York: Adler & Adler, 1987), S. 241-243.
[293] Zitiert in Amir Taheri, The Spirit of Allah: Khomeini and the Islamic Revolution (New York: Adler & Adler, 1986), S. 20, 45.

Teil III: Der heutige Dschihad

Der Terrorismusexperte Daniel Pipes schätzt, dass 10 bis 15% der Muslime in der ganzen Welt den Dschihad unterstützen.[294] Aber es gibt Hinweise aus Teilen der islamischen Welt, dass die tatsächliche Zahl jener, die den Heiligen Krieg unterstützen, höher ist. Der gemäßigte islamische Führer Kamal Nawash sagte im August 2004 im O'Reilly Factor*, dass 50% der Muslime weltweit den Dschihad unterstützen würden.[295] Bei einem Prozess, der im Februar 2005 in New York stattfand und in dem es um die Finanzierung terroristischer Aktivitäten ging, sagte Bernard Haykel, ein Professor für Islamische Studien an der Universität New York: „Es gibt in der arabischen Welt etwa eine Milliarde Muslime, von denen 90% die Hamas unterstützen", die islamische Terrororganisation, die Zivilisten in Bussen und Restaurants in die Luft jagt, um das Ziel eines palästinensischen Scharia-Staates zu verwirklichen.[296] Dr. Imran Waheed, der Londoner Sprecher der internationalen „friedlichen" Dschihadistengruppe Hizb ut-Tahrir, erklärte im Mai 2005: „Ich glaube, dass 99% aller Muslime überall in der Welt dasselbe wollen: ein Kalifat, das über sie herrscht."[297]

Mohammed gegen Jesus

„Mein Reich ist nicht von dieser Welt; wenn mein Reich von dieser Welt wäre, so hätten meine Diener gekämpft, damit ich den Juden nicht überliefert würde, jetzt aber ist mein Reich nicht von hier."

Jesus (Johannes 18,36)

„Allah hat mir aufgetragen, gegen die Menschen zu kämpfen, bis sie bezeugen, dass niemand das Recht hat, angebetet zu werden als Allah, und dass Mohammed der Prophet Gottes sei."[298]

Nach einer im Jahre 2004 vom Pew Research Center in Pakistan durchgeführten Umfrage „unterstützen 65% Osama bin Laden. Und 47% glauben, dass die

---

[294] Daniel Pipes, „Advancing U.S. National Interests Through Effective Counterterrorism", Testimony presented to Secretary's Open Forum, Department of State, 30. Januar 2002, www.danielpipes.org.
* Talkshow beim amerikanischen Fernsehsender Fox – d.Ü.
[295] „O'Reilly Factor Flash", 5. August 2004, http://www.billoreilly.com/pg/jsp/general/genericpage.jsp?pageID=368.
[296] William Glaberson, „Defense in Terror Trial Paints a Rosier Picture of Jihad", New York Times, 25. Februar 2005.
[297] Kathy Gannon, „Radical Islamic Group Growing in Asia", Associated Press, 1. Mai 2005.
[298] Bukhari, Band 1, Buch 2, Nr. 25. Dieselbe Aussage wurde in Bukhari, Band 1, Buch 8, Nr. 392, Band 4, Buch 56, Nr. 2946, Band 9, Buch 88, Nr. 6924 und Band 9, Buch 96, Nr. 7284-7285 sowie in anderen Hadithen wiederholt.

gegen Israel gerichteten palästinensischen Selbstmordattentate gerechtfertigt sind. 46% sind davon überzeugt, dass Attentate auf Leute aus dem Westen im Irak gerechtfertigt sind."[299]

Wiederherstellung der muslimischen Einheit

Eines der schlimmsten Übel, die Hizb ut-Tahrir so sehr beklagt, ist die Uneinigkeit unter den Muslimen. In den guten alten Zeiten des Kalifats „war die muslimische Umma (Gemeinschaft) nicht so zersplittert wie sie es heute durch die Grenzen ist, die von den Kuffar-Kolonialisten gezogen wurden." Für die Dschihadisten ist diese Einheit das wichtigste Ziel, denn Saladin errang seine Siege über die Kreuzfahrer erst, als es ihm gelungen war, den größten Teil der muslimischen Welt zu vereinen. Vor Saladin waren die Kreuzfahrer in der Lage, die sunnitischen Abbasiden von Bagdad und die schiitischen Fatimiden von Kairo gegeneinander auszuspielen und sogar heimtückische Allianzen mit der einen Partei abzuschließen, um gegen die andere zu kämpfen. Aber im Jahre 1171 ließ Saladin in Kairo die Gebete im Namen des abbasidischen Kalifen ertönen. Die Fatimiden wurden gestürzt, und die islamische Welt wiedervereinigt.[300] Einige der größten Siege über die Kreuzfahrer waren nur deshalb möglich, weil es zu dieser Einigkeit gekommen war. Und diese Lektionen haben die Dschihadisten von heute nicht vergessen.

---

[299] Khalid A. H. Ansari, „65% Pakistanis support Osama, says report", Mid-Day, 27. März 2004.
[300] Bernard Lewis, The Assassins (New York: Basic Books, 1967), S. 35.

Kapitel 16
„Islamophobie" und der heutige ideologische Dschihad

Wussten Sie schon?

◆ *Die UN verurteilt die „Islamophobie", ignoriert jedoch völlig die von den Dschihadisten begangenen Grausamkeiten.*

◆ *Der Vorwurf der „Islamophobie" dient dazu, Kritiker des gewalttätigen Islam einzuschüchtern und mundtot zu machen.*

◆ *Einige Gruppen versuchen sogar, jene, die die Wahrheit über den Islam sagen, als „Hassprediger" zu verunglimpfen.*

Was haben die gemäßigten Muslime mit den eindeutigen Beweisen angefangen, dass die Terroristen des Dschihad innerhalb des gemäßigten Islam aktiv sind und versuchen, die Muslime davon zu überzeugen, Krieg gegen die Ungläubigen zu führen? Haben sie diese Lehren der Dschihadisten klar und eindeutig als unvereinbar mit der modernen Version des Islam abgelehnt? Haben sie die Auslegung des Korans durch die Dschihadisten kritisiert und widerlegt? Haben sie eine alternative Version des Islam präsentiert, die überzeugend genug ist, um im Kampf um die Herzen der Muslime in der ganzen Welt mit dem „reinen Islam" der Dschihadisten zu konkurrieren?

Insgesamt ist die Antwort auf all diese Fragen ein klares Nein. Stattdessen haben die „gemäßigten" Muslime den Begriff „Islamophobie" erfunden.

Vereinte Nationen: Ein neues Wort für ein neues Instrument zur politischen Manipulation

Noch vor wenigen Jahren hat niemand das Wort „Islamophobie" gekannt. Aber ein Jahr ist viel Zeit für eine gut geölte Propagandamaschine. Heute wird dieses vage und letztlich nichtssagende Wort auch in den höchsten Kreisen sehr ernst genommen. Im Dezember 2004 saß Kofi Annan einem von der UNO veranstalteten Seminare vor, das sich mit der „Islamophobie" beschäftigte. Mit der politisch korrektesten Miene, die er aufsetzen konnte, erklärte er ernsthaft: „Wenn die Welt gezwungen ist, einen neuen Ausdruck zu prägen, um einer weit verbreiteten Heuchelei Ausdruck zu verleihen, dann ist das eine traurige und sehr beunruhigende Entwicklung. Solch ein Fall ist die ‚Islamophobie'. Das Wort scheint Ende der achtziger oder Anfang der neunziger Jahre zum ersten Mal aufgetaucht zu sein. Die Geschichte und die jüngsten Ereignisse haben die Muslime der Welt in einen Zustand versetzt, in dem sie sich unverstanden fühlen und um den Verlust ihrer Rechte, ja selbst um ihre körperliche Sicherheit fürchten müssen."

Wie es nicht anders zu erwarten war, konzentrierte sich die UNO in erster Linie auf die besorgten und missverstandenen Muslime, und fragte gar nicht erst nach den islamischen Ursachen des Dschihad und des Terrorismus. Auch gab es keinerlei Diskussionen über die Vereinbarkeit des Islam mit den allgemein akzeptierten Menschenrechten, wie sie in der Universellen Menschenrechtserklärung der UNO von 1948 verankert sind.

Die Universelle Menschenrechtserklärung: Islamische Reaktionen

Wir haben bereits gesehen, dass der iranische Scheich Tabandeh eine islamische Kritik an der Universellen Menschenrechtserklärung veröffentlicht hat. Der islamischen Welt schien es angemessen zu sein, zwei wichtige Antworten auf dieses Dokument zu formulieren: die Universelle Islamische Menschenrechtserklärung von1981 und die Kairoer Erklärung der Menschenrechte im Islam von 1990. Artikel 18 der Universellen Menschenrechtserklärung, die wir dem mutigen Charles Malik aus dem Libanon verdanken, lautet: „Jeder Mensch hat das Recht auf Freiheit des Denkens, des Gewissens und des Glaubens. Dieses Recht schließt den Wechsel der Religion oder des Glaubens mit ein."[301]

Leider finden wir in keiner der beiden islamischen Erklärungen eine entsprechende Garantie des Rechtes auf Religionswechsel. Das traditionelle islamische Recht fordert die Todesstrafe für jene, die den Islam aufgeben. Außerdem besagt die Kairoer Erklärung noch folgendes: „Jeder hat das Recht, dafür einzutreten, was richtig ist, und zu verkünden, was gut ist und davor zu warnen, was falsch und böse ist gemäß den Vorschriften der islamischen Scharia."[302]

Indem sie sich auf die „Islamophobie" konzentriert, anstatt auf die unangenehmen Aspekte des Islam, entehren die Vereinten Nationen die früheren und heutigen Opfer des Dschihad-Terrors und paktiert damit irgendwie mit den Terroristen. Obwohl dieser Standpunkt auf politischer Korrektheit beruht und einer vermeintlichen Sorge um die Sicherheit unschuldiger Muslime, verhindert er eigentlich jeden ehrlichen Versuch durch Muslime und Nichtmuslime, die tatsächlichen Ursachen des Dschihad-Terrors aufzudecken und die Muslime vom Weg der Gewalt abzubringen.

Was ist das eigentlich – Islamophobie?

Der Journalist und islamische Apologet Stephen Schwartz definiert die „Islamophobie" wie folgt:

> ❑ Trotz der Einwände einiger Leute aus dem Westen existiert die Islamophobie tatsächlich. Sie ist kein Mythos. Die Islamophobie ist durch folgendes Verhalten gekennzeichnet:

---

[301] Universelle Menschenrechtserklärung, 1948, http://www.un.org/Overview/rights.html.
[302] Kairoer Erklärung der Menschenrechte im Islam, 5. August 1990. http://www.religlaw.org/interdocs/docs/cairohrislam1990.htm.

- Der Islam wird insgesamt als Gefahr für die Menschheit angesehen.
- Der Islam und seine Geschichte werden insgesamt als extremistisch bezeichnet.
- Die Existenz einer gemäßigten islamischen Mehrheit in der modernen Welt wird geleugnet.
- Aus Arroganz und Unwissenheit wird verlangt, dass die Muslime sich den Forderungen der Nichtmuslime beugen und theologische Veränderungen an ihrer Religion vornehmen.
- Für alle Konflikte, an denen Muslime beteiligt sind (z.B. der Krieg in Bosnien-Herzegowina vor 10 Jahren) wird allein den Muslimen die Schuld in die Schuhe geschoben.
- Man fordert einen Krieg gegen den gesamten Islam.[303]

Nach diesen Definitionen gibt es natürlich eine Menge Islamophobie in der Welt. Aber Schwartz verschleiert mehr als er enthüllt. Wenn es Islamophobie ist, „den Islam insgesamt als Gefahr für die Welt anzusehen", ist es dann ebenfalls Islamophobie, sich mit dem Koran und der Sunna (den Überlieferungen des Propheten) auseinanderzusetzen und sie als Ursache für den Terrorismus zu bezeichnen? Falls dem so ist, dann sind die Terroristen doch selbst „islamophob", denn sie berufen sich ja selbst ständig auf die Stellen im Koran und auf die Hadithe, die sich mit dem Dschihad beschäftigen, um ihre Handlungen zu rechtfertigen. Und eine offene und ehrliche Diskussion über die Lehren des Dschihad bedeutet nicht, „den Islam insgesamt" als „Problem für die Menschheit" zu verunglimpfen. Niemand behauptet, dass tayammum (das Waschen mit Sand statt mit Wasser) oder Dhikr (die religiöse Hingabe der Derwische) oder ähnliche Elemente des Islam eine Gefahr für die Welt darstellen.

Die These, dass der „gesamte Islam und seine Geschichte extremistisch sind", als Islamophobie hinzustellen, ist ebenfalls problematisch – und das nicht nur wegen des schlampigen Gebrauchs des Wortes „extremistisch". Der Dschihad und das Dhimmitum sind ein Teil des Islam. Dennoch wurde kein Gebot irgendeiner Religion jemals durch ihre Anhänger universell eingehalten oder durchgesetzt. Die Juden und Christen lebten in den verschiedenen islamischen Ländern zu gewissen Zeiten mit einem gewissen Maß an Freiheit. Dies widerspricht jedoch nicht der Tatsache, dass die Gesetze der Dhimma immer ein Teil des Islam blieben und von jedem muslimischen Herrscher jederzeit durchgesetzt werden konnten.

---

[303] Stephen Schwartz, „The ‚Islamophobes' That Aren't", TechCentral Station.com. 28. April 2005.

Ebenfalls könnte man es als Islamophobie bezeichnen, wenn bestritten wird, dass es eine gemäßigte islamische Mehrheit gibt. Aber das geht am Problem vorbei. Ob es eine gemäßigte muslimische Mehrheit gibt, hängt ganz davon ab, wie man den Begriff „gemäßigte Muslime" definiert. Ist ein „gemäßigter Muslim" jemand, der sich niemals an terroristische Akte beteiligen wird? Dann bilden die Gemäßigten eine überwältigende Mehrheit der Muslime in der Welt. Oder ist es jemand, der diese terroristischen Akte aus vollem Herzen zurückweist? Dann wäre die Zahl der Gemäßigten schon etwas kleiner. Oder ist der gemäßigte Muslim jemand, der sich offen gegen die Dschihadisten ausspricht und sich engagiert gegen sie einsetzt? Dann wäre die Zahl noch kleiner. Oder ist es schließlich jemand, der sich mit den Dschihadisten auf eine theologische Auseinandersetzung einlässt und versucht, diese davon zu überzeugen, dass der Dschihad und der Terrorismus dem Islam widersprechen? Dann hätten wir es nur noch mit einer Handvoll Leuten zu tun.

Außerdem wäre es schwachsinnig, „die Schuld an allen Konflikten, an denen Muslime beteiligt sind .... den Muslimen in die Schuhe zu schieben" oder „einen Krieg gegen den gesamten Islam zu fordern." Einen Krieg gegen den gesamten Islam zu führen – gegen struppige Schafhirten in Kasachstan und ständig kichernde Sekretärinnen in Jakarta ebenso wie gegen bin Laden und Zarqawi – wäre absolut lächerlich. Aber was meint Schwartz eigentlich, wenn er sagt, dass jene, die für einen „Krieg gegen den gesamten Islam eintreten", „islamophob" sind? Schließt das auch die Leute ein, die erkannt haben, dass der islamische Dschihad gegen Amerika bereits erklärt wurde, und die sich für den Widerstand einsetzen?

Mohammed gegen Jesus

„Doch liebt eure Feinde, und tut Gutes, und leiht, ohne etwas wieder zu erhoffen! Und euer Lohn wird groß sein, und ihr werdet Söhne des Höchsten sein; denn er ist gütig gegen die Undankbaren und Bösen. Seid nun barmherzig, wie auch euer Vater barmherzig ist!"

Jesus (Lukas 6,35-36)

„O Gläubige, nehmt euch keine Ungläubigen zu Freunden, wenn Gläubige vorhanden sind. Wer aber so tut, der hat von Allah in nichts Beistand zu erhoffen, oder er müsste Gefahr von ihnen befürchten."

Sure (3:29)

All dies beweist doch, dass der Begriff „Islamophobie" als analytisches Mittel vollkommen ungeeignet ist. Ihn zu verwenden, würde bedeuten, die bösartigste Form der theologischen Gleichwertigkeit zu akzeptierenund und allen Beweisen zum Trotz zu behaupten, dass jede religiöse Tradition gleichermaßen Gewalttätigkeit verursachen kann. Häufig wird damit versucht, die westliche

Zivilisation zu verunglimpfen, indem man die Verbrechen von Christen mit einem idealisierten Islam vergleicht. Diesen Vergleich anzustellen bedeutet, die vernünftige Beobachtung eines einst überzeugten atheistischen Philosophen, zu verleugnen, der sehr spät in seinem Leben zu Gott fand: Antony Flew. Dieser sagte: „Jesus ist eine ungeheuer anziehende charismatische Gestalt, während der Begründer des Islam dies entschieden nicht ist."[304] Es handelt sich hier keineswegs um religiöse Arroganz oder Intoleranz, sondern um eine realistische Analyse des islamischen Dschihad. Und es ist ein weiterer Beweis dafür, dass es die westliche Zivilisation durchaus wert ist, verteidigt zu werden.

„Islamophobie" als Waffe des Dschihad

Der Vorwurf der „Islamophobie" wird regelmäßig benutzt, um die Aufmerksamkeit von den Terroristen des Dschihad abzulenken. Obwohl die Gewalt der radikalen Dschihadisten immer stärker wird und in der Schweiz acht Personen verhaftet wurden, weil man sie verdächtigte, Selbstmordattentäter in Saudi-Arabien zu unterstützen, zeigten die Muslime keine Einsicht. „So weit es mich betrifft," sagte Nadia Karmous, Leiterin einer muslimischen Frauengruppe in der Schweiz, „gibt es keinen verstärkten Islamismus, sondern vielmehr eine verstärkte Islamophobie."[305]

Diese Einstellung ist in den letzten Jahren als „Islamophobie" in den allgemeinen Sprachgebrauch übergegangen und zu einer sich selbst erhaltenden Industrie geworden. In den westlichen Ländern hat der Ausdruck „Islamophobie" neben dem „Rassismus", dem „Sexismus" und der „Homophobie" einen festen Platz eingenommen. Wie absurd das ist, wurde kürzlich durch einen Vorfall in England dokumentiert: Als eine Filmcrew für einen Film über „Islamophobie" Aufnahmen von Schikanen gegen Muslime machten, griffen zwei vorbeigehende Engländer, die nicht realisierten, dass Kameras liefen, ein, um der Person zu helfen, die angeblich belästigt wurde. Weder die Filmemacher noch die Reporter, die über diesen Vorfall berichteten, schienen sich darüber im Klaren zu sein, dass dadurch eigentlich bewiesen wurde, dass die Engländer doch gar nicht so gewalttätig sein können, wie es der Film suggerieren wollte.[306]

Der Historiker Victor Davis Hanson hat das gefährliche Ablenkungsmanöver erklärt, das das Wort „Islamophobie" eigentlich darstellt:

❑ Es gibt eigentlich überhaupt kein Phänomen wie „Islamophobie" – zumindest nicht mehr als es eine „Germanophobie" gab, weil man

---

[304] „Atheist Becomes Theist: Exclusive Interview with Former Atheist Antony Flew", *Philosophia Christi,* Winter 2004.
[305] „Swiss arrests over Saudi attacks", BBCNews, 9. Januar 2004, „Muslims in Switzerland fear ,witch-hunt'", *Swissinfo,* 22. April 2004.
[306] Stuart Jeffries, „Coming to a small screen near you", *Guardian,* 13. Januar 2005.

Hitler hasste oder „Russophobie", weil man wusste, wie gefährlich Stalin war. Jede Ungerechtigkeit, die sich aus der Erstellung eines Täterprofils aufgrund einer Herkunft aus dem mittleren Osten ergibt, ist unwichtig im Vergleich zu dem, was islamische Faschisten in den USA, in Großbritannien, den Niederlanden, Frankreich, der Türkei und Israel an Verbrechen begangen haben – den Mord an Zivilisten. Die eigentliche Gefahr für Tausende von Unschuldigen ist nicht, dass ein fanatischer Evangelist oder ein beschränkter Politiker gegen den Islam geifert, sondern der bewusst gelenkte Antisemitismus und Antiamerikanismus, der die Luftwege weltweit überflutet – ausgehend vom Iran, Libanon und Syrien, aber auch unserer ehemaligen „Verbündeten" Ägypten, Saudi-Arabien und Qatar.[307]

Reform oder Ablehnung?

Abgesehen von dem Vorwurf der Islamophobie haben wir es sehr häufig mit einer seltsamen Unaufrichtigkeit seitens der muslimischen Reformer zu tun. Im April 2005 veröffentlichte der Toronto Star ein ausführliches Porträt der muslimischen Feministin Musdah Mulia, die „die Muslime, nicht den Islam" für die Diskriminierung der Geschlechter in der islamischen Welt verantwortlich macht. Es handelte sich um einen von mehreren Artikeln, die in Zeitungen und Zeitschriften in der gesamten westlichen Welt erschienen und den „wahren" Islam als eine Religion der Toleranz, der Freiheit und des Pluralismus feierten. Aber die Behauptung, dass der „wahre Islam" mehr mit dem Pazifismus der Quäker zu tun hat als mit Osama bin Laden, ist einfach falsch und gefährlich irreführend. Die Amerikaner und Europäer werden über die wahren Motive und Ziele der Dschihadisten im Unklaren gelassen.

Mulia, so der Journalist Harun Siddiqui, „trägt den Hijab, behauptet jedoch, dass er nicht vom Islam vorgeschrieben ist – eine Aussage, die von der großen Mehrheit der muslimischen Frauen in Indonesien und in der übrigen Welt bestätigt wird. Sie tragen ihn nämlich nicht, und sie fühlen sich deshalb kein bisschen weniger muslimisch." Aber weder Siddiqui noch Mulia erwähnen die islamische Überlieferung, nach der der Prophet Mohammed befiehlt: „Wenn eine Frau das Alter der Menstruation erreicht, gehört es sich nicht, dass sie ihre Körperteile zeigt, außer das Gesicht und die Hände."[308] Sie erwähnen auch, dass sie gegen die Polygamie ist, aber nicht, dass Mulia damit einen schweren Stand hat, weil der Koran dem Mann vorschreibt, „nur eine, zwei, drei, höchstens vier Ehefrauen zu nehmen." (Sure 4:3).

„Musdah Mulia", freut sich Siddiqui, „ist keine verwestlichte säkulare Feministin. Sie ist eine islamische Gelehrte mit einem Dr. phil. vom Institut für

---

[307] Victor Davis Hanson, „Cracked Icons", *National Review,* 17. Dezember 2004.
[308] Abu Dawud, Buch 32, Nr. 4092.

Islamische Studien in Jakarta. Sie unterrichtet dort zeitweise als Dozentin, aber hauptberuflich arbeitet sie als Direktorin für Untersuchungen im Ministerium für Religiöse Angelegenheiten. Aus dieser Position heraus geht sie der Regierung ständig auf die Nerven. Als ihre Vorgesetzten vor einigen Jahren ein Weißbuch herausgaben, mit dem die religiösen Gesetze aktualisiert wurden, schrieb sie eine 170-seitige Kritik, die ihre Vorgesetzten und die Konservativen ziemlich in Rage brachte."

Mulia war nicht immer so aufsässig. Sie ist die „Enkelin eines Geistlichen, ging in ein islamisches Internat und wuchs in einer sehr strengen Umgebung auf." Sie erinnert sich noch an einige unangenehme Erlebnisse aus ihrer Kindheit: „Ich durfte nicht laut lachen. Meine Eltern erlaubten nicht, dass ich nichtmuslimische Freunde hatte. Wenn ich mit Nichtmuslimen in Berührung kam, musste ich mich hinterher duschen." Aber dann reiste sie in „andere muslimische Länder" und wurde sich darüber klar, „dass der Islam viele Gesichter hat. Mir wurden die Augen geöffnet. Einiges von dem, was mir mein Großvater und die Ulema (die islamischen Geistlichen) beigebracht hatten, war richtig, aber der Rest war ein Mythos."

Schlagzeile: Der Islam, so wie ihn die Muslime lehren, ist ein falscher Islam!

Was führte also zu ihrer Transformation? Es stellte sich wohl heraus, dass ihre Eltern, ihre Großeltern, ihre Lehrer und alle anderen den Islam falsch verstanden hatten, und sie, Mulia, ihn als einzige richtig begriffen hatte: „Je mehr ich mich mit dem Islam befasste, desto mehr stellte ich fest, dass er modern und radikal ist."

Der Hijab, die Burka, der Tschador, die Polygamie, die Scheidung, die gültig wird, sobald der Mann einen bestimmten Satz dreimal ausspricht, die unfairen Erbschaftsgesetze, das Verbot für Frauen in vielen muslimischen Ländern, das Haus ohne männliche Begleitung zu verlassen, das Fahrverbot für Frauen in vielen islamischen Ländern – all das ist ihrer Meinung nach also eigentlich unislamisch. Denn schließlich hat der Islam ja „die Frauen schon vor 1400 Jahren befreit, lange vor dem Westen."

Die Behauptung, dass Mohammed die Situation der Frauen verbessert habe, ist schon seltsam. Sie beruht wohl auf der Theorie, dass die Frauen in der heidnischen arabischen Gesellschaft schrecklich behandelt wurden. Aber haben sich diese Zustände mit dem Aufkommen des Islam wirklich geändert? Wie wir gesehen haben, beklagte sich sogar Aisha, Mohammeds geliebte Kindbraut: „Ich habe keine Frauen gesehen, die so leiden, wie die gläubigen Frauen."[309]

Viele Kämpfer für Frauenrechte und Reformen innerhalb des Islam sind wie Mulia. Sie können einfach nicht zugeben, weder sich selbst noch anderen ge-

---

[309] Bukhari, Band 7, Buch 77, Nr. 5825.

genüber, dass der Islam selbst, durch seine religiösen Texte, verantwortlich für die Probleme ist, die sie so gern reformieren würden. Sie sprechen ziemlich offen darüber, wie die Gotteskämpfer oder Terroristen, die Wahhabiten oder der jeweilige Schurke des Tages den Islam für sich vereinnahmt haben, ohne irgendein konkretes Programm anzubieten, mit dem diese gewalttätigen „Missversteher" des Islam in der ganzen Welt in friedliche und tolerante Pluralisten verwandelt werden könnten.

Mulia erklärt nicht ein einziges Mal, wie die „kulturellen Überlieferungen und Interpretationen", gegen die sie so eingestellt ist, sich in den islamischen Ländern entwickeln konnten. Wie haben denn die Muslime in Saudi-Arabien und im Iran ihre Gesetze und Sitten geschaffen, wenn nicht auf der Grundlage des Islam? Alle Gesetze, die über die Grundlagen des Islam hinausgehen, behauptet Mulia, sind von Menschen, oder vielmehr von Männern, gemacht – „keines von ihnen wurde per Fax aus dem Himmel übersandt". Aber jene, die die Gesetze in Saudi-Arabien, dem Iran, Sudan oder in Pakistan machen, sind doch fest davon überzeugt, dass sie „ein Fax aus dem Himmel" bekommen haben, nämlich den Koran. Und was ist eine Reihe von Diktaten von Allah an Mohammed denn anders als ein „Fax aus dem Himmel"?

Wie so viele andere selbst ernannte islamische Reformer scheint Mulia auf der Seite der Engel zu stehen, aber eigentlich trägt sie nur dazu bei, die Verwirrung über den Islam noch zu verstärken. Ibn Warraq hat das sehr gut ausgedrückt: „Es gibt gemäßigte Muslime, aber der Islam selbst ist nicht gemäßigt." Zu viele Reformer sind der Meinung, dass sie den Islam um jeden Preis verteidigen müssen, gleichgültig, wie viele geistige Klimmzüge dazu auch notwendig sind – auch wenn das bedeutet, dass man alles beschönigt und sich weigert, die Aspekte zu sehen, die sich die Terroristen zunutze machen, um ihre schrecklichen Taten zu rechtfertigen. Es sind nur „schlechte Muslime", erzählt man uns – Wahhabiten und andere Extremisten – die angeblich dafür verantwortlich sind. Es scheinen aber genau diese „schlechten Muslime" zu sein, die die eigentlichen Lehren des Islam auf jeden Lebensbereich beziehen, während die etwas gleichgültigeren Muslime, die den Koran nicht so wörtlich nehmen, ihre Frauen besser behandeln und für einen Pluralismus und ein friedliches Zusammenleben mit Nichtmuslimen eintreten.

Das ist etwas, was sogar Mulia und andere, die so denken wie sie, nicht für immer ableugnen können.

Falsche Darstellung des Islam

Abgesehen davon, dass man leugnet, dass die unangenehmen Aspekte des Islam wirklich zum „wahren Islam" gehören, brandmarken einige muslimfreundliche Gruppen die wahren Aussagen über den Islam als „Hetzerei". Im Dezember 2004 kamen von CAIR einige ziemlich giftige Reaktionen auf ein paar Aussagen des ehemaligen CIA-Beamten Bruce Tefft. CAIR stieß sich an Sätzen wie: „Der islamische Terrorismus beruht auf dem Islam, wie er durch

Teil III: Der heutige Dschihad

den Koran gelehrt wird", „Zu behaupten, dass der Islam nichts mit dem 11. September zu tun hat, bedeutet, dass man vorsätzlich das Offensichtliche ignoriert und die Ereignisse vollkommen falsch deutet" und „Es gibt keinen Unterschied zwischen dem Islam und dem islamischen Fundamentalismus. Der Islam ist ein totalitäres Konstrukt." CAIR setzte sich mit der kanadischen Niederlassung des Simon-Wiesenthal-Zentrums in Verbindung, das diese Aussagen verbreitete, und forderte es auf, „diese islamfeindlichen Aussagen auf das Schärfste zu verurteilen. Zu behaupten, dass der Islam und seine heiligen Texte den Terrorismus fördern, kann nur zu mehr antimuslimischen Vorurteilen und Intoleranz führen."

„Als eine Organisation, die von sich behauptet, ‚die Toleranz und das Verständnis zu fördern', schäumte CAIR, ‚muss das Simon-Wiesenthal-Zentrum diese antiislamische Rhetorik sofort unterbinden und seine kanadische Niederlassung dafür zur Rechenschaft ziehen, dass sie es versäumt hat, sich gegen diese hasserfüllten Reden zu verwahren.'"[310]

Da so viele Muslime den Dschihad unterstützen und ihn mit dem Koran und der Sunnah rechtfertigen, hat Tefft diesen Zusammenhang natürlich keinesfalls erfunden. Aber anstatt sich zu bemühen, ihn aufgrund dieser Quellen zu widerlegen, hat sich CAIR Tefft ins Visier genommen.

CAIR behauptet, dass sie sich verpflichtet fühlt, ein positives Bild vom Islam und den Muslimen in den USA zu vermitteln, und erklärt: „Wir glauben, dass eine falsche Darstellung des Islam auf Unwissenheit seitens der Nichtmuslime beruht und auf den Unwillen der Muslime, ihre Sache zu vertreten."[311] Das klingt ja sehr gut, wenn man daran glauben will – aber die Kur, die CAIR anbietet, ist möglicherweise schlimmer als die Krankheit selbst.

Das Dhimmitum der Medien und der Politiker

Vielleicht wollen sie die Öffentlichkeit nicht beunruhigen. Vielleicht sind sie auch nur zu politisch korrekt, um die Muslime zu beleidigen. Vielleicht ist es auch beides. Jedenfalls können die Behörden manchmal auf eine schon geradezu absurde Art und Weise zögern, Schlussfolgerungen aufgrund eindeutiger Beweise zu ziehen, die auf eine terroristische Aktivität von Islamisten in den Vereinigten Staaten hinweisen.

Im April 2005 fanden Feuerwehrleute, die in einem Supermarkt in Brooklyn eine Routineinspektion durchführten, zweihundert Airbags und einen Raum, dessen Wände mit Plakaten von Osama bin Laden und Darstellungen von Hinrichtungen durch Enthaupten im Irak bedeckt waren. Mit einer Substanz, die in

---

[310] Council on American-Islamic Relations, „CAIR Calls on Wiesenthal Center to Repudiate ‚Islamophobia'", 11. Dezember 2004.
[311] Council on American-Islamic Relations, „About CAIR", http://www.cair-net.org/asp/aboutcair.asp.

Airbags vorhanden ist, können auch Rohrbomben hergestellt werden. Der Besitzer des Gebäudes saß nach Angaben der *New York Post* „Ende der Siebziger und Anfang der Achtziger Jahre eine Gefängnisstrafe wegen Brandstiftung, fahrlässiger Gefährdung, Waffenbesitz und Verschwörung ab." Aber die Behörden waren sicher: Die versteckten Objekte hatten nichts mit Terrorismus zu tun. Wirklich nicht? Womit hatten sie denn dann zu tun? Heimwerkerbedarf?

Als am 23. März 2005 durch eine Explosion in einer Erdölraffinerie in Texas City, Texas, fünfzehn Menschen ums Leben kamen und mehr als hundert weitere verletzt wurden, schloss das FBI einen terroristischen Hintergrund als mögliche Ursache von vornherein aus.[312] Als eine Gruppe, die sich selbst Qaeda al-Jihad nannte, und eine weitere Gruppe die Verantwortung übernahmen, war das FBI immer noch skeptisch.[313] Aber dann stellte sich heraus, dass die Ermittlungsbeamten den Tatort erst acht Tage nach der Explosion untersucht hatten, nachdem sie Terrorismus bereits als Möglichkeit ausgeschlossen hatten. Ein etwas unabhängigerer Beamter fragte: „Wie kann man eine Möglichkeit ausschließen, wenn man überhaupt noch keinen Hinweis auf die Ursache hat?"[314] Noch später stellte sich heraus, dass die ersten Meldungen über eine einzelne Explosion falsch waren. Es hatte in der Raffinerie nicht weniger als fünf Explosionen gegeben.[315]

Es wäre natürlich immer noch möglich, dass diese Explosionen reiner Zufall waren, und dass fünf verschiedene Dinge unabhängig voneinander fünf getrennte Explosionen verursacht haben, die alle zur selben Zeit stattfanden. Und vielleicht gab es ja auch keine terroristische Ursache. Aber wie konnte das FBI das wissen, noch bevor es mit seinen Untersuchungen angefangen hatte?

Dies sind nur zwei Beispiele für eine ganze Reihe anderer Vorfälle, die von dem Terrorismusexperten Daniel Pipes dokumentiert wurden:

❑ Am 1. März 1994 schoss ein Muslim namens Rashid Baz von der Brooklyn Bridge auf einen Bus voller hassidischer Juden. Einer von ihnen kam ums Leben.[316] Für das FBI war es „Aggressivität im Straßenverkehr".[317]

❑ Am 24. Februar 1997 schoss ein Muslim namens Ali Abu Kamal beim Empire State Building auf Touristen. Einer von ihnen wurde getötet, sechs weitere verletzt. Dann nahm sich der Mörder selbst

---

[312] Pam Easton, „Terrorism Ruled Out in Oil Refinery Blast", Associated Press, 25. März 2005.

[313] SITE Institute, „Qaeda al-Jihad in the United States Claims Responsibility For Texas Refinery Bombing", 25. März 2005; „Terror cover-up in Texas City?", WorldNetDaily.com, 5. April 2005.

[314] „Terror cover-up in Texas City?", WorldNetDaily.com, 5. April 2005.

[315] „Multiple blasts struck refinery", Associated Press, 29. April 2005.

[316] Uriel Heilman, „Murder on the Brooklyn Bridge", *Middle East Quarterly,* Sommer 2001.

[317] Daniel Pipes, „Denying Terrorism", *New York Sun,* 8. Februar 2005.

Teil III: Der heutige Dschihad 181

das Leben.[318] Der New Yorker Oberbürgermeister Rudolph Giuliani informierte die Öffentlichkeit, dass der Täter „viele, viele Feinde im Sinn hatte".[319]

❏ Am 4. Juli 2002 schoss am Schalter der israelischen Fluggesellschaft El Al ein Muslim namens Hesham Mohamed Ali Hadayet wahllos in die Menge. Er tötete zwei Personen. Das FBI sagte zuerst, dass „nichts auf einen terroristischen Hintergrund hinweisen würde". Nachdem sich jedoch herausstellte, dass Hadayet möglicherweise mit al-Qaida in Verbindung stand und einen wahnsinnigen Hass auf Israel hatte, klassifizierte es die Tat schließlich doch als einen terroristischen Akt.[320]

❏ Die „Beltway Snipers" (Autobahn-Heckenschützen) John Muhammad und Lee Malvo, die im Oktober mit achtzehn Schießereien und zehn Morden im Großraum Washington DC in Verbindung gebracht wurden, waren zum Islam konvertiert. Bevor sie gefasst wurden, hatte man die Verbrechen „zornigen weißen Männern" zugeschrieben. Die Täter stellten sich dann als Schwarze heraus. Nach ihrer Festnahme nannten die Medien John Muhammad konsequent John Williams. Seine Bekehrung zum Islam und der Namenswechsel wurden einfach ignoriert. Und selbst nachdem Malvos Zeichnungen von Osama bin Laden (den er als „Diener Allahs" bezeichnete) und sein ständiges Gerede über den Dschihad bekannt wurden, weigerten sich die Behörden, zuzugeben, dass die Morde irgendetwas mit dem Islam oder dem Terrorismus zu tun hätten.[321]

❏ Am 6. August 2003 durchschnitt in Houston, Texas ein Muslim namens Mohammed Ali Alayed die Kehle seines jüdischen Freundes Ariel Sellouk. Alayed hatte seine Freundschaft zu Sellouk abgebrochen, als er in seinem Glauben zum Islam strenggläubiger wurde. Am Abend des Mordes rief Alayed Sellouk an. Sie gingen in eine Bar, bevor sie zu Alayeds Apartment zurückkehrten, wo dieser seinen Freund umbrachte. Man hatte nicht gesehen, dass die beiden sich in der Bar gestritten hätten. Obwohl Alayed Sellouk nach Art der irakischen Dschihadisten umbrachte und anschließend in die Moschee ging, stellten die Behörden fest, „dass es keinen

---

[318] „Gunman shoots 7, kills self at Empire State Building", CNN, 24. Februar 1997.
[319] Daniel Pipes, „Denying Terrorism".
[320] Daniel Pipes, „Terror & Denial", *New York Post,* 9. Juli 2002.
[321] Michelle Malkin, „Lee Malvo, Muslim hatemonger", Townhall.com, 10. Dezember 2003.

Beweis dafür gibt, dass Sellouk ... aufgrund seiner Rasse oder Religion umgebracht worden sei."[322]

Es gibt noch viele ähnliche Beispiele: Als ein Muslim namens El Sayyid Nosair am 5. November 1990 in New York City den israelischen politischen Aktivisten Meir Kahane umbrachte, brachten die Behörden den Mord nicht mit politischen Motiven sondern mit den Depressionen von Nosair in Verbindung. Und selbst als ein Kopilot von Egypt Air am 31. Oktober 1999 sich selbst und 217 Menschen in den Tod stürzte, sahen die Behörden keinen terroristischen Hintergrund, obwohl der Mann vor dem Absturz elf mal ausrief: „Ich vertraue auf Allah."[323]

Versuchen die Behörden nur, die amerikanische Öffentlichkeit nicht zu beunruhigen? Oder versuchen sie, unschuldige Muslime vor der Wut der Menschen zu schützen? Wie immer ihre Motive sein mögen – sie halten uns im Unklaren über die wahre Natur und das Ausmaß der Bedrohung durch den islamischen Terrorismus.

---

[322] Andrew Tilghman, „Saudi pleads guilty to killing Jewish friend in Houston", *Houston Chronicle,* 12. Januar 2004.
[323] Daniel Pipes, „Denying Terrorism".

Kapitel 17
Den Islam zu kritisieren könnte Ihrer Gesundheit schaden

Wussten Sie schon?

- *Ein australischer Bundesstaat hat es verboten, die Wahrheit über den Islam zu sagen. Großbritannien und andere Staaten planen ähnliche Gesetze.*

- *Auch im Westen werden jetzt Menschen durch den radikalen Islam eingeschüchtert: Der holländische Filmemacher Theo van Gogh wurde in Amsterdam mitten auf der Straße ermordet, weil er angeblich die Muslime beleidigt hatte.*

- *Menschen, die vom Islam zum Christentum übergetreten sind, müssen selbst in den Vereinigten Staaten um ihr Leben fürchten.*

- *Die freie Meinungsäußerung wird in den Vereinigten Staaten allmählich abgeschafft, zumindest was den Islam betrifft.*

Die Verharmlosung des Islam und des Dschihad geht weit über eine tendenziöse Propaganda hinaus. Eine sachliche und unvoreingenommene Untersuchung der Ursachen des islamischen Terrors wird vom politisch korrekten Establishment zunehmend als „Hasspropaganda" gebrandmarkt. Die Organisation CAIR hat zahlreiche Prozesse gegen jene angestrengt, die Dinge über den Islam verbreiten, die ihr nicht in den Kram passen. Das ist ein harter Schlag für jeden, der über irgendeine Religion die Wahrheit sagt. „Es gibt überhaupt keinen Zweifel, dass sich CAIR darüber im Klaren ist." sagte John Derbyshire von der National Review. „Hinter diesen Leuten stehen saudische Ölmilliarden, und die Finanzierung von Prozessen ist für sie überhaupt kein Problem. Sie verfügen praktisch über unbegrenzte Mittel. Sie bringen jeden zum Schweigen. In Bezug auf den Islam ist die freie Meinungsäußerung praktisch verboten."[324]

Außerdem stehen den islamischen Dschihadisten ja auch noch andere Mittel zur Verfügung, um Kritiker im wahrsten Sinne des Wortes mundtot zu machen. Der Mord an Theo van Gogh in Amsterdam ist ja nur ein Beispiel dafür.

---

[324] E-Mail an den Autor, 31. März 2005.

Abschaffung der freien Meinungsäußerung in den Vereinigten Staaten: Die Serie „24" von FOX und CAIR.

24 ist eine Serie von FOX TV über den Terrorismus. In den einzelnen Folgen wurde über bosnische Terroristen, deutsche Terroristen und südamerikanische Terroristen berichtet. In einer Folge beschäftigte man sich auch mit dem muslimischen Terrorismus, oder zumindest mit Terroristen, die irgendwie mit dem Mittleren Osten zu tun hatten. Weder Bosnier, noch Deutsche oder Südamerikaner beklagten sich bei dem Sender über die Art und Weise, wie sie dort dargestellt wurden. Als sich der Sender jedoch mit dem islamischen Terror beschäftigte, erregte er unverzüglich den Zorn von CAIR.

Sabiha Khan von der Niederlassung von CAIR in Anaheim in Kalifornien war besorgt, dass die Sendung über muslimische Terroristen „zu einer Atmosphäre beitragen könnte, in der es vollkommen in Ordnung sein würde, Muslime zu diskriminieren und ihnen Schaden zuzufügen. Dadurch könnten echte Personen verletzt werden."[325] CAIR verabredete ein Treffen mit führenden Mitarbeitern von FOX in Los Angeles, um ihre Sorgen vorzutragen.

IslamOnline, ein populäres Nachrichtenportal im Internet, das von Katar aus betrieben wird, hat seine eigenen Vorstellungen davon, wer hinter der Sendung steckt: „Die FOX Entertainment Group", war darin zu lesen, ist „ein Teil des Nachrichtensenders des jüdischen Milliardärs Rupert Murdoch." Weiterhin erfuhr man durch dieses Portal, dass die Sendung „von jüdischen Gruppen und Lobbyisten als Teil der Aufdeckung der ‚wahren Absichten' der Muslime begrüßt worden sei". Und schließlich wurde noch bemerkt, dass „der jüdische Schriftsteller Daniel Pipes in der israelischen Jerusalem Post und in der amerikanischen New York Post schrieb, dass er hoffe, dass FOX sich nicht dem Druck der Muslime beugen werde."[326]

Als IslamOnline darüber informiert wurde, dass Murdoch kein Jude war, ließ sie den Ausdruck „jüdisch" fallen. Aber der Sinn dieses Artikels ist immer noch klar: Die Darstellung der muslimischen Terroristen in *24* ist ein weiteres Beispiel für eine unendlich lange Kette jüdischer Verschwörungen. Es ist die übliche Paranoia der Verteidiger des islamischen Dschihad, dass jeder, der sich ihnen entgegenstellt, automatisch Jude sein muss. Diese Paranoia gegenüber den Juden wird noch durch den Koran bestätigt, der sie als listig und unzuverlässig darstellt. Und natürlich wollen uns die Vertreter des Dschihad davon überzeugen, dass die Probleme, die zwischen den Muslimen und den Nichtmuslimen bestehen, ganz allein die Schuld Israels sind.

---

[325] Dana Parsons, „24's' Latest Plot Twist Pains Some Muslims", *Los Angeles Times*, 12.Januar 2005.
[326] Adam Wild Aba, „Fox Features ‚Muslim Terrorists' in ‚24' Drama", IslamOnline, 10. Januar 2005.

Aber diese ominösen „jüdischen Gruppen und Lobbyisten" haben den Sender FOX anscheinend nicht sehr gut im Griff, denn schon bevor sich die Leiter dieses Senders mit Vertretern von CAIR trafen, haben die Produzenten von *24* einige Stellen herausgeschnitten, von denen sie glaubten, dass sie die Muslime möglicherweise zu stereotyp darstellen könnten. FOX erklärte sich auch einverstanden, einige öffentliche Verlautbarungen von CAIR über die amerikanischen Muslime an ihre Nachrichtensender zu schicken, obwohl diese nicht verpflichtet waren, diese auch zu senden.

Geschäfte mit dem Teufel

Aber warum ließ sich FOX überhaupt mit CAIR ein? Waren sich die führenden Mitarbeiter, die sich mit Vertretern von CAIR trafen, darüber klar, dass drei von ihnen wegen verschiedener terroristischer Aktivitäten bereits vorbestraft waren? Ja, sagte ein Vertreter von FOX, das sei ja schließlich öffentlich bekannt gewesen. Wussten sie auch, dass der Gründer von CAIR, Nihad Awad, diese Organisation mitbegründete, nachdem er als Leiter der Öffentlichkeitsarbeit für die Islamic Association for Palestine (IAP) gearbeitet hatte – und dass der ehemalige Beamte für Terrorismusbekämpfung beim FBI, Oliver Revell, die IAP als „eine Tarnorganisation für die Hamas" bezeichnet hatte, „die Propaganda für militante Islamisten betreibt."?[327] Wussten sie, dass Awad selbst erklärt hatte: „Ich unterstütze die Hamas-Bewegung"?[328] Nun, ja, sagte der Vertreter von FOX, sie waren sich darüber im Klaren, dass CAIR einige, wenn auch lose, Verbindungen zu diesen Organisationen unterhielt, aber sie wären wohl durchaus in der Lage, die Klagen dieser Organisation sachlich zu prüfen. Und das ist genau das, was FOX tut, sagte er: Sie bewerten nicht den Urheber einer Beschwerde, sondern den Wert der Beschwerde selbst.

Wenn also der Ku Klux Klan FOX anrufen und sich beklagen würde, dann würde man nicht die Quelle beurteilen, sondern die Beschwerde sachlich prüfen?

Totenglocke für den Westen?

Im Dezember 2004 sprach man zwei christliche Pastoren in Australien schuldig wegen Verunglimpfung der Muslime. Obwohl das Urteil aufgrund von Gesetzen gegen religiöse Hasspropaganda gefällt wurde, die gegenwärtig nur in einem einzigen australischen Staat gültig sind, macht die große Aufmerksamkeit, die diese Entscheidung bei Gesetzesvertretern in aller Welt erregte, die Entscheidung zu einer Gefahr für uns alle. Zum Beispiel hat die Regierung Blair in England einen Gesetzesentwurf gegen „Aufhetzung zum religiösen Hass" eingebracht. Dabei handelt es sich wohl eindeutig um eine Verbeugung vor der wachsenden Zahl muslimischer Wähler in Großbritannien. Der Ent-

---

[327] „Muslim-rights voice indicted in jihad plot", WorldNetDaily.com. 9. Juli 2003.
[328] Joe Kaufman, „A Night of Hamas ‚Heroes'", FrontPageMagazine.com., 8. März 2004.

wurf war sehr umstritten und wurde im April 2005 wieder fallengelassen. Aber er ist immer noch ein heißes Thema, und es könnte durchaus sein, dass er in naher Zukunft in England doch noch verabschiedet wird.[329] Das australische Beispiel zeigt, welche Folgen ein solches Gesetz haben würde.

Einer der Pastoren, Daniel Scot, ist Pakistani. Vor siebzehn Jahren floh er aus seinem Land, nachdem er gegen den berüchtigten Paragraphen 295(c) des Strafgesetzbuches verstoßen hatte, der die Todesstrafe oder eine lebenslange Haftstrafe für jede Person vorsieht, die „den heiligen Namen des Propheten Mohammed verunglimpft." Es handelt sich um einen gefährlich weit auslegbaren Paragraphen, der häufig zur Christenverfolgung genutzt wird. Christen werden verhaftet und dann irgendwie dazu gebracht, zu bekennen, dass sie nicht an Mohammed glauben.

Scot ging also nach Australien, wo er im Staat Victoria mit dem neuen Religionsgesetz in Konflikt geriet. Richter Michael Higgins vom Zivil- und Verwaltungsgericht sprach ihn schuldig, weil er während eines von seiner Gruppe „Catch the Fire Ministries" veranstalteten Seminars den Islam verunglimpft habe. Der Richter bemerkte, dass Scot während des Seminars gesagt hätte, dass „der Koran Gewalttätigkeit, Mord und Plündern gutheiße". Angesichts solcher Koranstellen wie 9:5, 2:191, 9:29, 47:4, 5:33 und vieler anderer kann diese Aussage wohl kaum ernsthaft in Zweifel gezogen werden. Wie wir wissen, haben Muslime immer wieder Bibelstellen zitiert, um zu beweisen, dass diese ebenso die Gewalt gutheißt. Oder sie haben behauptet, dass die große Mehrheit der Muslime diese Verse überhaupt nicht ernst nimmt. Aber man muss die Wahrheit schon ziemlich gründlich ausblenden, um zu behaupten, dass solche Verse überhaupt nicht existieren, und jeden, der auf diese Verse hinweist, der religiösen Verunglimpfung anzuklagen.

Aber Higgins war noch nicht fertig. Er bestrafte Scot auch, weil dieser behauptet hatte, dass der Koran die Frauen als minderwertig ansieht und „sie als Acker bezeichnet, auf den man jederzeit gehen kann, wann man will". Weiterhin hatte er behauptet, dass „Gewalt im Haus ausdrücklich gebilligt würde".[330] Außerdem warf er Scot vor, dass er gesagt hätte, dass der Koran vorschreibt, „einem Dieb die Hand abzuhacken." Aber die Genehmigung, seine Frau als Acker zu missbrauchen und „auf den Acker zu gehen, wie und wann man will" steht in der Sure 2:223 im Koran. Ehemännern wird in 4:34 erlaubt, ihre ungehorsamen Frauen zu schlagen. Die Amputation der Hand für Diebstahl wird in 5:38 vorgeschrieben. Welchen Koran hat Higgins eigentlich gelesen?

Higgins hat nicht nur den Koran falsch verstanden, sondern auch die Aussagen von Scot. Er warf Scot vor, die Muslime als „Dämonen" bezeichnet zu haben,

---

[329] „Religious Hate Law: A Threat to Free Speech?", Barnabas Fund, 6. April 2005. http://www.barnabasfund.org/news/itrhc/about_itrhc.htm.
[330] Michael Higgins, „Summary of Reasons for Decisions", Victorian Civil and Administrative Tribunal, Human Rights Division, 17. Dezember 2004.

aber nach Aussagen des Menschenrechtsaktivisten Mark Durie, der mit dem Fall gut vertraut ist, „sagte Scot während des Seminars, dass im Koran von Dschinns (geistigen Wesen) die Rede ist, die aufgrund der Botschaft des Islam zu Muslimen wurden." In der Begründung seines Urteils stellte es der Richter jedoch so dar, als ob Scot behauptet hätte, dass alle Muslime Dämonen wären. Aus „einige Dämonen sind Muslime" wurde also „Muslime sind Dämonen".[331]

Ein Urteil, das von vornherein feststand

Es gibt einige Hinweise darauf, dass das Urteil in diesem Prozess von vornherein feststand. Als Scot während des Verfahrens einige Koranverse vorlas, in denen die Frauen diskriminiert werden, unterbrach ihn ein Anwalt des Islamischen Rates von Victoria, der Organisation, die den Fall vor Gericht brachte: Diese Verse laut vorzulesen, behauptete er, würde bereits eine religiöse Verunglimpfung darstellen. Empört antwortete Scot: „Wie kann es eine Verunglimpfung der Muslime sein, wenn ich aus dem Koran vorlese?"[332]

Da Gesetze gegen religiöse Verunglimpfung jetzt auch in England und zweifellos in anderen Teilen der Erde verabschiedet werden, hat diese Frage eine besonders wichtige Bedeutung und muss unbedingt beantwortet werden. Wenn es bereits eine Verunglimpfung der Muslime ist, wenn man sich damit beschäftigt, was der Islam und der Koran tatsächlich lehren, dann kann es auch keine vernünftige Diskussion über den Islam geben. Solche juristischen Winkelzüge machen die Muslime zu einer abgetrennten Klasse, die nicht kritisiert werden darf, und das gerade zu einer Zeit, da der Westen sich mit den Folgen beschäftigen muss, die ein starker Zustrom von Menschen mit sich bringt, denen der Islam mehr bedeutet als Pluralismus, Freiheit und Demokratie.

Kritik ist keine Anstiftung

Der mutige ehemalige Muslim Ibn Warraq rief die Muslime dazu auf, „zuzugeben, welche Rolle der Koran bei der Verbreitung von Gewalt spielt". Wie sollte man sonst den Terrorismus des Dschihad beenden? Wie sollen sonst die Dschihadisten davon abgehalten werden, direkt vor der Nase von Leuten wie Richter Higgins, die lieber den Kopf in den Sand stecken, neue Rekruten für den Heiligen Krieg zu rekrutieren?

Als Richter Higgins das Urteil gegen Daniel Scot unterschrieb, unterschrieb er möglicherweise das Todesurteil nicht nur für den Staat Victoria, sondern für ein freies Australien und – falls man seinem Beispiel folgt – die ganze westliche Welt.

---

[331] Mark Durie, „Daniel Scot's (in)credible testimony", jihadwatch.org. 1. Februar 2005.
[332] Patrick Goodenough, „Verdict in ,Vilifying Islam' Case Exposes Christian Fault Lines", CNS News.com, 20. Dezember 2004.

Der Mord an Theo van Gogh

Ein Monat vor dem Urteil durch Higgins geschah in Holland etwas, das noch viel bedrohlicher war. Am 2. November 2004 wurde Theo van Gogh auf einer Straße in Amsterdam wegen einem von ihm gedrehten Film von einem Muslim erschossen. Sein Mörder war ein Holländer marokkanischer Herkunft, der in traditioneller islamischer Tracht gekleidet war. Nachdem er mehrmals auf van Gogh geschossen hatte, stach er noch einige Male auf ihn ein. Schließlich schnitt er seine Kehle durch und hinterließ auf der Leiche einen Zettel mit Koranversen sowie Drohungen gegen mehrere öffentliche Persönlichkeiten, die sich gegen den Zustrom von Muslimen in die Niederlande ausgesprochen hatten. Dennoch sagte der holländische Ministerpräsident Jan Peter Balkenende, dass „nichts über die Motive des Täters bekannt" sei.[333]

Andere waren nicht ganz so vorsichtig. Ein holländischer Student sagte: „Damit muss Schluss sein, ein für alle mal. Man kann nicht einfach Leute brutal auf der Straße umbringen, nur weil man mit ihnen nicht einer Meinung ist." Der Bürgermeister von Amsterdam, Job Cohen, erklärte: „Wir werden laut und deutlich erklären, wie wichtig die Redefreiheit für uns ist."[334]

Acht Wochen vorher war van Goghs Film „Submission" (Unterwerfung) im holländischen Fernsehen gezeigt worden. Submission, eine Idee der ehemals muslimischen Parlamentsabgeordneten Ayaan Hirsi Ali, klagte die Misshandlung muslimischer Frauen an. In dem Film wurden Bilder verprügelter Frauen gezeigt, die durchsichtige Kleider trugen, durch die die Brüste sichtbar waren. Auf ihren Körpern waren Koransprüche aufgemalt.

Beleidigend? Schlechter Geschmack? Ja, aber das war wahrscheinlich auch die Absicht. Van Gogh, der Urenkel von Vincent van Goghs Bruder („Lieber Theo") war schon lange eine bekannte und umstrittene Figur in der holländischen Künstlerszene. Er hatte Juden und Christen so hart angegriffen, dass es zu offiziellen Klagen kam. Aber nach „Submission" erhielt er auch Morddrohungen. In den Augen vieler holländischer Muslime hatte van Gogh den Islam beleidigt, ein Vergehen, auf das unbedingt der Tod stand. Der Filmemacher selbst war nicht sehr besorgt. Der Film, sagte er, „ist die beste Lebensversicherung, die man sich vorstellen kann. Ich mache mir überhaupt keine Sorgen."[335]

Van Gogh war nicht der erste

Van Goghs Tod beweist, dass jeder, dem die Freiheit am Herzen liegt, sich Sorgen machen sollte, denn dieser Mord durch einen Muslim, der sich über „Gotteslästerung" ärgerte, ist nichts Neues. Und es handelt sich auch nicht um

---

[333] Toby Sterling, „Dutch Filmmaker Theo Van Gogh Murdered", Associated Press, 2. November 2004.
[334] „Dutch Filmmaker Killed, Muslims Condemn", IslamOnline.net, 2. November 2004.
[335] Sterling, „Dutch Filmmaker Theo Van Gogh Murdered".

ein Relikt aus einer längst vergangenen Zeit. Im Jahre 1947 ermordeten radikale Islamisten den iranischen Rechtsanwalt Ahmad Kasravi in einem Gerichtssaal. Kasravi befand sich dort, um sich gegen Vorwürfe zu verteidigen, dass er den Islam beleidigt habe. Vier Jahre später brachten Mitglieder derselben radikalen Muslimgruppe, Fadayan-e Islam, den iranischen Ministerpräsidenten Haji-Ali Razmara um, nachdem eine Gruppe muslimischer Geistlicher eine Fatwa erlassen hatten, mit der sie seinen Tod forderten. Im Jahre 1992 wurde der ägyptische Schriftsteller Faraj Foda von Muslimen ermordet, die über seinen Abfall vom Islam empört waren – ein weiteres Vergehen, für das das islamische Recht die Todesstrafe vorsieht. Fodas Landsmann, der Schriftsteller und Nobelpreisträger Naguib Mahfouz, wurde 1994 erstochen, nachdem man ihm Gotteslästerung vorgeworfen hatte.

Aufgrund der Blasphemiegesetze Pakistans wurden viele Nichtmuslime aufgrund der zweifelhaftesten Beweise verhaftet, gefoltert und zum Tode verurteilt. Und natürlich gab es dann auch noch die berüchtigte Fatwa Ayatollah Khomeinis gegen den Autor Salman Rushdie.

Dass solche Dinge im Iran und in Ägypten geschehen, in zwei Ländern also, wo der islamische Radikalismus weit verbreitet ist, ist eine Sache. Eine ganz andere Sache ist es jedoch, wenn ein „Gotteslästerer" am hellichten Tag auf den Straßen von Amsterdam ermordet wird. In den vergangenen dreißig Jahren hat Europa eine massive Einwanderung von Muslimen nach Europa gefördert. Die Muslime machen jetzt 5% der holländischen Bevölkerung aus, und ihre Zahl steigt schnell an. Aber noch immer ist es in Europa – und auch in Amerika – weitgehend tabu, sich zu fragen, inwieweit dieser Bevölkerungsteil bereit ist, die westlichen Werte zu akzeptieren. Als der holländische Politiker Pim Fortuyn im Jahre 2002 versuchte, diese Frage aufzuwerfen, wurde er von den politisch korrekten Medien als rechtsradikaler Rassist beschimpft. Die westlichen Medien tendieren dazu, Fragen in Bezug auf den Islam als Rassismus darzustellen, trotz der Tatsache, dass der Radikalismus des Islam in allen Rassen zu finden ist. Und Fortuyn wurde dann auch von einem Holländer ermordet, der dies „im Namen der holländischen Muslime" tat.[336]

Die Kosten für die Aufrechterhaltung der politisch korrekten Mythen

Die Ermordungen von Fortuyn und van Gogh sind ein Zeichen dafür, dass die Kosten für die Aufrechterhaltung des Tabus gegen jede Kritik des Islams allmählich immer höher werden. Eine der Voraussetzungen für eine friedliche Koexistenz der Glaubensrichtungen innerhalb einer säkularen Gesellschaft ist die Freiheit der Rede – insbesondere die Freiheit, etwas in Frage zu stellen oder eine andere Meinung zu vertreten. Wenn eine Gruppe es sich erlauben

---

[336] Andrew Osborn, „‚I shot Fortuyn for Dutch Muslims', says accused", *Guardian*, 28. März 2003.

kann, ihre Glaubenssätze über jede Kritik zu stellen, dann ist sie nicht länger gleichwertig, sondern glaubt aus irgendeinem Grund, dass sie die Vorherrschaft besitzt. Müssen alle anderen Gruppen diese Gruppe im Namen der politischen Korrektheit tolerieren?

Es ist schon längst an der Zeit, dass solche Überlegungen zu einem Teil der öffentlichen Debatte in den westlichen Ländern werden. Inwieweit sind Muslime, die in westliche Länder einwandern, bereit, das islamische Verbot außer Acht zu lassen, den Islam zu hinterfragen, zu kritisieren oder eventuell sogar über Bord zu werfen?

Mohammed gegen Jesus

„Und wenn jemand euch nicht aufnehmen noch eure Worte hören wird – geht hinaus aus jenem Haus oder jener Stadt, und schüttelt den Staub von euren Füßen!"

Jesus (Matthäus 10,14)

„Gibt jemand den muslimischen Glauben auf, dann bringt ihn um."[337]

Nach der Ermordung von van Gogh gingen in Amsterdam Tausende aus Protest auf die Straße. Unter ihnen befand sich eine Muslimin, die sagte: „Ich war mit van Gogh nie einverstanden, aber er hat doch nur von seinem Recht der freien Rede Gebrauch gemacht." Sie hielt ein Schild hoch, auf dem stand: „Muslime gegen Gewalttätigkeit", und sie sagte: „Als Muslimin und Marokkanerin habe ich mich entschlossen, die Verantwortung selbst zu übernehmen, zu zeigen, dass wir eine solche Handlung nicht gutheißen."[338]

Aber die traditionelle Sicht ist leider immer noch vorherrschend. Sie wurde vor einigen Jahren von einem Sharia-Gericht in Pakistan eindeutig klargestellt: „Die Strafe für die Verachtung des Heiligen Propheten ... ist der Tod und nichts anderes."[339] Niemand weiß, wie viele Muslime in Europa und Amerika die Meinung der Marokkanerin teilen, und wie viele die Entscheidung des Sharia-Gerichtes in Pakistan – und des Mörders von van Gogh – gutheißen.

Wenn sich die westlichen Länder aus Unwissenheit, Angst oder engstirnigem Eigennutz weiterhin weigern, dies beizeiten herauszufinden, dann wird es noch sehr viele Vorfälle geben wie den schrecklichen Mord in Amsterdam im November 2004.

---

[337] Bukhari, Band 9, Buch 88, Nr. 6922.
[338] „Thousands remember slain van Gogh", *BBC News,* 2. November 2004.
[339] Ashok K. Behuria, „It is Election Time...", *Asian Affairs,* Oktober 2002.

Teil III: Der heutige Dschihad

Als Christ in Furcht leben – in Falls Church, Virginia

Aber so etwas könnte doch nie in Amerika passieren, oder? Falsch! Bei einer Konferenz im September 2004 gab es besonders scharfe Sicherheitsvorkehrungen, weil man Todesdrohungen von Leuten erhalten hatte, die dieselbe Einstellung hatten wie der Mörder von van Gogh. Die Konferenz fand nicht in Qom oder Karatschi statt, sondern in Falls Church, Virginia, einem Ort etwas außerhalb von Washington DC.

Ja, Sie haben richtig gelesen: Im Jahre 2004 konnten in den USA Leute, die vom Islam zum Christentum übergetreten waren, nur unter falschen Namen öffentlich auftreten, aus Angst davor, das nächste Opfer des weltweiten Dschihad zu werden. Die Konferenz trug den Titel „Muslim Background Believers Convention". (etwa: Konvent der Gläubigen mit muslimischem Hintergrund), eine von mehreren christlichen Gruppen, z.B. des Allgemeinen Verbandes der Baptisten von Virginia, geförderte Konferenz. Die Washington Times notierte, dass „die Konferenz die Namen der Teilnehmer streng geheim hielt, von denen viele behaupteten, dass sie mit einer Todesstrafe oder Schikanen seitens ihrer Familien rechnen müssen, weil sie dem Islam den Rücken kehrten."[340]

Wenn du den Islam verlässt musst du sterben

Warum musste man diese außergewöhnlichen Sicherheitsvorkehrungen treffen? Weil, wie wir gesehen haben, das traditionelle islamische Gesetz die Todesstrafe vorsieht, wenn ein Muslim sich zu einem anderen Glauben bekennt. Das ist – wohlgemerkt – nicht der „extremistische" Islam. Es ist der „normale" Islam, der auf den Aussagen von Mohammed beruht: „Verlässt jemand den islamischen Glauben, dann bringt ihn um."[341] Auch der Koran ist in dieser Beziehung ganz eindeutig: „Aber wenn einer von euch, dem Glauben abtrünnig, also als Ungläubiger, stirbt, bleiben auch seine guten Werke in dieser und jener Welt unbelohnt. Das Höllenfeuer ist sein Teil, ewig wird er darin bleiben." (Sure 2:218). Dies wurde von den traditionellen muslimischen Kommentatoren so ausgelegt, dass Abtrünnige vom Glauben die Todesstrafe verdienen. Dies folgern sie aus den Worten „... bleiben auch seine guten Werke in dieser und jener Welt unbelohnt."

Werden Konvertiten nicht umgebracht, dann werden sie zumindest auf andere Art und Weise bestraft. Die Organisatoren der Konferenz mussten dies am eigenen Leib erfahren: „Ich wurde von meiner Botschaft angerufen, die mir mitteilte, dass ich besser bereuen sollte. Andernfalls könnte ich mit meiner Familie nicht mehr heimkehren." Eine andere Bekehrte berichtete, dass sie ihrer Familie noch nicht mitgeteilt hätte, dass sie nun eine Christin wäre. „Ich

---

[340] Amy Doolittle, „Muslim peril in a new faith", *Washington Times*, 6. September 2004.
[341] Bukhari, Band 9, Buch 88, Nr. 6922.

weiß, dass sie mich verstoßen wird." sagte sie. „Möglicherweise bringt sie mich auch um." Und das in einem freien Amerika!

Was geschieht, wenn das Gesetz in die andere Richtung schaut?

Diese Leute müssen in Furcht leben, weil die amerikanischen Behörden schon seit längerer Zeit nicht mehr bereit sind, sich den Realitäten des Islam zu stellen. Die Hüter des Gesetzes wissen entweder nicht, dass der Islam die Todesstrafe für jene vorsieht, die ihren Glauben aufgeben, oder aber es ist ihnen egal. Wenn sie überhaupt wissen, dass diese Vorschrift existiert, dann werden sie wahrscheinlich glauben, dass die Muslime sie in ihrer überwiegenden Mehrheit ablehnt und ohnehin schon die Werte der amerikanischen Gesellschaft angenommen haben.

Viele haben das auch, aber eine unbekannte Zahl von ihnen eben nicht, und es ist langsam an der Zeit, dass wir diese Tatsache akzeptieren. Das ist für uns westliche Menschen besonders schwer, denn der Begriff der Apostasie, des Abfalls vom Glauben, ist unserer Gesellschaft, die sehr weltlich ausgerichtet ist, vollkommen fremd. Obwohl die Konvertiten von Falls Church Christen sind, ist dies nicht nur ein christliches Problem. Die Freiheit des Gewissens ist ein Thema für jeden, dem die Menschenrechte nicht gleichgültig sind. Die Menschenrechtsorganisationen sollten die ersten sein, die für die Rechte dieser Leute eintreten. Die amerikanische Regierung und die Justizbehörden sollten ihnen im Namen der Freiheit zu Hilfe eilen.

Aber weil die politische Korrektheit jede freie Diskussion über den Islam zu verhindern sucht und zweifelhafte Gruppen wie CAIR die Muslime in den USA einfach zu Opfern erklärt hat, haben weder die Menschenrechtsgruppen noch die Regierung bisher erkannt, dass diese Konvertiten überhaupt existieren.

Kapitel 18
Der Kreuzzug, den wir heute führen müssen

Wussten Sie schon?

- *Europa könnte Ende des 21. Jahrhunderts islamisch sein.*
- *Um die internationale dschihadistische Bedrohung zu besiegen, müssen die USA ihre Bündnisse entsprechend der Einstellung ihrer Bündnispartner in Bezug auf den islamischen Dschihad neu überdenken.*
- *Menschen, die vom Islam zum Christentum konvertierten, müssen selbst in den Vereinigten Staaten in Angst leben.*

Als Erzbischof Michael Fitzgerald, der Präsident des Pontifikatsrates für den Interreligiösen Dialog, gegen Ende des langen Pontifikats von Papst Johannes Paul II. gefragt wurde, ob die katholische Kirche ihre Haltung gegenüber dem Islam ändern würde, erwiderte er: „Wir werden wahrscheinlich auf eine größere religiöse Freiheit bestehen. Aber ich glaube nicht, dass wir einen Krieg führen werden. Die Zeiten der Kreuzzüge sind endgültig vorbei."[342]

Das versteht sich natürlich von selbst. Trotz der Fieberphantasien einiger Dschihadisten gehören die Kreuzzüge, wie sie in den Geschichtsbüchern geschildert werden, mit Sicherheit der Vergangenheit an. Aber der Dschihad, mit dem es die Kreuzfahrer zu tun hatten, ist noch nicht vorbei. Der tausend Jahre alte Traum der Muslime von einem islamischen Europa ist mit Sicherheit noch nicht ausgeträumt. In gewissem Sinne steht er der Verwirklichung heute näher als zu irgendeinem anderen Zeitpunkt in der Geschichte.

Die Islamisierung Europas

Werden sich im Jahre 2105 die Touristen in Paris vielleicht einige Augenblicke Zeit nehmen, um die „Moschee von Notre Dame" und das „Eiffelminarett" zu besuchen? Durch die massive Einwanderung und das offizielle Dhimmitum durch die europäischen Führer erreichen die Muslime heute das, was ihnen zur Zeit der Kreuzzüge nicht gelungen ist: die Eroberung Europas. Wie schnell wird Europa gegenwärtig islamisiert? So schnell, dass selbst der Historiker Bernard Lewis, der während seiner gesamten von Auszeichnungen gekennzeichneten Karriere immer den islamischen Radikalismus und Terrorismus

---

[342] Daniel Williams und Alan Cooperman, „Vatican Is Rethinking Relations With Islam", *Washington Post,* 15. April 2005.

ignoriert hatte, der deutschen Zeitung *Die Welt* erzählte: „Bis zum Ende des Jahrhunderts wird Europa islamisch sein."[343]

Oder vielleicht auch schon früher. Wenn die demographische Entwicklung so weiter geht, könnten Frankreich, Holland und andere westliche Länder bereits bis zur Mitte des Jahrhunderts muslimische Mehrheiten haben. Und diese schnell wachsenden Minderheiten werden immer arroganter und aggressiver. Hier einige Beispiele aus anderen europäischen Ländern:

- ❏ Schwedens drittgrößte Stadt Malmö ist zu einem Außenposten des Mittleren Ostens in Skandinavien geworden. Ein Viertel der Stadtbevölkerung besteht aus Muslimen, und diese Zahl wächst weiter. Und diese Muslime neigen nicht gerade zu Frieden und Toleranz. Selbst die Polizei hat Angst: „Wenn wir unseren Wagen parken, dann wird er demoliert. Also kommen wir häufig in zwei Wagen, wobei einer nur dazu da ist, das andere Fahrzeug zu schützen." berichtete ein Polizeibeamter in Malmö. Fahrer von Krankenwagen weigern sich inzwischen, in bestimmte Viertel von Malmö zu fahren, wenn sie nicht von der Polizei beschützt werden.[344]

- ❏ Die Nordgardskolen in Aarhus ist zur ersten dänenfreien Schule in Dänemark geworden. Die Schüler dort stammen jetzt ausschließlich aus der am schnellsten wachsenden Gemeinschaft Dänemarks – den muslimischen Immigranten.[345]

- ❏ Ebenfalls in Dänemark muss der Koran jetzt von allen Schülern der oberen Sekundarstufe gelesen werden.[346] Es ist nichts dagegen einzuwenden, wenn Schüler den Koran lesen, aber angesichts der gegenwärtigen herrschenden politischen Korrektheit in Europa ist es unwahrscheinlich, dass kritische Perspektiven dabei ebenfalls berücksichtigt werden.

- ❏ Der pakistanische muslimische Führer Qazi Hussain Ahmed hielt eine Rede vor dem islamischen Kulturzentrum in Oslo. Man ließ ihn ins Land, obwohl er einem Bericht der norwegischen Zeitung Aftenposten zufolge positive Bemerkungen über Osama bin Laden gemacht hatte und seine Partei, die Jamaat-e-Islami, einige Mitglieder von al-Qaida als Helden feierte.[347] In Norwegen weigerte er sich, auf die Frage zu antworten, ob er dafür wäre, dass Homosexuelle umgebracht werden sollten.[348]

---

[343] „Europa wird am Ende des Jahrhunderts islamisch sein", *Die Welt,* 28. Juli 2004.
[344] Steve Harrigan, „Swedes Reach Muslim Breaking Point", FOX News, 26. November 2004.
[345] „100 percent immigrants at Danish school", *DR Nyheder,* 9. September 2004.
[346] „Islam part of core curriculum in Danish schools", 13. September 2004.
[347] „Bin Laden backer on his way to Oslo", *Aftenposten,* 9. August 2004.
[348] „Qazi Hussain Ahmed refused to comment on capital punishment on blasphemy and homosexuality during visit to Norway", *Pakistan Christian Post,* 9. September 2004.

In anderen Teilen Europas nimmt der Dschihad radikalere Formen an. Holländische Behörden haben mindestens 15 voneinander unabhängige terroristische Komplotte aufgedeckt, die alle darauf abzielten, die Niederlande für die Entsendung ihrer Friedenstruppe von 1300 Mann im Irak zu bestrafen.[349] Und in Spanien übernahmen marokkanische muslimische Strafgefangene, von denen einige wegen ihrer Beteiligung an den Anschlägen vom 11. März in Madrid einsaßen, im Herbst 2004 einen ganzen Gefängnisflügel. Dort spielten sie lautstark muslimische Gebete ab, schüchterten nichtmuslimische Strafgefangene ein, hängten Bilder von Osama bin Laden auf und prahlten damit, dass sie „den heiligen Krieg gewinnen würden." Und wie reagierten die Wärter? Sie baten die Rädelsführer, doch bitte die Lautstärke der Gebete ein bisschen leiser zu drehen.[350]

Jetzt erntet Europa, was es schon vor langer Zeit gesät hat. In ihrem Buch *Eurabia* schilderte Bat Ye'or, die führende Historikerin auf dem Gebiet des Dhimmitums, wie es zu all dem kommen konnte. Europa, erklärt sie, hat sich bereits vor 30 Jahren zu Gunsten kurzfristiger politischer und wirtschaftlicher Vorteile auf den verhängnisvollen Weg einer Beschwichtigungspolitik, Anbiederung und kulturellen Kapitulation begeben. Sie beobachtet, dass „Europa sich von einer jüdisch-christlichen Zivilisation mit bedeutenden Elementen einer säkularen Aufklärung in eine ‚Zivilisation des Dhimmitum' verwandelt, d.h. in Eurabien, einer säkular-muslimischen Übergangsgesellschaft, in der die traditionellen jüdisch-christlichen Sitten allmählich verschwinden."[351]

Sollte Westeuropa islamisiert werden, wie es die demographischen Trends vermuten lassen, dann werden es die USA irgendwann mit einer Welt zu tun haben, die sehr anders und abstoßender ist als heute.

Was ist zu tun?

Erzbischof Fitzgerald hat Recht: Die Zeit der Kreuzzüge ist längst vorbei. Der Gedanke, dass ein moderner Papst die Christen zu einer militärischen Verteidigung des Heiligen Landes oder zu einem Kampf gegen die Muslime aufrufen könnte, ist unvorstellbar. Und es ist noch unwahrscheinlicher, dass ein großer Teil der westlichen Welt auf einen solchen Aufruf reagieren würde. Nicht nur ist der Westen so zerstritten, dass die Differenzen zu Zeiten der Kreuzfahrer dagegen unbedeutend wirken. Es gibt auch kaum noch eine Übereinstimmung in Bezug auf irgendwelche Grundsätze oder Ziele. Während die USA einen Krieg gegen den Terrorismus führt, zu dem auch der Sturz von Saddam Hussein und die Besetzung des Irak gehörten, sind Frankreich und Deutsch-

---

[349] „Secret arrests as Dutch terror threat ‚worse than thought'", *Expatica,* 14. September 2004.
[350] „Row as Muslim prisoners take on governors", *Expatica,* 9. September 2004; Giles Tremlett, „Spanish jail wing ‚run by inmates'", *Guardian,* 10. September 2004.
[351] Bat Ye'or, „How Europe Became Eurabia", FrontPageMagazine.com, 27. Juli 2004.

land anderen Strategien gefolgt. Sie versuchen, die Europäische Union zu einem globalen Gegengewicht zu den Vereinigten Staaten aufzubauen – eine Strategie, die eine enge Zusammenarbeit mit der arabischen Liga erfordert.

Die Lage in Europa ist sehr ernst geworden, und es muss unbedingt etwas geschehen. Es könnte durchaus sein, dass die Welt einen neuen Kreuzzug braucht, aber natürlich einen anderen als den, den Richard Löwenherz und Gottfried von Bouillon führten. Wir haben bereits gesehen, dass die Kreuzzüge eine Abwehrmaßnahme gegen die Angriffe des Islam waren. In diesem Sinne ist ein neuer Kreuzzug nicht nur möglich, sondern dringend erforderlich.

Rufe ich jetzt zu einem Krieg zwischen dem Christentum und dem Islam auf? Ganz bestimmt nicht! Wozu ich aufrufe, ist die Erkenntnis, dass wir uns bereits im Krieg befinden, einem Krieg zwischen zwei grundsätzlich verschiedenen Vorstellungen, wie man Staaten regiert und Gesellschaften organisiert. Und in diesem Kampf gibt es nichts, wofür der Westen sich entschuldigen müsste. Im Gegenteil – er hat eine ganze Menge zu verteidigen. Der Kampf gegen die Scharia ist nichts anderes als der Kampf für die Menschenrechte, ein Konzept, das im Westen entstand und vom Islam abgelehnt wird. Jeder in diesem zerstrittenen und gespaltenen Westen – Christen, Juden, andere Gläubige, atheistische Humanisten – sollten sich darüber klar sein, dass es sich hier um ein Konzept handelt, das es wert ist, verteidigt zu werden, auch wenn wir uns über einige Einzelheiten nicht einigen können.

Was wir heute führen, ist kein „Krieg gegen den Terror". Terror ist eine Taktik, kein Gegner. Einen „Krieg gegen den Terror" zu führen, ist wie einen „Krieg gegen Bomben" zu führen. Dabei konzentriert man sich nicht auf den Feind, sondern nur auf ein Mittel, das der Feind einsetzt. Sich zu weigern, den Feind zu identifizieren, wäre extrem gefährlich. Bill Clinton und George W. Bush mussten dies erfahren. Einige Leute, die sie im Weißen Haus empfingen, wie Abdurrahman Alamoudi und Sami al-Arian, sitzen jetzt als überführte Dschihadisten im Gefängnis.

Eine klare Erkenntnis, dass wir es mit einem neuen Dschihad zu tun haben, würde schon viel dazu beitragen, solche Patzer durch die Diplomatie und die Geheimdienste zu verhindern. Und das ist nicht so weit hergeholt, wie es auf dem ersten Blick erscheint. Die Terroristen, die einen heiligen Krieg zu führen glauben, haben den Vereinigten Staaten und den anderen nichtmuslimischen Staaten den Krieg erklärt. Alles was die USA und Westeuropa tun müssen, ist, den Feind zu identifizieren, so wie sie sich selbst identifiziert haben

Den Dschihad auf internationaler Ebene besiegen

Nach dem Anschlag vom 11. September warnte George Bush die Welt: „Entweder ihr seid auf der Seite der Terroristen oder auf unserer." Aber aufgrund der konsequenten Weigerung des offiziellen Washingtons, genau zu bestimmen, wer eigentlich die Terroristen sind und wofür genau sie kämpfen, kam es nie zu einer konsequenten Abwehrstrategie. Und es gab nur wenige Personen, wenn es überhaupt welche gab, die die richtigen Fragen stellten.

Während der Anhörungen vor dem Senatsausschuss vor ihrem Amtsantritt als Außenministerin wurde Condoleeza Rice kräftig in die Zange genommen. Man befragte sie über den Irak, über Massenvernichtungsmittel und darüber, wie lange unsere Truppen in diesem gefährlichen Land stationiert sein würden. Aber niemand kam auf die Idee, ihr die wichtigste Frage zu stellen: Wann und wie werden die USA ihre Politik anpassen, um auch die Ziele ihrer dschihadistischen Gegner zu besiegen, nicht nur ihre Taktiken?

Viele Jahre nach dem 11. September ist dies immer noch nicht geschehen. Obwohl das die wichtigste Aufgabe sein sollte, die in Angriff genommen werden müssen. Für andere Völker – einschließlich der Feinde der USA – ist das eine Selbstverständlichkeit. Artikel 3 der iranischen Verfassung legt fest, dass die Außenpolitik des Landes auf „islamischen Kriterien beruht, auf dem brüderlichen Zusammenhalt aller Muslime und der unermüdlichen Unterstützung aller Friedenskämpfer in der Welt."

Ich würde empfehlen, dass die USA dasselbe tun. Sie sollten ihre Ziele und Strategien in Bezug auf den globalen Dschihad festlegen. Aber das würde eine ernsthafte Kehrtwendung der Haltung der USA in einigen wichtigen Bereichen bedeuten.

Hier sind einige bescheidene Vorschläge von meiner Seite: Zuerst einmal ist es ein Skandal, dass so viele Jahre, nachdem Bush verkündet hat, dass „ihr entweder auf der Seite der Terroristen seid oder auf unserer", die USA immer noch Länder als Verbündete oder Freunde ansehen, in denen die Dschihadisten ungehindert ihren Aktivitäten nachgehen können.

- ❏ *Auslandshilfe sollte von der Behandlung von Nicht-Muslimen abhängig gemacht werden.* Ein Außenministerium, das wirklich die Interessen der USA im Auge hat, würde jede Form von Unterstützung für Länder wie den Kosovo, Algerien, Somalia, den Sudan, Ägypten, Jordanien, Palästina, Pakistan, Indonesien und selbst den Irak und Afghanistan sofort einstellen, bis jedes von ihnen die materielle und religiöse Unterstützung für den Dschihad einstellt und seinen nichtmuslimischen Bürgern die volle Gleichberechtigung zusichert.

- ❏ *Neuordnung der weltweiten Allianzen auf derselben Ebene.* Pakistan, Saudi-Arabien und die anderen Exporteure des Dschihad sollten zur Rechenschaft gezogen werden. Die Voraussetzung für stabile freundschaftliche Beziehungen zu den USA ist eine entschiedene und umfassende Ablehnung des Dschihad. In den Schulen dort darf diese Lehre nicht länger vertreten werden. Und Lippenbekenntnisse reichen hier nicht aus. Jeder Staat muss verhindern, dass der islamische Dschihad die Existenz und Integrität anderer Länder bedroht. Gleichzeitig sollten die USA ihre Beziehungen zu Staaten, die Opfer des

Dschihad geworden sind, stärker intensivieren – besonders zu Russland. Bisher war der Kampf Russlands gegen den Dschihad noch inkonsequenter als der der USA. Wenn die USA jedoch endlich erkennen, dass wir es mit einem weltweiten Dschihad zu tun haben, und aufgrund dieser Erkenntnis engere Beziehungen zu anderen Ländern anknüpfen wollen, dann würde sich das wahrscheinlich ändern.

❑ *Aufruf an die muslimischen Staaten, den Ausbreitungsbefehl der Scharia zu widerrufen.* Um ein Freund der USA zu werden oder zu bleiben, muss jeder Staat darauf verzichten, das vom islamischen Führer Pakistans, Sayyid Abul Ala Maududi, verkündete Ziel einer Herrschaft der Gläubigen über die Nichtgläubigen zu verfolgen. Maududi hatte gesagt: „Die Gläubigen haben die Pflicht, ihr Bestes zu tun, um den Ungläubigen die Macht zu nehmen und sie der Herrschaft des Islam zu unterwerfen."[352]

❑ Sein Kommentar steht in Übereinstimmung mit der islamischen Geschichte und Theologie, sowie dem Koran, wie er seit Jahrhunderten von den Muslimen gelesen und verstanden wird. Das ist das Ziel der Dschihadisten heute, und das sollte das Kriterium sein, nach dem die USA Bündnisse mit islamischen Staaten abschließen.

Mohammed gegen Jesus

„Alles nun, was ihr wollt, daß euch die Menschen tun sollen, das tut ihr ihnen auch! Denn darin besteht das Gesetz und die Propheten."
Jesus (Matthäus 7,12)

„Keiner von euch wird Glaube haben, bis er für seinen (muslimischen) Bruder liebt was er für sich selbst liebt."[353]

Die muslimische Version der Goldenen Regel bezieht sich nur auf andere Muslime, nicht auf Ungläubige.

❑ *Einleitung eines neuen Manhattan-Projektes, um neue Energiequellen zu erschließen* – sodass eine Neuordnung unserer Allianzen mehr sein kann, als nur ein guter Vorsatz. Präsident Bush hat einen ersten vorsichtigen Schritt in diese Richtung unternommen, als er im April 2005 zum Bau neuer Atomkraftwerke und Ölraffinerien aufrief, um die Abhängigkeit der USA von ausländischen Ölliefe-

---

[352] Sayyid Bul A'la Maududi [hier, Mawdudi], *Towards Understanding the Qur'am,* übersetzt von Zafar Ishaq Ansari, The Islamic Foundation, überarbeitete Ausgabe 1999, Band 3, S. 202.
[353] Bukhari, Band 1, Buch 2, Nr. 13.

rungen (z.B. aus Saudi-Arabien) zu verringern.³⁵⁴ Aber dabei handelte es sich nur um eine Behelfsmaßnahme. Und was jetzt notwendig ist, ist eine umfassende Lösung. Es muss bedeutend mehr getan werden. Das „Manhattan Projekt" ist hier kein willkürlicher Vergleich. Während des Zweiten Weltkrieges investierten die USA Millionen Dollar und brachten die intelligentesten Wissenschaftler der Welt zusammen, um dieses Projekt, den Bau der Atombombe, durchzuführen. Wird heute Ähnliches unternommen, um unsere Abhängigkeit von saudischem Öl zu beenden?

Oder anders ausgedrückt: Hat irgendjemand im Außenministerium überhaupt den Willen, diese und andere Maßnahmen durchzusetzen? Und dürfen nur Regime wie die blutige Mullahokratie in Teheran offen über ihre Prinzipien und Ziele reden und alle Maßnahmen für deren Durchsetzung ergreifen?

Die ehemalige Ministerin Rice sollte in der Lage sein, diese Fragen zu stellen und zu beantworten. Das US-Außenministerium ist bereits so lange damit beschäftigt, eine Realpolitik zu betreiben, dass es davon überzeugt ist, mit den islamischen Dschihadisten vernünftig zusammenarbeiten zu können – so als ob das Abwerfen von Lebensmittelpaketen über Indonesien Leute wie Maududi von ihrer Überzeugung abbringen könnte, dass „Nichtmuslime absolut kein Recht haben, die Zügel der Macht zu ergreifen."

Das US-Außenministerium muss sich endlich mit der Tatsache vertraut machen, dass man es hier mit einer totalitären, absolut rücksichtslosen und expansionistischen Ideologie zu tun hat, und entsprechende Vorkehrungen treffen. Dies ist nicht nur nicht geschehen, es liegt auch so vollkommen außerhalb der allgemeinen Vorstellungskraft, dass es der demokratischen Senatorin Barbara Boxer noch nicht einmal eingefallen ist, dies zu nutzen, um die Kompetenz und Glaubwürdigkeit von Dr. Rice bei der Anhörung zu ihrer Ernennung zur Außenministerin in Frage zu stellen.

Kampf gegen den Dschihad auf lokaler Ebene

Die wichtigste Voraussetzung für den Sieg über den Dschihad ist eine informierte Bevölkerung:

Lesen Sie den Koran.

Im Jahre 1141 ließ der Abt von Cluny, Petrus Venerabilis, den Koran ins Lateinische übersetzen. Danach wurde von jedem Prediger der Kreuzzüge erwartet, ihn zu lesen.³⁵⁵ Wenn Europäer in den Mittleren Osten gingen, um dort

---

³⁵⁴ Warren Vieth und Edwin Chen, „Bush touts technology to help solve energy troubles", *Los Angeles Times*, 28. April 2005.
³⁵⁵ Régine Pernoud, *Those Terrible Middle Ages! Debunking the Myths*, Anne Englund Nash, Übers. (Fort Collins, Colorado: Ignatius Press, 2000), S. 135.

gegen die Muslime zu kämpfen, dann war ihnen fast allen klar, dass sie über eine gewisse Kenntnis der Mentalität ihrer Feinde verfügen mussten. Dennoch wird heute in den Vereinigten Staaten die Idee, dass eine Kenntnis des Islam und des Koran dazu beitragen könnte, einige Probleme in Bezug auf den Krieg gegen den Terror zu klären, lächerlich gemacht oder als „Rassismus" bezeichnet. Mahmood Mamdani, Professor für Staatskunde am Herbert Lehman College der City University von New York, verriss unlängst die Ansicht, dass der Koran irgendetwas mit dem modernen Terrorismus zu tun haben könnte:

> ❑ Ich war am 11. September 2001 in New York. In den folgenden Wochen berichteten die Zeitungen, dass der Koran zu einem der größten Bestseller in den amerikanischen Bücherläden geworden sei. Erstaunlicherweise schienen die Amerikaner zu denken, dass der Koran ihnen einen Hinweis auf die Motivation jener geben könnte, die den Anschlag auf das World Trade Center durchführten. Ich habe mich dann gefragt, ob die Bewohner von Falluja jetzt die Bibel lesen, um darin die Gründe für die Bombardierung durch die Amerikaner zu finden. Aber das bezweifle ich.[356]

Ich war sehr erstaunt, dass Mandani und sein Verleger diese Aussage für ein vernünftiges Argument hielten. War es wirklich so abwegig, dass die Amerikaner den Koran kauften, um die Motivation von Männern zu verstehen, die ihn in ihren Botschaften ständig zitieren, um ihre Aktionen zu rechtfertigen? Ich war noch mehr erstaunt, zu erfahren, dass Mahmood Mamdani die Bibelleser von Falluja als Beispiel anführte, um dies ad absurdum zu führen, trotz der nachweisbaren Tatsache, dass trotz all des Argwohns einiger politisch korrekter Kreise in Bezug auf das Christentum von George Bush die moderne amerikanische Außenpolitik weder explizit noch implizit jemals nach biblischen oder christlichen Grundsätzen geführt wurde – außer vielleicht in der Bemühung des Militärs, die Zivilbevölkerung nach Möglichkeit zu schonen (ein Prinzip, gegen das leider ständig verstoßen wird). Der Unterschied zu den Botschaften Osama bin Ladens, die mit Koranversen gespickt sind, dürfte offensichtlich sein – außer für jene, die ihn einfach nicht sehen wollen.

Berichten Sie offen und ehrlich über die Aktivität der Dschihadisten in den USA und im Westen.

Eine informierte Öffentlichkeit liest nicht nur den Koran und andere islamische Quellen. Sie verlangt von ihren Medien eine verantwortungsbewusste Berichterstattung, auch in Bezug auf die Angriffe der Dschihadisten auf den Westen. Wir haben in Kapitel 16 bereits gesehen, wie solche Angriffe teilweise abgehandelt werden. Die gewollte Verwirrung, die hier häufig herrscht, ist auf die Furcht der Politiker zurückzuführen, unnötig die Wut auf Muslime anzustacheln, der dann wiederum zahlreiche Menschen zum Opfer fallen würden. Aber damit beleidigt man die Intelligenz und die Anständigkeit des ame-

---

[356] Mahmood Mandani, „Inventing political violence", *Global Agenda,* 2005.

rikanischen Volkes. Die Unwilligkeit der offiziellen Stellen, naheliegende Schlussfolgerungen zu ziehen, schränkt uns in unserer Fähigkeit ein, Entscheidungen aufgrund sachlicher Informationen zu treffen, wie man mit Terroristen umzugehen hat. Und das muss aufhören.

Neubewertung muslimischer Organisationen.

Jede muslimische Gruppe in den USA, die sich nicht ausdrücklich von allen Versuchen distanziert, die Verfassung der Vereinigten Staaten durch die islamische Scharia zu ersetzen, sollte als politische und nicht als religiöse Organisation behandelt werden, mit allen Konsequenzen, die dies für die jeweilige Organisation mit sich bringen würde.

Seien Sie stolz auf die westliche Kultur.

Die negative Wirkung des Multikulturalismus hat in unseren Kindern einen selbstzerstörerischen Hass auf unsere eigene Kultur entwickelt. Es ist an der Zeit, diesem Trend durch gemeinsame Anstrengungen entgegenzuwirken. Der multikulturelle Ethos sollte aus unseren Schulbüchern und unserer Kultur allgemein verschwinden. Die westliche Kultur hat der Welt den Begriff der Menschenrechte geschenkt, die (außer in der islamischen Welt) allgemein akzeptiert werden. Sie hat technische Fortschritte bewirkt, die über die kühnsten Träume vergangener Generationen weit hinausgingen. Dennoch wollen uns unsere politischen Führer und „Intellektuellen" ständig einreden, dass wir vor Scham in den Boden versinken sollten.

Es ist Zeit zur Umkehr. Unsere Kinder sollten stolz auf unser eigenes Erbe sein. Sie sollten erfahren, dass sie über eine Kultur verfügen und auf eine Geschichte zurückblicken, auf die sie stolz und für die sie dankbar sein können. Sie sind nicht die Kinder und Enkel von Unterdrückern und Verbrechern. Ihre Heimat und ihre Familien sind es wert, gegen jene verteidigt zu werden, die sie zerstören wollen, und die bereit sind, dafür zu töten.

Nennen wir es ruhig einen Kreuzzug.

Danksagung

Zuerst einmal danke ich ganz herzlich den Mitarbeitern von Jihad Watch: Hugh Fitzgerald, Rebecca Bynum und all den anderen, die so geduldig und freundlich waren, das ganze Material dieses Buches in seinen verschiedenen Stadien mit mir durchzusprechen, und die mir so wertvolle Hinweise für seine Verbesserung gaben. Hugh Fitzgeralds Brillanz und Gelehrsamkeit sind geradezu ein Gottesgeschenk, nicht nur für dieses Buch, sondern auch für die Arbeit von Jihad Watch und den Kampf gegen den globalen Dschihad. Es gibt noch viele andere, die ich hier gern aufführen würde, aber ich möchte sie nicht in Gefahr bringen. Diese mutigen Menschen, die an vorderster Front gegen den Dschihad kämpfen, sind die wahren Helden unserer heutigen Zeit.

Wie schon so oft zuvor schulde ich auch diesmal Jeff Rubin große Dankbarkeit. Seine konzeptionelle Geschicklichkeit und seine klaren Visionen suchen wirklich Ihresgleichen. Besonders bin ich auch den Herausgebern von Regnery, Harry Crocker und Stephen Thompson, verpflichtet, deren Geschick und Einfühlungsvermögen ich vieles zu verdanken habe, was an diesem Buch gut ist. Es gilt wieder einmal: Was hier gut ist, habe ich ihnen zu verdanken. Die Irrtümer und Fehler gehen auf meine Kappe.

Index

'Utba, Hind bint 21
11. September 10, 15, 19, 25, 53, 66, 97, 111, 117, 127, 153, 157, 167, 187, 193, 211, 231, 234
Abdullah, Azzam 62
Abdullah, Jabir bin 62, 84
Abraham 43, 179, 181
Abrogation (Aufhebung von Gesetzen) 35, 41
Abu Ghraib (Gefängnisskandal) 21, 26, 153, 157
Adams, John Quincy 94, 97
Adi, Yahya ibn 102
Aeneis (Virgil) 96
Afghanistan 9, 72, 74, 76, 79, 88, 126, 139, 144, 175, 194, 197, 231
Aftenposten 228
Ägypten 32, 40, 69, 79, 88, 120, 122, 123, 160, 177, 187, 208, 231
Ahmad, Omar 197
Ahmed, Leila 76
Ahmed, Qazi Hussain 228
Aisha 77, 79, 80, 82, 84, 210
Al Qaeda 9, 92
al-Aamer, Aamer bin Abdallah 192
Al-Akwa, Salam bin 84
Alamoudi, Abdurrahman 230
Al-Anfal „Die Beute" 17
al-Arian, Sami 230
Al-Ashraf, K'ab bin 19
al-Athir, Ibn 149
Al-Ayubi 193
al-Azimi 150
Albanien 165
al-Banna, Hasan 196
al-Basrah, Irak 121
al-Darazi, Muhammad ibn Isma'il 135
al-Daulah, Iftikar 150
al-Dawla, Saif 134, 138, 144

Alexandria 120, 122, 160, 166
Alexius I. Comnenus 136
al-Farabi 106
al-Ghamdi, Marzouq 62, 73
al-Ghazali, Sufi Abu Hamid 105, 106
al-Hakim, Abu Ali al-Mansur 135
al-Humam, Umayr bin 112, 113
al-Jawzi, Ibn 149
al-Kamil, Sultan 160
al-Khattab, Umar ibn 59
al-Khwarizmi, Abu Ja'far Muhammad ibn Musa 104
al-Mahdi 178
al-Mansur, Kalif 64, 134, 135
al-Mawardi, Abu'l Hasan 49
al-Mawsilaya, Ibn 192
al-Munajid, Muhammad Saalih 35, 41
al-Mutanabbi 99
al-Mutawakkil, Kalif 63, 178
al-Qalanisi, Ibn 150
al-Qaradawi, Yusuf 97, 113, 118
al-Rashid, Harun 104, 178
Al-Samaraai, Scheich Bakr Abed Al-Razzaq 8
Altes Testament 36, 95
Alwan 53
Alwan, Sahim 53
Amnesty International 81
Analektika (Konfuzius) 96
Annan, Kofi 203
an-Nawawi 65
Ansar al-Islam 195
Antiochien 64, 120, 121, 134, 146, 147, 151, 153, 161, 167, 172, 176, 178
Apostasie 69, 70, 225
Aquinas, Thomas 107
Arabische Liga 230
Arghun, mongolischer Herrscher 161
Aristoteles 99, 102, 105, 108

Armenien 122, 123
Armstrong, Karen 9, 10
ar-Razi, Abu Bakr 106
As-Salat (Gebete) 47
Assassinen 3, 116, 117
Assem, Shaker 197
Asserbaidschan 177
Assyrische Schule von Nisibis 103
Atatürk, Kemal 193, 194
Atta, Muhammad 117
Attaullah 70
Aucbur, Sidik 31, 40
Augustinus 128
Australien, Kritik an Islam in 218
Averroes 102, 105, 106
Avicenna 102, 105, 106
Awad, Boulos Farid Rezek-Allah 69
Awad, Nihad 218
Aziza, Majid 177, 181
Bagdad 8, 65, 102, 104, 134, 177, 178, 180, 201
Bahrain 22, 27
Bakri, Omar 139, 144
Balderich, Bischof 149
Balian von Ibelin 154
Balkenende, Jan Peter 221
Bangladesch 79, 88
Banu Hawazin 13
Baybars 151
Baz, Rashid 213
Belloc, Hilaire 239
Bernard von Clairvaux 155
Beschneidung von Frauen 2, 86, 87
Bhagavad Gita 96
Bibel 1, 28, 34, 36, 38, 47, 70, 122, 186, 234
bin Laden, Osama 8, 15, 25, 38, 46, 48, 55, 57, 61, 72, 97, 153, 157, 186, 187, 193, 197, 201, 206, 208, 212, 213, 229
Blair, Tony 219
Bolschewismus 183, 189
Bosnien-Herzegowina 194, 205

Boxer, Barbara 233
Buddha 12, 13, 72, 74
Buddhisten 58
Budge, E.A. Wallis 178
Bulgarien 165
Buraid, Sulaiman b. 45
Buscarel von Gisolf 162
Bush, George W. 54, 187, 230, 231, 233, 234
Byzantinisches Reich 108
Cäsaräa 123
Catch the Fire Ministries 219
Chicago, Illinois 12, 75, 177, 180
Chosroes, König von Persien 121
Clinton, Bill 8, 9, 149, 153, 157, 230
Cohen, Job 221
Cyrus, Patriarch 122
Daily Times (Pakistan) 70
Daimbert, Erzbischof 148, 149
Dajkot, Pakistan 70
Dallas, Texas 5, 198, 199
Damaskus, Syrien 12, 121, 160, 161
Dar al-Harb 49
Dar al-Islam 195
Dar al-Kufr 195
de Beert, Gaston 148
Dearborn, Michigan 5, 198, 199
Dekonstruktionismus 12
Demokratie 22, 58, 175, 179, 192, 197, 199, 220
Der Vierte Kreuzzug (1201-1204) 159
Der vierte Kreuzzug und die Plünderung Konstantinopels 184
Derbyshire, John 216
Derwisch, Kamal 53
Desai, Ebrahim 30, 31, 164, 169
Deutschland 139, 145, 197, 230
Dhimma (Schutzversprechen) 2, 58, 60, 61, 63, 68, 69, 72, 142, 178, 182, 206
Dhimmis 58, 59, 60, 61, 62, 66, 68, 69, 72, 73, 128, 142, 152, 155, 179

Index *205*

Die Abschaffung des Menschen 95
Die Inkohärenz der Philosophen (Ghazali) 106
Die Welt 228
Diebstahl 3, 93, 185, 190, 220
Dschidda (Saudi-Arabien) 9
Dschihad 4, 5, 6, 7, 8, 13, 18, 19, 21, 25, 26, 29, 30, 31, 32, 34, 36, 38, 40, 43, 44, 45, 46, 47, 48, 51, 52, 53, 54, 55, 56, 59, 62, 72, 74, 111, 114, 116, 118, 119, 123, 124, 125, 130, 134, 135, 137, 138, 139, 143, 144, 151, 155, 156, 159, 163, 165, 166, 173, 182, 187, 192, 193, 194, 196, 197, 200, 203, 204, 205, 206, 207, 211, 213, 216, 217, 220, 224, 227, 229, 230, 231, 232, 234, 238
Dschingis Khan 167
Duftende Gärten (Nuwas) 115
Dunkles Zeitalter 99
Durie, Mark 220
ed-Din, Imad 154
ed-Din, Nur 151
Edward I. 161, 162
Ehebruch 84, 85, 86, 89
Eid al-Adha (Opferfest? 38
el-Saadawi, Dr. Nawal 76
Emicho von Leinigen 154
Emir ul-Momiteen, Führer der Gläubigen 197
Erster Weltkrieg 138, 144, 194
Erzengel Gabriel 13
Esposito, John 113, 114, 118, 132, 133
Eugenius IV 167
Eurabien 229
Europäische Union 230
Fadayan-e Islam 222
Fadl, Khaled Abou 48, 49, 184
Falls Church, Virginia 6, 224, 225
Falwell, Jerry 184
Farhat, Muhammad 114, 119
fatawa (islamische Vorschriften) 35, 41

Fatwa-Rat 37, 42
FBI (Federal Bureau of Investigation) 212, 213, 218
Feuer des Jahannum (Hölle) 31
Firdowsi, Hakim Abu al-Qasim Mansur 99
Fitzgerald, Michael 227, 230, 238
Flew, Antony 207
Foda, Foraj 222
Fortuyn, Pim 222, 223
FOX TV 217
Franken 142, 150, 153, 156
Frankreich 72, 74, 125, 159, 161, 163, 208, 228, 230
Franziskaner 142
Frauen, Islam und 2, 19, 24, 48, 64, 75, 76, 77, 78, 79, 80, 81, 83, 84, 86, 87, 88, 89, 94, 97, 98, 111, 113, 114, 115, 117, 122, 123, 146, 147, 148, 151, 152, 177, 181, 188, 189, 208, 209, 210, 219, 220, 221
Fregosi, Paul 124, 165
Frieden 1, 10, 12, 29, 34, 51, 57, 95, 98, 142, 171, 228
Friedrich Barbarossa 159
Friedrich II 160, 163
Fulcher von Chartres 137, 141, 147
Fundamentalismus 5, 182, 184, 211
Fünf Säulen des Islam 29
Galen 102
Ghazwan, Utbah ibn 121
Gibbon, Edward 72, 74
Giuliani, Rudolph 213
Goel, Sita Ram 126
Goodwin, Godfrey 164
Gotteslästerung 185, 222
Gottfried von Bouillon 141, 172, 230
Götzendiener 29, 33, 37, 38, 42, 71, 192
Grabar, Oleg 102
Grabenschlacht 22, 111
Gregor der Achte 159

Gregor der Erste 67
Gregor der Zehnte 67
Griechenland 165
Großbritannien 61, 72, 83, 197, 208, 216, 219
Hadayet, Hesham Mohamed Ali 213
Hadith 45, 46, 80, 81, 82, 84, 96, 113, 114, 118
Hagia Sophia 152
Halabiya, Ahmad Abu 37, 42
Hamas 61, 153, 157, 198, 200, 218
Hamza 21, 197
Hanafi Islam 48
Hanbali Islam 47, 52, 56
Hanson, Victor Davis 208
häusliche Gewalt 79, 88
Häusliche Gewalt 79, 88
Haykel, Bernard 200
Heraklius 121
Heuchler 28, 165
Higgins, Michael 219, 220, 221
Hindus 58, 126, 173
Hippokrates 102
Hisham 16
Hisham, Abu Jal bin 125
Hisham, Amr ibn 16
Hitler, Adolf 208
Hitti, Philip 63, 103
Hizb ub-Tahrir (Befreiungspartei) 197
Hizb ut-Tahrir 201
Hollywood, Kreuzzüge und 182
Homophobie 207
Homosexualität 114, 115
Honorius IV 161
Hooper, Ibrahim 198
Humani Corporis Fabrica (Über die Struktur des menschlichen Körpers) (Vesalius) 104
Hussein Qambar, Ali 70
Hussein Tabandeh 95
Hussein, Saddam 153, 157, 177, 180, 230
Huwayissa 20

Ibn Abbas 67, 74
al-Qayrawani 48
ibn Ishaq, Huneyn 102, 106
Ibn Jubayr 142
Ibn Juzayy, Tafsir 33, 34
Ibn Kathir 33, 34, 59, 92, 93
Ibn Khaldun 64
Ibn Taymiyya 48, 138, 144
Ibn Warraq 19, 25, 65, 115, 210, 220
Ichkeria 51, 56, 138
Ijmaa (Konsens) von Sahaba (Begleiter Mohammeds 32, 40
Indien 104, 108, 126, 173, 175, 177
Indonesien 22, 27, 38, 208, 231, 233
Institut für Islamische Studien, Jakarta 209
Inyadullah, Maulana 116, 119
Irak 9, 15, 21, 25, 26, 32, 40, 116, 119, 121, 139, 145, 175, 177, 179, 180, 194, 195, 201, 212, 222, 229, 230, 231
Irakkrieg 8
Iran 32, 40, 46, 56, 69, 83, 120, 173, 175, 198, 199, 208, 210, 222
Irland 128
Islam and Dhimmitude (Ye'or) 65
Islamic Association for Palestine (IAP) 218
Islamische ‚Weltfront für den Dschihad gegen Juden und Kreuzfahrer 8
Islamische Kunst 102
Islamischer Rat von Victoria 220
Islamisierung Europas 7, 227
IslamOnline 217, 221
Islamophobie 203
Islamophobie 6
Israel 21, 26, 38, 42, 97, 116, 201, 208, 213
Jackson, Jesse 188
Jahiliyya (Unwissenheit) 71, 127
Jahl, Abu 16

Jakarta 206, 209
Jamaat-e-Islami (Muslimpartei) 127, 196, 229
Jan III. Sobieski 167
Jemen 65, 177
Jerusalem (Israel) 8, 12, 63, 120, 121, 132, 133, 134, 135, 136, 140, 146, 148, 149, 150, 151, 153, 154, 156, 159, 160, 162, 166, 167, 177, 184, 193, 217
Jihad Today 51, 52, 56, 138
Jizya (Kopfsteuer) 29, 34, 45, 46, 48, 50, 60, 62, 64, 65, 73, 133
Johannes I 167
Johannes Paul II 146, 157
Johannes VI. Cantacuzenes 164, 169
Johannes VIII 167
Johnson, Paul 67
Jordanien 79, 88, 231
Juden 2, 4, 8, 9, 18, 20, 28, 29, 37, 38, 42, 47, 50, 57, 58, 61, 63, 65, 67, 68, 72, 94, 103, 105, 107, 109, 134, 135, 142, 146, 150, 154, 155, 156, 173, 174, 182, 183, 205, 213, 217, 221, 230
Judentum 57, 61, 91, 99, 189
Julius II 193
Kuffar (Ungläubige) 52, 56, 126, 176, 180, 201
Kahane, Meir 214
Kairo 50, 102, 138, 144, 160, 161, 167, 201
Kairoer Erklärung der Menschenrechte 204
Kalaf, Ubai bin 16
Kalifat 5, 46, 54, 56, 61, 72, 192, 193, 194, 196, 197, 200
Kalkutta, Indien 12
Nawash 200
Kamal, Ali Abu 53, 213
Karmous, Nadia 207
Kasachstan 206
Kaschmir 139, 144, 194
Kasravi, Ahmad 222

Khalaf, Umaiya bin 16
Kharaj (Grundsteuer) 65
Khilafah (Kalifat) 61, 72
khilafah.com 32
Khomeini, Ayatollah 5, 79, 88, 100, 101, 198, 199
Khorassani, Sa'id Raja'i 199
Kinderehe 2, 75, 78, 79, 88
Kirche der Brüder von Assiout 69
Kirche der Wiederauferstehung 133, 134, 135
Kirche des Heiligen Grabmals 136, 140, 160
kitman (religiöse Täuschung) 92
Kolumbus, Christoph 108
Kommunismus 22, 183, 189
Konferenz der Vögel (Attar) 99
Königreich der Himmel 5, 182, 183, 184
Konstantinopel 64, 108, 120, 123, 134, 136, 140, 152, 160, 161, 166, 167, 172, 176
Konvent der Gläubigen mit muslimischem Hintergrund 224
Koptische Christen 173
Koran 1, 14, 17, 19, 25, 28, 29, 30, 31, 32, 33, 34, 36, 37, 38, 40, 42, 43, 47, 52, 53, 58, 59, 65, 68, 71, 72, 74, 75, 76, 77, 78, 79, 82, 83, 84, 86, 87, 88, 92, 93, 95, 96, 106, 107, 111, 112, 113, 114, 116, 118, 124, 126, 130, 154, 164, 165, 166, 169, 172, 186, 198, 205, 209, 210, 211, 217, 219, 220, 224, 228, 232, 234, 235
Kreikar, Mullah Mustafa 195
Kreuzzüge 8, 131, 146, 171
KREUZZÜGE 4, 5
Krieg gegen den Terror 193, 230, 234
Kriegserklärung an die Amerikaner, die das Land der beiden heiligen Orte besetzt halten (1996) 38
Kublai Khan 161, 178

Kuffaar (Ungläubige) 31
Kulthum, Umm 24
Kuwait 22, 27, 70
Kyrill, Heiliger 128
Lehman, Herbert 234
Letholdus 148
Lewis, Bernard 227
Lewis, C.S. 95
Libyen 22, 27, 72, 74
Löwenherz, König Richard 159, 172, 230
Ludwig IX 160
Lügen 3, 91, 106, 188
Maalouf, Amin 132, 143, 149, 152, 153, 163, 171
Madden, Thomas F. 141, 150, 151, 154
Madrid, Bombenanschläge in 57, 229
Mahfouz, Naguib 222
Malcolm, Napier 173, 175
Malik, Charles 204
Malvo, Lee 213
Mamdanim Mahmood 234
Mandela, Nelson 154
Manuel I. Commenus 163
Manzikert (Armenien) 125, 136
Mar Dinkha IV 177, 180
Märchen aus Tausendundeiner Nacht 99
Marokko 65
Martell, Karl (der „Hammer") 125
Marwan II 64
Marx, Karl 183, 189
Masih, Anwar 70
Maslama, Muhammad bin 19
Maududi, Sayyid Abud Ala 127, 128, 196, 197, 232, 233
Mazedonien 165
McVeigh, Timothy 185, 186
Medina 14, 24, 32, 185, 190
Mehmed II 115
Mehmed III 64
Mehmet II 152
Mehmet V 138, 144
Mekka 14, 15, 23, 32, 62, 73, 78, 81, 83, 87, 120, 142

Methodius, Heiliger 128
Metroplex Organization of Muslims 198
Mohammed und Jesus (Gegensätze) 20, 25, 37, 41, 45, 54, 67, 73, 85, 89, 96, 98, 105, 109, 113, 118, 124, 130, 133, 143, 155, 158, 165, 169, 179, 181, 185, 190, 200, 202, 206, 215, 223, 226
Mongolen 5, 161, 162, 163, 166, 178
Mord 1, 3, 6, 13, 18, 20, 37, 50, 93, 95, 116, 128, 185, 190, 208, 214, 216, 219, 221, 222, 224
Moses 12, 13, 36, 43
Mossadegh 21, 26
Mu'ait, Uqba bin Abi 16
Mu'awiya 123
Muawiya II 178
Mudschahedin 114, 118, 174
Muhammad, John 213
Muhammad, Omar Bakri 61, 72
Muhayissa 20
Mukheimar, Dr. Fuad 193
Mulia, Musdah 208, 209, 210
Multikulturalismus 235
Murad I. 163
Murad III 64
Murdoch, Rupert 217
Musik 3, 99, 100, 101, 179
Muslim Women's League 76
Muslimische Bruderschaft 196
Muttawa 78, 87
Naipaul, V.S. 71, 124
Nakhla 14, 15, 25
Naseer 70
National Review 23, 208, 216
Negus [König von Abessinien] 121
Neokolonialismus 21, 26
Nesimi, Sufi 99
Nestorianer 178
Nestorius 176
Neue Welt 108
Neues Testament 35, 96

Index

New York 10, 53, 54, 64, 65, 67, 68, 71, 75, 79, 92, 101, 102, 111, 115, 117, 121, 124, 132, 135, 137, 149, 163, 165, 171, 175, 182, 196, 199, 200, 201, 212, 213, 214, 217, 234
New York Post 212, 213, 217
New York Times 182, 196, 200
Nicephorus Phocas 134
Nidal, Umm 114, 119
Niederlande 221, 229
Nigeria 38, 86
Nikiou 122
Nikolaus IV 161
Norwegen 195, 229
Nosair, El Sayyid 214
Notaras, Lukas 115
Nuwas, Abu 99, 115
O'Reilly Factor 200
Omar, Mullah 197
Orbus von Antiochien 102
Osmanisches Reich 64, 66
Pakistan 39, 70, 79, 81, 83, 86, 89, 126, 185, 187, 201, 210, 223, 229, 231, 232
Pakistan Christian Post 70, 229
Palamas, Gregor 50
Palästina 139, 144, 194, 231
Paradies 3, 20, 29, 44, 91, 106, 111, 112, 113, 114, 116, 117, 118, 119, 124, 130, 133, 143, 199
Paschal II 149
Patrick, Heiliger 128
Paulus, Heiliger 121, 125, 151
Persien 71, 103, 120, 121, 173, 178
Peter I 166
Pew Research Center 201
Philip IV 161
Philippinen 194
Pinet, Jasmine 76
Pipes, Daniel 54, 200, 213, 214, 217
Plato 102
Pluralismus 58, 199, 208, 210, 220

Polen 167
Polo, Marco 117
Polygamie 76, 83, 87, 94, 98, 209
Pontifikatsrat für den Interreligiösen Dialog 227
Qaddafi, Oberst Muammar 72, 74
Qilaba, Abu 185, 190
Quraisch, Stamm 13, 14, 15, 16, 18, 20, 21, 23, 24, 93, 111
Qutb, Sayyid 22, 51, 127, 239
Quth, Sayyid 22
Rabi'a, Shaiba bin 16
Rabi'a, Utba bin 16
Rahman, Omar Abdel 187
Rajab 14
Ramadan, Hani 184, 185
Rassismus 57, 183, 188, 207, 222, 234
Rat für Staatsverteidigung (Majlis al-Shura) 51, 56
Raymond, Graf von Toulouse 148, 149, 150
Razmara, Haji-Ali 222
Revell, Oliver 218
Rhazes 106
Rice, Condoleeza 231, 233, 234
Riley-Smith, Jonathan 51, 135, 142, 156, 183
Robertson, Pat 184
Rom 12, 121, 125, 136, 161, 166, 167, 171, 176
Romanus IV. Diogenes 136
Römer 31, 40, 50, 147
Rudolph, Eric 48, 186, 213
Rumi, Jalaluddin 99
Runciman, Steven 63, 64, 115, 122, 134, 135, 136, 152, 162
Rushdie, Salman 222
Russell, Bertrand 183, 189
Russen in Tschetschenien 52, 56
Sa'deddin, Hoca 64
Sabiha Khan 217
Saladin 4, 152, 153, 154, 156, 159, 160, 184, 193, 201
Salemah, Yussef 61, 73
Salfi, Younas 70

Salomons Tempel 121
Sarazenen 117, 148
Satan 23, 28
Saudi-Arabien 9, 22, 27, 38, 46, 53, 56, 69, 76, 81, 139, 144, 187, 207, 208, 210, 232, 233
Sauma, Rabban 161, 162
Scharia 46, 51, 54, 56, 177, 181, 192, 193, 195, 197, 199, 200, 204, 230, 232, 235
Scheidung 78, 82, 87, 209
Schiiten 75, 84, 92, 135
Schlacht von Badr 1, 15, 16, 17, 18, 111, 193
Schlacht von Hunayn 31, 40
Schlacht von Mut'ah 31, 40
Schwartz, Stephen 63, 204, 205, 206
Schweden 228
Schweiz 184, 207
Scot, Daniel 219, 220, 221
Scott, Sir Ridley 182, 183
Selbstmordattentäter 113, 118, 128, 207
Seldschuken 125, 136
Sellouk, Ariel 214
Serbien 165
Sexismus 187, 207
Sha'ban 150
Shafi'i 47
Siddiqui, Harun 208, 209
Simon-Wiesenthal-Zentrum 211
Sistani, Ayatollah Sayyid Ali Husayni 175, 176, 179, 180
Sizilien 123, 125
Sophronius 121, 122, 133
Sozialismus 22
Spanien 57, 124, 125, 166, 229
Star Tribune 198
Status der Dhimmi 58, 59, 61, 63, 64, 65, 67, 68, 72, 125, 126, 128, 130, 142, 166, 173, 177, 178, 181, 183
Stewart, Lynne 187
Sufyan, Abu 20
Surat Al-Masad 68, 74

Tabandeh, Scheich 204
Tabuk, Schlacht von 31, 40, 121
Tafsir al-Jalalayn 33
Taghribirdi, Ibn 149
Taliban 72, 74, 76, 197
Tamerlan 166, 167, 177, 178, 181
Tankred 148
Tantawi, Muhammad Sayyed 86
Taqiyya (religiöse Täuschung) 92
Tarik 124
Tavernier, Jean-Baptiste 65
Taymiyya, Taqi al-Din Ahmad Ibn 138, 144
Tefft, Bruce 211
Templer 183, 184
Terrorismus 10, 37, 42, 58, 151, 153, 157, 186, 187, 204, 205, 206, 211, 212, 214, 217, 220, 227, 230, 234
Thailand 194
Thaqif (Stamm) 120
The Crusades Through Arab Eyes (Maalouf) 132, 143, 149, 163, 171
Theodosius 134
Tibet 177
Tocqueville, Alexis de 33, 40
Todesstrafe 60, 69, 95, 204, 219, 222, 224, 225
Toleranz 1, 12, 29, 30, 57, 58, 61, 96, 154, 175, 183, 199, 208, 211, 228
Torah 60
Toronto Star 208
Tripolis 72, 74
Tritton, A. S. 63
Tschetschenien 52, 56, 139, 144, 166, 194
Türkei 72, 74, 208
Türken 50, 64, 65, 136, 137, 140, 163, 165, 166, 167, 178, 194
Uhud 20, 21, 22, 26
Ulama (muslimische Gelehrte) 62
Umar 20, 121, 123
Umar, Leutnant 20
Umdat al-Salik 15, 50, 60, 81, 82, 84, 86, 95, 97, 100, 138, 239

Index

Ummah (muslimische Gemeinschaft) 194, 195
Ungarn 154, 167
Ungläubige 9, 22, 24, 27, 28, 29, 30, 31, 34, 35, 37, 39, 41, 43, 44, 46, 47, 49, 50, 51, 52, 56, 65, 70, 71, 91, 92, 93, 95, 96, 98, 106, 107, 116, 119, 124, 126, 127, 129, 135, 142, 154, 155, 158, 164, 165, 169, 171, 175, 179, 199, 203, 206, 215, 232
Universelle Menschenrechtserklärung (1948) 95, 204
Universität Al-Azhar (Kairo) 103
Untergang und Verfall des Römischen Reiches 72, 74
Unterwerfung 18, 43, 91, 221
Urban 125, 136, 137, 141, 142, 146, 154
US-Außenministerium 231, 233
Uwaq, Atsiz bin 136
Vacalopoulos, Apostolos E. 66
van Gogh, Theo 6, 216, 221, 223, 224
Vereinte Nationen 6, 203
Vergewaltigung 2, 84, 86, 163, 171
Vers des Schwertes 33
Vers des Schwertes (Ayat al-Sayf) 33, 35, 38, 41
Verteidigung der muslimischen Länder (Azzam) 62

Vertrag von Hudaybiyya 23, 93
Vesalius, Andreas 104
Vielgötterei 33, 41, 45, 192
Virgil 96
Völker des Buches 58
Wadud, Amina 75
Wahaj, Siraj 53, 54
Waheed, Dr. Imran 200
Wahhabiten 210
Walachei 167
Washington Post 156, 227
Washington Times 224
Wesley, John 196, 202
Wissenschaft 3, 104, 107, 109, 172
World Trade Center, Anschlag auf das 15, 25, 54, 97, 187, 234
Ye'or, Bat 65, 229
Yeagley, Dr. David 188, 189
zakat 29
Zaman 58
Zaraqawi 186, 187
Zarqawi 206
Zehn Gebote 13, 15, 91
Zivilisten (Mord an) 15, 25, 97, 200, 208
Zoroaster (Zarathustra) 99, 173
Zoroastrer 50, 173, 174, 175, 179
Zur'a, Abu Ali Isa ibn 102
Zweiter Weltkrieg 233
Zypern 65, 123, 134, 166